当代高校思想政治教育的理论与创新发展

石莹 邸千桐 著

九州出版社
JIUZHOUPRESS

图书在版编目（CIP）数据

当代高校思想政治教育的理论与创新发展／石莹，
邸千桐著 . -- 北京：九州出版社，2025.1. -- ISBN
978-7-5225-3507-4

Ⅰ. G641

中国国家版本馆 CIP 数据核字第 2025NA3639 号

当代高校思想政治教育的理论与创新发展

作　　者　石　莹　邸千桐　著

责任编辑　石增银

出版发行　九州出版社

地　　址　北京市西城区阜外大街甲 35 号（100037）

发行电话　（010）68992190/3/5/6

网　　址　www.jiuzhoupress.com

印　　刷　北京星阳艺彩印刷技术有限公司

开　　本　700 毫米 ×1000 毫米　16 开

印　　张　14

字　　数　200 千字

版　　次　2025 年 5 月第 1 版

印　　次　2025 年 5 月第 1 次印刷

书　　号　ISBN 978-7-5225-3507-4

定　　价　58.00 元

前　言

　　思想政治教育的历史源远流长，它是人类从古至今社会实践的重要内容。当前，思想政治工作随着理论和实践的发展而成为一门学科，是我国改革开放和现代化建设实践催生的结果。随着社会的发展与变革，我国高校学生思想政治教育工作面临新的形势。推动思想政治教育与时俱进、提高思想政治教育质量，既是思想政治理论课教师矢志不渝的初心、孜孜以求的目标，也是党和国家领导人高度关切的重大理论与现实问题。高校要加强和改进思想政治工作，用新时代中国特色社会主义思想铸魂育人，贯穿党的教育方针政策，落实立德树人根本任务，就要转变教育理念、创新教学模式，牢牢把握时代发展的方向和趋势。

　　当前，大学生思想政治教育主要是通过思想政治理论课教学来实现的。而教学效果不够理想，大学生学习热情低迷，其中的主要原因是思想政治理论课缺乏与时俱进的创新与内容，再加上全球化的国际形势具有开放性和多元性，这种属性对大学生思想政治教育产生了重要影响。一方面，全球化为各种外来文化的进入敞开了大门，为大学生思想政治教育提供了新的内容、新的标准和新的范式。另一方面，社会文化的多元性以及技术的快速发展极易使大学生的思想文化领域失去主流观念并处于一种庞杂无序、良莠不齐的状态，从而造成大学生思想上的混乱和行动上的迷茫。大学生思想政治教育应如何应对，成为一个需要迫切解决的现实问题。因此，对当代高校思想政治教育的理论与创新发展进行探究，改革与创新高校思想政治教育工作是重中之重。

　　全书共分为六章。第一章是高校思政教育概述，主要包括高校思政课程的发展、相关理论以及高校思政课程的必要性及价值。第二章是当代高校思想政治教学现状，本章对高校思政课程教学特征及原则、教学成效、教学困境及原因加以分析。第三章是当代高校思想政治教育创新发展方向，主要包括高校思政课程与学生的主体性发展、高校思政课程的融合发展之路、高校思政课程与校园文化协同育人等内容。第四章是当代高校思想政治教育创新的主体内容，本章对课程教学理念的创新、思想政治理论课的主渠道作用、思想政治理论课的教学内容优化、思想政治理论课的教学方法创新、教学模式创新等加以阐述与分析。第五章是当代高校思想政治教育队伍建设创新，主要包括高校思想政治教育队伍的内涵、当代高校思想政治教育队伍建设的现状以及加强高校思想政治教育队伍建设创新的策略。第六章是当代高校思想政治教育的智能创新发展，包括融媒体时代高校思政课程的改革与创新、虚拟仿真技术在高校思政课程中的运用、人工智能与高校思政课程的融合发展等内容。

本书由牡丹江师范学院石莹老师和邸千桐老师共同撰写完成，全书共20万字。其中石莹老师撰写第四章、第五章、第六章的内容共11万字，邸千桐老师撰写第一章、第二章、第三章的内容共9万字。本书内容全面翔实，侧重点十分清晰，语言简洁明了，通俗易懂，具有一定的科学性与实用性。

本书在撰写过程中，借鉴了很多相关的权威资料以及国内外专家、学者的研究成果，在此真诚地表示感谢！

2024 年 5 月

目　录

第一章　高校思想政治教育概述 ······················· 1

　第一节　高校思政课程的发展 ······················ 1

　第二节　高校思政课程的相关理论 ·················· 10

　第三节　高校思政课程的必要性及价值 ·············· 19

第二章　当代高校思想政治教学现状 ················· 27

　第一节　高校思政课程教学特征及原则 ·············· 27

　第二节　高校思政课程教学取得的成效 ·············· 43

　第三节　高校思政课程教学遇到的困境及原因 ········ 48

第三章　当代高校思想政治教育创新发展方向 ········· 57

　第一节　高校思政课程与学生的主体性发展 ·········· 57

　第二节　高校思政课程的融合发展之路 ·············· 75

　第三节　高校思政课程与校园文化协同育人 ·········· 86

第四章　当代高校思想政治教育创新的主体内容 ······· 101

　第一节　课程教学理念的创新 ····················· 101

　第二节　加强思想政治理论课的主渠道作用 ·········· 102

　第三节　优化思想政治理论课的教学内容 ············ 106

　第四节　创新思想政治理论课的教学方法 ············ 113

　第五节　创新思想政治理论课的教学模式 ············ 131

第五章 当代高校思想政治教育队伍建设创新 ················· 154

第一节 高校思想政治教育队伍的内涵 ················· 154

第二节 当代高校思想政治教育队伍建设的现状 ················· 159

第三节 加强高校思想政治教育队伍建设创新的策略 ················· 162

第六章 当代高校思想政治教育的智能创新发展 ················· 169

第一节 融媒体时代高校思政课程的改革与创新 ················· 169

第二节 虚拟仿真技术在高校思政课程中的运用 ················· 181

第三节 人工智能与高校思政课程的融合发展 ················· 193

参考文献 ················· 213

第一章　高校思想政治教育概述

高校思想政治理论课是学界非常熟知的研究对象，相关研究成果丰硕，见仁见智。本章就从高校思政课程的发展、高校思政课程的相关理论及高校思政课程的必要性及价值三个方面对高校思政课程进行相关介绍。

第一节　高校思政课程的发展

一、高校思政课建设的形成与曲折发展时期（1949—1966 年）

中华人民共和国的成立，为党和国家各项事业的发展奠定了坚实的政治基础，高校思政课建设也踏上了发展之路。高校把当时的政治理论课作为公共必修课纳入课程教育体系，对于改造旧思想、发展国家教育事业、巩固新政权意义非凡。

中华人民共和国成立至 1966 年，是高校思政课建设的形成与曲折发展时期，与当时面临的紧迫任务相适应。中国高校思政课建设面临的主要任务是破除旧教育，发展与新的经济政治相适应的新教育，培养自觉为社会主义建设服务的新人。

中华人民共和国成立之初，我国经济、文化事业遭到严重破坏，一方面，从全国整体经济状况看，生产力发展水平还比较低，人民群众最基本的温饱问题有待进一步解决，而生产力的发展需要充分调动人民的积极性和主动性，依靠人民的力量，这就需要充分发挥思想政治教育的作用；另一方面，新民主主义革命时期，中国共产党的思想政治教育已逐渐趋于成熟，这就为中华人民共和国成立之初思想政治教育的开展打下了基础。针对这一时期青年学生还不同程度存在着封建残余思想，新生政权在思想领域必须统一战线，发展新教育。1949 年 9 月，《中国人民政治协商会议共同纲领》规定："中华人民共和国的文化教育为新民主主义的，即民族的、科学的、大众的文化教育。人民政府的文化教育工作，应以提高人民文化水平，培养国家建设人才，肃清封建的、买办的、法西斯主义的思想，发展为人民服务的思想为我们的主要任务。"该纲领成为中国高校开展思想政治教育的准绳，具有开创性。同年 12 月马叙伦指出了这种新教育与旧教育有着根本区别，是形势发展的客观要求，其基本性质是新民主主义的，还不是社会主义的。1950 年 6 月，教育部在北京召开第一次全国高等教育会议，确定中国高等教育方针任务是以理论与实际一致的方法，培养具有高度文化水平、掌握现代科学技术、全心全意为人民服务的高级国家建设人才。会议通过了《高等学校暂行规程》等 5 项规范性文件，明确提出了推进高等教育管理体制改革的目标，讨论了有关高等学校各系科课程的改革方案等问题。1951 年暑假教育部召开了高等学校课程改革讨论会，就课程名称、课程设置、教学内容、教学方法、组织形式、重点难点等开展了研讨，提出要把课程建设作为高校落实"思想政治工作生命线"方针的切入点。1952 年夏天开始了全国迄今为止规模最大的院系调整体制改革，通过对私立高等院校的撤销合并和对公立院校的系科重组，建立了单科院校为主的公立高等教育体系，为政府对高等院校的统一领导奠定了制度基础，为以后国家工业化建设和经济建设培养大批急需的专门人才奠定了组织基础。1952 年 10 月 7 日，教育部颁布了《关于全国高等学校马克思列宁主义、毛泽东思想课程的指示》，对全国高校的思想政治理论课课程设置作了统一安排，这是中华人民共和国成立后第一个全国性的高校思想政治理论课课程设置方案，规定了高校的思想政治理论公共必修课包括辩证唯物主义论和历史唯物主义论、政治经济学、新民主主义论。1956 年社会主义制度确立，为适应社会发展的需求，高校致力于培养大批具有一定马克思主义理论素养、精通一定科学技术、愿为社会主义建设服务的高级专门人才。

这一时期，高校思政课建设的培养目标逐渐偏向政治化，严格来说是不符合育人规律的，但这也是适应当时经济发展而产生的，对坚定社会主义道路起到了良好作用。

二、高校思政课建设的恢复与发展时期（1978—1992年）

（一）高校思想政治教育纲领性文件的制定

《关于建国以来党的若干历史问题的决议》是在 1979 年起草，1981 年党的十一届六中全会通过的。这个决议是党史上具有深远意义和重大影响的重要文件。其总结之前的经验教训，为高校思想政治教育工作的开展奠定了理论基础。同年，教育部召开了全国高校思想政治教育工作会议，强调要加强学校思想政治工作，做好青少年学生的思想工作。1985 年 8 月 1 日，中共中央发出《关于改革学校思想品德和政治理论课程教学的通知》，要求改革高校的马克思主义理论课程设置，逐步开设 "中国革命史" "中国社会主义建设" "马克思主义原理" "世界政治经济与国际关系" 等课程，以适应时代发展需要。国家教育委员会分别于 1986 年 7 月 9 日和 9 月 1 日印发了《关于对高等学校学生深入进行形势与政策教育的通知》《关于在高等学校开设 "法律基础课" 的通知》，将 "形势与政策" 课程与 "法律基础" 课程纳入了高校思想政治教育教学计划。1987 年 5 月 29 日，中共中央颁布了《关于加强和改进高等学校思想政治工作的决定》，提出要培养和造就一批思想政治教育的专家、教授和理论家，要求有关院校要认真办好思想政治教育专业、第二学士学位班，并创造条件培养这方面的博士研究生和硕士研究生。1987 年 9 月 20 日，国家教育委员会印发了《关于思想政治教育专业培养硕士研究生的实施意见》。同年，国务院学位委员会修订了硕士、博士研究生专业目录，在政治学一级学科中增设 "思想政治教育" 专业二级学科，1988 年正式开始招生，标志着 "思想政治教育" 同时作为一门科学、一个专业、一门学科得到了进一步发展。

（二）课程设置

改革开放以来，随着对高校思想政治教育地位的再认识，马克思列宁主义理论课的定位再次明晰。1978 年 4 月，《关于加强高等学校马列主义理论教育的意见》明确了要正确认识马克思主义理论课、合理安排课程和学时、编写统一的教学大纲、提高教师队伍水平、建立领导体制等，使高校思政课建设逐渐走出错误的边缘，回归正轨。

1978 年 6 月，高等学校文科教学工作座谈会强调要对 1961 年文科教材会议后编写出版的教材进行再次修订和出版，通过座谈会的研究，教育部组织相关专家进行了教材的编写工作。经过专家小组的不懈努力，四门课程的教学大纲已初具模型。为了解决当时普遍存在的"政治无用论"错误认识，1979 年 5 月，《高等学校政治理论课的基本情况和存在问题》指出了高校政治理论课存在问题的实质并提出了针对性的解决方案，从科学认识政治理论课的性质、合理设置课程顺序、加快统一教材的编写、通过进修解决教师水平低的问题、加强领导和健全体制等方面对高校思政课建设予以规定。

1982 年，为进一步贯彻党的十二大关于共产主义教育的精神，细致总结已有思想品德课的开设经验，教育部决定逐步开设"共产主义思想品德课"，并对此课程开设的现实性和重要意义进行了充分阐释。为了更好地开设好这门课，教育部专门制定了《共产主义思想品德教学大纲（试用本）》，明确了这门课的教学目标、教学要求、重难点等，有针对性地对学生进行教育。为更好地完成高校的根本任务，解决思想政治工作队伍在思想理论水平、知识结构、培训、职称待遇等方面的问题，1984 年 11 月，《关于加强高等学校思想政治工作队伍建设的意见》明确了"高等学校的思想政治工作队伍必须实现专职和兼职相结合"，尤其对专职思想政治工作人员的政治素质和知识水平的基本要求、来源和发展方向、培训工作、待遇问题等进行了详细阐述，对高校思政课建设的开展具有积极的指导意义。

1985 年 8 月，《中共中央关于改革学校思想品德和政治理论课程教学的通知》的下发拉开了改革开放以后高校思想政治理论教育的改革序幕，对课程设置进行了调整，明确了思想品德和政治理论课改革的必要性和方向，要从整体性出发对大、中、小各个阶段的思想品德和政治理论课进行有效衔接，不断探索启发式的教学方法，编写出高水平的新教材，建设好一支强大的师资队伍等进行思政课建设。

1986 年 9 月，《关于在高等学校开设"法律基础课"的通知》把"法律基础课"纳入高校公共政治理论课中，并对与之相匹配的师资、教材、教学方法、实施步骤等进行了具体规划。为了进行大刀阔斧的教学改革，1987 年10 月，《关于高等学校思想教育课程建设的意见》确定"形势与政策""法律基础"为各高校的必修科目，"大学生思想修养""人生哲理""职业道德"为各高校的选修课程。这一课程改革适应了党和国家工作重心的转移，有利于学生在多元思想文化的激荡中树立正确的价值观，为推动高校思政课建设奠定了坚实的基础。为进一步落实党中央关于把德育放在学校首位的指示精神，1991 年 8 月，《关于加强和改进高等学校马克思主义理论教育的若干意见》明确："对青年学生进行马克思主义理论教育，是由社会主义高等教育的性质和办学宗旨所决定的，是社会主义教育区别于资本主义教育的根本标志之一。"把马克思主义理论教育由"重要标志"上升到"根本标志"，是对马克思主义理论教育重要性的再提升。同时从改进教学方法、大力加强教师队伍建设、加强党的领导等方面对如何推进思政课建设给出了具体指导。

三、高校思政课建设的继续加强与改进时期（1992—2002 年）

（一）高校思想政治教育体制机制的开展

20 世纪 90 年代，《中共中央关于加强高等学校党的建设的通知》明确了高校领导体制。党委领导下的校长负责制的明确，强化了高校思想政治教育体制的开展。1993 年 2 月 13 日，中共中央、国务院印发了《中国教育改革和发展纲要》，明确提出要把教育摆在优先发展的战略地位，努力提高全民族的思想道德素质和科学文化水平，进一步指出培养有理想、有道德、有文化、有纪律的社会主义新人，是学校德育即思想政治和品德教育的根本任务。要把坚定正确的政治方向摆在首位，用马克思列宁主义、毛泽东思想和建设有中国特色的社会主义理论教育学生。

21 世纪初，中共中央发布的《关于进一步加强和改进大学生思想政治教育的意见》使高校思想政治教育机制的建设更加完善。在高校思想政治教育的领导机制上，要求建立党委统一领导、党政群齐抓共管、有关部门各负其责、全社会大力支持的领导体制和工作机制，形成全党全社会共同关心支持大学生思想政治教育的强大合力；在高校思想政治教育的工作机制上，要求各高校要建立和完善党委统一领导、党政齐抓共管、专兼职队伍相结合、全校紧密配合、学生自我教育的领导体制和工作机制。

（二）课程设置

这一时期，高校思政课建设伴随着改革开放的不断深化迎来了新的发展阶段。1992年，随着党的十四大召开，邓小平同志建设有中国特色社会主义的理论成为这一时期教学改革的指导理论。1993年8月，《关于新形势下加强和改进高等学校党的建设和思想政治工作的若干意见》明确提出："马克思主义理论课和思想品德课（以下简称'两课'）是学生思想政治教育的主渠道，是社会主义学校的本质特征之一。"将其由"根本特征"上升为"本质特征"，体现了中国共产党对思政课地位的认识再加深，并明确了新形势下高等学校党的建设和思想政治工作要紧紧围绕邓小平同志建设有中国特色社会主义的理论这一中心进行教学改革，及时改革不适应形势发展要求的教学内容；大力改进教学方法；加强"两课"教师队伍建设，多方面实行倾斜政策；加强各级党政教育部门和高校党政领导对"两课"教育工作的领导。高校思政课建设又向前推进了一步。党中央对高校"两课"教学改革予以高度关注，1994年8月，《中共中央关于进一步加强和改进学校德育工作的若干意见》再次明确了"两课"的关键作用，对学校的德育体系进行了整体规划，对德育内容进行了明确。

党的十五大把邓小平理论确定为党的指导思想。为进一步系统地学习邓小平理论，把邓小平理论编成教材，进入课堂，武装学生头脑，《中宣部、教育部关于普通高等学校开设〈邓小平理论概论〉课的通知》于1998年正式颁发。从此，高校思想政治教育开启了一个新的历史时期。经过一段时间的理论研究和实践探索，为了精准分析当前"两课"课程实施是否具有现实性与合理性，进一步总结"两课"课程设置的经验，教育部及高校进行了多次的研讨。

1999 年度高校思想政治工作会议与全国普通高校"两课"教学与管理工作研讨班就是对"两课"课程方案实施的有力回应。与此同时，迅速变幻的形势和环境也使得广大学生面临更大的挑战，一些学生的当代使命感淡薄，对一些腐朽落后的思想认识不清，抵抗力较弱。1992 年至 2002 年是高校思政课建设的加强与改进时期，这一时期，思想品德课在全国各高校全覆盖，与马列主义理论课并驾齐驱的"两课"体系正式形成，是对以往"重视政治教育、忽视道德教育"的重大改观，实现了两者的重新整合、教材建设取得突破性进展、教师队伍建设水平不断提升、教学方法和手段不断创新，有利于推进高校思政课建设的长足发展。

四、高校思政课建设的深化与整体推进时期（2002—2012 年）

2004 年 10 月 14 日，中共中央、国务院印发了《关于进一步加强和改进大学生思想政治教育的意见》，对高校思想政治教育作出具体规划。为了贯彻、落实中共中央、国务院《关于进一步加强和改进大学生思想政治教育的意见》的文件精神，2005 年 2 月 7 日中宣部、教育部联合下发了《关于进一步加强和改进高等学校思想政治理论课的意见》，这标志着高校思政课建设进入一个整体推进的新发展阶段，对高校思政课进行了积极探索，以马克思主义中国化理论成果为重点，建设了思想政治理论课程体系，并对与之相匹配的教师队伍、教材建设等进行了规划。

为了进一步加强教材建设，2006 年 1 月和 4 月分别下发的关于教材出版和管理的文件，体现了党中央、教育部对教材编写工作的重视程度。2006 年 6 月，随着《中共中央宣传部关于认真组织学习〈科学发展观学习读本〉的通知》的下发，各地各高校深入贯彻落实党中央精神，不断推动"科学发展观"的"三进"工作，使广大青年及时学、深刻悟，不断提高其政治性和思想性。《〈中共中央宣传部、教育部关于进一步加强和改进高等学校思想政治理论课的意见〉实施方案》实施以来，取得了新成绩、新发展，使广大学生的思想动态和行为发展都发生了可喜变化，使其对中国共产党满怀信心、对马克思主义中国化成果的认同度颇高、对党中央决策部署坚决拥护、爱国情感增强、民族情怀加深、服务人民意识提高，营造了积极健康向上的社会氛围，有助于学生身心的全面发展。

五、新时代思政课建设的改革与创新发展（2012 年至今）

（一）高校思想政治教育机制的成熟

在党的十八大报告中，将全面提高公民道德素质作为社会主义道德建设的基本任务，同时要求坚持"依法治国"和"以德治国"相结合，加强社会公德、职业道德、家庭美德、个人品德教育，弘扬中华传统美德，弘扬时代新风。高校思想政治教育工作要坚持"法治"和"德治"相结合，注重青年学生的道德素质培养。2015 年，为切实加强高校宣传思想工作队伍的建设，中共中央办公厅、国务院办公厅发布了《关于进一步加强和改进新形势下高校宣传思想工作的意见》，为推动高校宣传思想工作质量提升和创新发展提供了强有力的政策保证。2017 年 2 月 27 日，中共中央、国务院印发的《关于加强和改进新形势下高校思想政治工作的意见》指出，要加强互联网思想政治工作载体建设，完善科教融合、校企联合等协同育人模式，健全高校思想政治工作评价体系，推动高校思想政治工作制度化。2018 年 4 月 12 日，教育部印发《新时代高校政治理论课教学工作基本要求》，提出了新时代加强和改进思想政治理论课的具体原则、要求、方法，要求高等院校要按照师生比不低于 1：350 的比例设置专职思想政治理论课教师岗位，大力提倡中班（100 人以下）教学、小班研讨的教学模式，逐步消除大班上课现象。

（二）课程设置

新时代孕育新思想，高校思政课建设不断革故鼎新、创新发展，推动习近平新时代中国特色社会主义思想入脑入心。2012 年 3 月，教育部印发了《关于全面提高高等教育质量的若干意见》，从强化学科建设、创新网络和心理健康教育、建立健全教学质量测评体系、实施新一轮高校哲学社会科学繁荣计划、加强思政课教师队伍建设等方面对新时代思政课建设进行了规定。在此基础上，2012年8月国务院颁布了《关于加强教师队伍建设的意见》，从加强教师的师德建设、提升教师专业化水平、建立健全教师管理制度、切实保障教师合法权益和待遇等方面进行了规划，是指导教师队伍建设的纲领性文件，对推动新时代高校思政课建设意义重大。

　　党的十九大以来，思想政治教育得到空前加强，形成了以习近平新时代中国特色社会主义思想为核心内容的思政课课程群建设。为全面推进习近平新时代中国特色社会主义思想"三进"工作，中宣部、教育部组织教材课题组对本科四年制教材进行了再次修订，增添了党的十八大以来的重要理论成果。为深入贯彻党的十九大精神，2020年1月，教育部通过了《新时代高等学校思想政治理论课教师队伍建设规定》，从岗位要求、配备与选聘、培养与培训、考核与评价、保障与管理方面对思政课教师队伍建设进行了规划，对建设思政课教师队伍具有指导性意义，有利于推动思政课建设继续向好发展。

　　当前，党的二十大紧紧围绕全面建设社会主义现代化国家、全面推进中华民族伟大复兴，提出了一系列原创性新理念新思想新战略，蕴含着丰富的思想政治教育元素。高校以党的二十大精神为指引，紧紧围绕立德树人根本任务，深刻领悟把握党的二十大精神丰富内涵和精神实质，全面系统地融入大学生思想政治教育全过程，切实提升大学生思想政治教育的针对性实效性。党的二十大报告指出，"加快建设教育强国、科技强国、人才强国，坚持为党育人、为国育才"。党的二十大精神是中国共产党团结带领中国人民不懈奋斗的宝贵财富，是动员全党全国各族人民更加充满信心朝着全面建设社会主义现代化国家、全面推进中华民族伟大复兴进军的政治宣言和行动纲领。将党的二十大精神融入大学生思想政治教育，准确把握党的二十大精神实质，有意识、有目的地深入挖掘其中的思想政治教育元素，引导大学生深刻领会其中蕴含的历史逻辑、理论逻辑和现实逻辑，激发大学生的爱党爱国情怀，为高校立德树人和人才培养提供强大精神动力。

第二节　高校思政课程的相关理论

一、马克思主义经典作家关于思想政治教育的理论

（一）马克思、恩格斯关于思想政治教育的主要观点

第一，"以人的全面发展为指向"是马克思重要的思想政治教育观，该观点明确了思想政治教育中的目标指向。马克思在中学毕业时就清晰地提及应如何做好职业选择，"职业选择期间，应以实现自身完美与人类幸福为最高指引"。因此，职业选择期间，马克思便将实现人类幸福为目标，实质是以人的发展为重点，同时也指出"所有人类历史发展中的首个前提是存在有生命的个体"。思想政治教育的主体性和指向性一直都以人为教育对象，是关乎人的思想发展的工作。马克思主义鲜明地指出，最终目标是要实现全人类的全面自由的解放，这个解放从来都包括人的思想上的解放，不过统治阶级在很大层面上会主导人的思想。《德意志意识形态》一文中有过对统治阶级对思想主导性的分析，明确指出过"在不同发展时代下，统治阶级的思想在社会多元化的思想中都居于主导性地位"。不管在哪一发展时期，思想政治教育均可以看作一定社会或阶级对其成员有目的性地施加思想价值观念灌输的活动，同样是以人为主体来开展的实践活动。所以，思想政治教育是以人为指向和主体的。马克思强调，在共产主义实现进程中，无产阶级要关注到此进程中如何实现人的自由全面发展，最终指向始终是关切人的发展。以追求实现共产主义为最终目标，逐步引导人的成长进步，在当前依然是高校思想政治教育开展的基本原则和目标。

第二，马克思和恩格斯非常重视自身理论的宣传教育，率先提出"宣传工作"的观点。此外，《共产主义者同盟章程》中还特别强调同盟内各个群体均应该竭尽全力投入宣传工作中。在宣传方式上，主要提出以口头、书信及报刊等方式来加强马克思主义理论的宣传，指出工人群体如果具备科学理论，便能形成强大物质力量并投入斗争状态，指出理论的教育是强大的思想

武器并能够转化为行动指南。"批判的武器与武器的批判并不能够相互替代，物质力量仅仅能够凭借物质力量进行摧毁；不过理论如果掌握群众，也会转变为物质力量。"理论的彻底在于抓住事物根本，人就是这个根本所在。①

（二）列宁关于思想政治教育的主要观点

列宁在继承马克思、恩格斯思想政治教育理论的基础上进一步总结俄国革命和国家建设经验，发展和完善了无产阶级在思想政治工作中的指导理论。对思想政治工作的重要性、方法论及队伍建设问题都作出了丰富的内容补充。

第一，思想政治教育的灌输理论。以工人为主体开展教育活动的过程中，列宁指出工人自身不具备主动的民主意识，曾强调"社会民主主义意识仅仅能从外界灌输而获得"。灌输论是通过一系列具有针对性和目的性的教育和宣传活动引导工人阶级进步，提高思想认识的重要方法，对我国早期的思想政治工作产生了较大影响。由于当时物质生产条件和文化教育程度的限制等因素，人民群众只靠自身的学习和认知是无法彻底地改变思想意识的，而思想政治教育活动只有通过科学性和彻底性的理论教育，才能增强人民群众的理论水平。灌输理论在当前依然具有一定的适用性，在对如何讲授好思想政治理论课的指导中，坚持启发性、灌输性的统一，也是对列宁灌输理论的继承和发展。

第二，列宁再次指出党要以先进理论指导才能转化为斗争的力量，注重宣传队伍的广泛，在队伍建设中，鼓励以理论家、宣传员、鼓动者、组织者的方式深入各个方面、一切阶级中去做好宣传工作，注重理论的转化和宣传，在马克思与恩格斯的宣传工作经验上，进一步完善理论宣传的方式，加深对宣传队伍重要性的认识。马克思列宁主义是我们党治党立国的根本思想，在中国特色社会主义现代化进程中具有重要作用。对于马列主义，党中央强调要真学、真懂、真信、真用，并指出："思政课教师只有自己信仰坚定，对所讲内容高度认同，做学习和实践马克思主义的典范，才能讲得有底气，讲深讲透，才能有效引导学生真学、真懂、真信、真用。"马克思列宁主义教

① 张艳青 . 新时代高校思政课教学改革的研究与实践［M］. 长春：吉林大学出版社，2023：32.

育是大学生思想政治教育的重要内容，作为马克思主义的政党，我们始终重视用马列主义武装思想、教育人民，对于大学生的教育不能仅仅停留在表面进行说教，务必内化为学生的真实品格，转化为学生的实践行为。通过长期的社会实践和经验积极践行马克思列宁主义，并指导大学生更好地认识问题、分析问题和解决问题，使学生参透马克思、恩格斯和列宁思想的真谛，在马克思列宁主义的指导下形成正确的信仰，确立正确的人生方向。

二、建构主义理论建构主义理论

源于让·皮亚杰（Jean Piaget）、利维·维果茨基（Lev Vygotsky）的教学思想，是在行为主义的基础上从认知信息加工理论的视角来对学习内容进行审视，这给予了教育工作者很多的思考。建构主义理论更多地强调学习者在学习的过程中如何完成建构，而不是简单地认为学习仅仅是一个知识传输的过程，学习者在学习时只有基于自身的经验建构新的知识体系，才能够实现知识的有效传递。具体而言，建构主义理论的核心观点主要有以下几点。

（一）知识观

建构主义理论认为知识并不是稳定的，知识具有灵动性特征，知识本身也会有局限性，这就意味着学习者在很多情况下并不能直接学习或者运用知识，这就是知识的情境局限。知识是对世界的既定认知，只能在具体的情境中对事物进行暂时的解释，并不能形成最终的定理。除此之外，建构主义理论还认为知识只有被学习者充分理解才能够发挥真正的作用。并不是所有的知识都能够转换成为力量，这就意味着在知识传递中不能教条地灌输知识，而是需要学习者在充分理解知识的前提下掌握知识。

（二）主体观

学生和教师作为教学活动中的主体，两者均能影响到教学的最终效果。在建构主义理论认为，学生作为独立体在学习新的知识之前其必然会具有一定的自我经验，学生会对知识产生自我看法。在学习中，的确会有一些知识是学生在以往经验中从未接触的，但是学生依旧会参考其已经积累的经验来理解新的知识，进而产生假设。所以在教学活动中教师想要帮助学生完成知识的处理和转换，首先需要对学生进行了解，知晓学生是如何看待新事物之后，对其现有理解进行解构重组。由于不同学生的认知结构是不同的，所以在交流的过程中有助于学生认知的丰富，这其中产生的思想碰撞可以通过教师的科学引导进而成为学生理解新知识的重要途径。

（三）学习观

建构主义理论将学习过程形象地比喻为输血和进食两种模式，所谓输血是指要将知识如同输血一样慢慢地打入学习者的体内；所谓进食是指在学习过程中经验结构的建构就如同进食之后人的生长一样。其中，建构主义理论认为传统认知中的学习过程属于输血模式，建构主义下的学习过程属于进食模式。由于学习本身就是新旧知识相互作用的过程，学生对于新知识的吸收是基于其原有的知识框架基础之上，这个过程并不像输血过程那样简单。学习是同化和顺应的统一，同化是学习者通过吸收外部知识，将其和自身原有的知识进行整合，并在两者之间建立联系，使新知识能够融入原有的知识体系中，是新旧知识整合的过程。学习者对知识进行整合时并不是总能完全吸收新知识的，这就会导致新旧知识之间出现认知差别，最终会导致无法完成知识建构，这时就需要教师发挥引导作用，帮助学生转变错误的观念。

（四）教学观

建构主义理论认为教学活动不是单纯地灌输知识，而是要求教师敢于对学生原有的认知体系发起挑战，通过为学生创造一个全新的学习环境来帮助学生建构新的知识体系，这才是教学活动的最终目的，而这样的重建活动需要学生具有自主建构的意识和能力。基于建构主义理论的教学观，相关研究人员设计需要新的教学模式，包括抛锚式教学、支架式教学、随机通达教学、培养学习共同体等。

三、中华优秀传统文化中的德育思想

（一）德育的内涵

德育工作是实现社会道德进步和个人精神丰富的重要现实路径，其在思想政治教育乃至整个教育体系中均处于核心位置。其中，德育价值观又是引领德育体系建构与发展的根本。然而在改革开放以来，德育价值观在市场经济发展过程中受到了前所未有的挑战，不仅表现在教学实践中的"无力感"和自身地位"边缘化"的倾向，其"德育低效性"问题更是严峻。为此，笔者将通过对相关概念的正本清源，以实现对德育本真价值的回归，增强新时代高校德育的育人树人功能。

1. 德与德行

在《说文解字》一书中，"德"字被释义为"德，升也"，因而"德"的本义含有积极向上的意思。《周礼·地官》中则将"德"释义为"德行，内外之称，在心为德，施之为行"。可见，中国先哲对德的释义往往将其与日常的行为结合在一起，组成"德行"二字，赋予其美德与美行双重含义。也就是说，在理解"德"的问题上，中国古代圣贤在赋予其积极美好内涵的同时，也非常注重其实践性。

与中国古代相似，在西方英语早期的文献中"道德"（moral）一词亦有"实践"之意。在西方，这一"实践"指代有关人生意义与价值的活动，即"为人"的生活方式的选择。值得一提的是，到了近代，德国哲学家康德和黑格尔等人还进一步将该古代西方"道德"的实践性特征释义为道德的实践理性精神。

可见，中西方对"德"的含义都有过相近的思考。康德曾从道德规则对人类生活的重要性的角度，提出"道德本质上是普遍的"，以及"道德规则也应该是可普遍化的"等观点。与这一观点契合的是，今天我们将"德"从社会层面定义为人们共同生活及行为普遍遵循的准则和规范，从个人层面定义为个人的品行和品质。而"德行"则是用来指在社会普遍规则或者社会规范构成的体系内进行的相关实践活动。

2. 德育

在阐释了"德"与"德行"的概念后，我们接着讨论"德育"。据考证，中国古代虽无"德育"一词，但实质性的德育实践活动却早已有之。在先秦，儒家在治理国家上提倡"德治"与"礼治"并用，佐以"道之以政，齐之以刑，民免而无耻。道之以德，齐之以礼，有耻且格"（《论语·为政》）的观点。儒家还主张"明人伦"，即把伦理教育视为学校教育的目的："设为庠序学校以教之……夏曰校，殷曰序，周曰庠，学则三代共之，皆所以明人伦也。"（《孟子·滕文公章句上》）这一德育思想和传统也为后世儒家学者，如董仲舒、王阳明等人所不断更新与发展。可见，在我国德育实践活动有着悠久的历史。

在西方，古希腊的苏格拉底认为美德可以通过理性的教育和实践来培养，主张"知识即美德"。这是西方最初的德育思想。在近现代，德国哲学家康德提出按照道德法则培养自由人的德育观点。英国学者赫伯特·斯宾塞（Herbert Spencer）则将教育分为"智力教育""道德教育"和"体育教育"三部分，并对"德育"的概念作出明确阐释，使其逐渐成为学界一个重要的学术概念。至于我国教育学界现代所用"德育"这一名词，实际上是在20世纪初期由著名教育学者王国维传入的。他曾在《论教育之宗旨》一文中以"德育"与"知识""美育"三个名词并举，向国人详细介绍了西方康德和亚瑟·叔本华（Arthur Schopenhauer）等人的道德教育理念和思想。这也是目前我国教育学界在现代文献学意义上最早可以考据到的"德育"这一名词的由来。进入21世纪后，国内学界对德育概念曾经进行过广泛的讨论，曾提出诸如"大德育""小德育"之辩。

近年来，德育理论界逐渐认可和确立了"德育即学校道德教育"的德育观点。综合以上讨论分析，我们可将德育定义为：德育是教育者把特定时代背景下的社会思想道德内容，内化为受教育者自身思想品德的一种实践和理论活动。或者可以更简洁地说：德育就是对德行的培植。

（二）现代德育思想的发展

中华传承千年的优秀传统文化的转化和发展。中华优秀传统文化在发展过程中，保存了诸多值得参照的德育理念，在古代还没有思想政治教育这一说法的时候，道德教化就已经形成较完善的体系。德育思想作为其中主要内容之一，在古代的道德教化中起到重要作用，也是现代思想政治教育实践中的理论根基。

自党的十八大召开之后，提出要全力推进立德树人根本任务的落实，这在传统文化中可以找到对照。孟子的"修身、齐家、治国、平天下"，便告诫我们要注重修德，品德修养是基础，当做好品行修养后，方能够做好家庭及国家的治理；在儒家思想中，孔子的"君子怀德"（《论语·里仁篇》）则强调人"品德"的重要性；从知识学习、立德二者联系上，孔子强调"行有余力，则以学文"（《论语·学而篇》），强调与知识学习比起来，更应该关注德行培育工作。换句话说，结合传统教化理论，其中始终关注以德行来引导知识学习，知识的习得应该建立在道德力量基础上开展。

在德育的原则和方法上，"因材施教"原则从古代传承至今，树立典范的方法在现代思想政治教育中同样适用，依然是思想政治教育原则和方法的重要参考，"己所不欲，勿施于人"（《论语·颜渊篇》）的教育意义在当代社会仍具有较强的适用性，在《论语》《大学》《中庸》等经典著作中都不乏关于立德修身及德育重要性、原则的论述。当然，不仅是儒家，道家、墨家、法家同样强调"德"的贵重。

在德育的内容上，古人强调爱国情怀、个人品德修养，在家国关系中、家庭关系中都具有丰富的教育资源。比如，我们熟知的"天下兴亡、匹夫有责"（《日知录·正始》），其中蕴含着的爱国情怀在目前依然有着非常强的现实意义，引领青年增强爱国热情，主动承担保家卫国的责任。

（三）德育的社会功能

德育价值观在德育中占据核心与主导地位，它引领着整个德育体系的改革和发展，影响着德育理论和德育实践活动。德育价值观的有效培育能够引导和整合个体道德和社会道德的形成和发展，发挥着与一般的教育不同的特殊社会功能，具体而言，主要有以下两方面内容。

其一，规范功能。德育价值观培植在高校德育中起着明显的规范功能，这主要表现为：对德育对象价值观的有效培植能够将我们社会的价值理想内化为受教育者个人的理想追求，为其提供明晰的善恶、是非等价值观念，促使其自觉生成对社会的普遍道德规范和主流价值理想的认同。而这种认同意识恰恰能够起到规范受教育者行为活动的作用。受教育者会根据自己所认同的观念中的价值标准，形成自己的价值判断，从而作出道德选择，实现个体的道德价值。必须强调的是，德育价值观培植能否发挥社会定向功能，主要取决于德育价值观所体现的价值取向、价值标准能否为德育对象所接受和认同。这一点也是个体价值追求能否与社会价值理想贯穿融通的关键。因此，学校德育的责任就在于通过传授这些符合真善美，且被已有的社会实践证明可以为青年学生所接受的道德价值观，推动落实立德树人根本任务，培养德才兼备的时代青年。倘若我们高校德育价值观培植的内容不适应社会道德发展状况和当代青年学生的道德发展水平，不能使他们对社会主流道德共识产生较高的认同感，那么，我们的德育价值观培植就是失败的，有效地发挥德育价值观培植的规范功能也就无从谈起。

其二，引导功能。德育价值观培植对受教育者的影响是全方位、多方面的。除了规范功能外，其引导功能也不容忽视。当今全球化的浪潮对我国学校德育价值观产生了巨大冲击，加之市场经济条件下不可避免出现的功利主义、物质主义、消费主义和工具化倾向等，都对我们的青年学生的思想道德观念产生着诸多消极的影响。这就需要我们尤其重视德育价值观培植之引导功能的发挥。概括地说，这里所谓的引导功能具体表现为以下两点。

一是引导价值取向，使受教育者形成道德信仰。价值教育是受教育者价值观形成的根本途径，也是促进人的价值观发展为信仰的高级社会活动。这一点正如德国著名教育学家卡尔·西奥多雅斯贝尔斯（Karl Theodor Iaspers）在价值教育上所强调的，教育须有信仰，没有信仰就不能成为教育，而只有教育的技术而已。我们今天高校德育价值观的培植，一方面要引导受教育者具有正确的价值取向。学校德育的根本目标是培育受教育者的道德修养，提升其道德水准。德育价值取向就是道德主体依据正确的价值观，在道德行动中有所取也有所舍，通过有所为和有所不为来塑造自我的道德品行。可见，道德价值取向是主体满足自身成为"道德人"这一精神需要的价值实现活动。另一方面，价值取向作为个体道德实现和精神满足的导向和人类生命价值自我实现的一种方式，它在不断积累和体验的过程中会形成一种道德信仰。这种信仰的生成又反过来成就道德主体更自觉、更坚定、更无条件地鼓励自我，成就更高的"道德人"境界。这样，德育价值观培植活动便获得了理想的状态，即受教育者通过道德价值取向，并形成价值信仰，最终在实践中确证了自身在这个世界中的真实存在（真）和自身这个存在的价值意义（善和美）。

二是引导教育者在道德冲突中作出正确选择。德育价值观培植之引导功能还有一个重要的体现，那就是引导受教育者如何在经常要面对的道德冲突中作出正确选择。道德冲突是社会矛盾的特殊性质和表现形式，从某种程度上来说它是不可避免的。事实上，行为主体恰恰是在勇于解决冲突的过程中实现道德价值的。正如孟子所说："生，亦我所欲也；义，亦我所欲也。二者不可得兼，舍生而取义者也。"（《孟子·告子章句上》）其强调的就是道德主体在面临道德冲突时要坚持内心价值观，勇于进行道德抉择。先秦法家代表人物韩非子则把道德冲突双方的对立具体化，比如，他认为做官的讲道德仁义就会导致社会执法不严，做儿子的讲孝道就不能以身报国。这一点还反映在我国古代一直存在着的"忠孝不可两全"的说法上。也因此，历史上那些在面临道德冲突却仍为了坚守心中道义而引发的诸多可歌可泣的故事，一直被作为一种精神的推崇和学习的榜样而流传后世。

事实上，除此之外道德冲突还有一种情况，即有时候一种有效的道德实现方式它不一定是道德的，这时，人们就面临着如何化解道德实现方式与道德目标产生冲突的难题。为了解决这一矛盾和冲突，我们认为可以确立以实现"最大的善"为目的的遵循原则，即为了实现"最大的善"的道德目标，在道德实现方式上采取非道德行为以减少对善的牺牲，而这种妥协应被视为是道德的。事实上，伦理学的许多两难困境正是因为"最大的善"的目的而得以解脱的。我们试以"不说谎"的道德规范为例。"不说谎"之所以是"善"，那是因为它可以保证日常交往的正常进行。但是，正如自古以来的许多学者指出的那样，在某些特定的情形下，事实的陈述却会导致灾难性的后果。例如，当一个歹徒想杀死一个无辜之人，并问你被追捕人的下落时，倘若我们仍以"不说谎"为原则，那就很可能会直接助推一场悲剧的发生。显然，为了保护无辜者而进行"说谎"是更"善"的选择。因为这里的"说谎"恰恰符合珍惜和保护生命价值这一"最大的善"的目的。

可见，在道德行为实践过程中有时为了实现最终的道德目的而采用某种妥协性道德手段的选择，这也是被允许的。但这种妥协的行为必须是在我们迫不得已的前提下所作出的，并且这种选择必须是能够最大限度减少"善"的牺牲和带来最小限度"恶"的后果。否则，任何对非道德行为的妥协都是不道德的。

第三节　高校思政课程的必要性及价值

一、开展高校思政课程的必要性

（一）高校思政课程涵育大学生文化自信

1. 大学生文化自信的深层意蕴

大学生文化自信是由"大学生"和"文化自信"两个概念组合而成，也就是以大学生为限定主语，研究文化自信的问题。笔者基于学界对该问题的解释，认为大学生文化自信是指大学生群体对中华文化的高度肯定、崇高信仰和坚定信念，能够对外来文化保持开放包容的心态和清晰辩证的认知，并积极对文化进行传承和创新，促进中华文化发展。具体来说，大学生文化自信既表现在意识层面，又表现在行为层面。在意识层面上，一是大学生对中华文化高度肯定、认同和信仰，对中华文化的发展前景充满信心，并有为促进中华文化发展作出积极贡献的坚定意志；二是对外来文化有正确的认知，能够保持理性的态度，不崇洋媚外，能够警惕文化渗透。在行为层面上，首先，体现在大学生在充分了解中华文化的基础上，能够以积极的姿态传承、弘扬、创新中华文化，并积极进行文化交流，以实际行动提升中华文化魅力，在实践中感知中华文化、体悟中华文化；其次，大学生群体能够尊重差异，以开放包容的心态对优秀外来文化进行借鉴吸收，丰富中华文化内容，提升中华文化竞争力，同时也有高度的文化警惕和文化鉴别力，能够积极勇敢地同各种不良文化思潮做斗争，自觉抵制不良文化的侵袭和渗透。

2. 高校思政课程涵育大学生文化自信的重要意义

（1）传承和创新中华文化的现实保证

如果丧失了文化根基，一个国家就无法实现长远发展。历经数千年的中华优秀传统文化在今天仍然散发着强大的光芒，其拥有顽强生命力、能够源远流长得益于文化的传承。近代社会由于民族危机使传统文化遭遇了剧烈阵痛，中国共产党成立后带领人民顽强拼搏，取得了民族独立的同时在传统文化的基础上创造性地开创了红色革命文化，改革开放以来又形成了社会主义先进文化，这些都是文化创新的结果。由此可见，中华文化的繁荣不是自然而然就实现的，文化需要世世代代的不断传承和创新才能充满生机与活力。任何领域的发展都离不开文化的传承和创新，而文化传承需要具备文化自信，文化创新更是需要具备高度的文化自信。大学生作为接受高等教育的群体，他们思维活跃，具有更高的文化素质、知识储备和创新意识，是中华文化十分重要的继承者、弘扬者和创新者，他们作为将来社会上各行各业的人才支柱，只有具备高度的文化自信才能更加从容、更加理智地对待外来文化，才能更加自觉地继承中华文化，才能更加坚定地将自己学到的文化知识进行弘扬传播，并利用自己的聪明才智进行文化创新，延续中华文化的生命，实现中华文化的繁荣与发展。

（2）实现中华民族伟大复兴的必然要求

要实现民族复兴，文化须先复兴。文化记录了一个国家和民族的发展轨迹和发展成果，国家是否强大与文化是否强盛息息相关、如影随形，璀璨的文化必然产生强大的发展因子，必然为经济社会发展带来强大的动力源泉和思想武器。从世界历史进程看，如果丢掉了文化传统、失掉了文化根基，国家和民族就会被多元文化的激流湮灭。换言之，文化是实现中华民族伟大复兴的必然因子，是支撑着国家前行的永恒动力。新时代大学生成长于改革开放黄金期，迎来了新时代，见证了中国取得的累累硕果，享受着前人创造的更优渥的物质条件和资源，同时也承担着民族复兴的艰巨责任，他们能否树立高度的文化自信会直接影响国家的兴衰和中华民族伟大复兴目标的实现。坚定文化自信是大学生成长为担当民族复兴大任的时代新人的必要前提。实现中华民族伟大复兴不能缺少精神力量的支撑，文化自信正是支撑我们努力前行最本质、最根源的精神力量，是促进文化大发展、大繁荣的深层源泉。青年大学生是国家发展、民族复兴的中坚力量，必然成为接受文化自信教育的最主要的靶向群体。因此，大力涵育大学生的文化自信，提升大学生的文化涵养和责任意识，是实现中华民族伟大复兴目标赋予我们的且必须要完成的时代任务。

（3）大学生自我成长的现实需要

新时代大学生渴望通过文化自信培育来促进自身的全面发展。新时代大学生是正接受社会主义高等教育滋养的青年，具有一定的思想自觉、政治自觉、行动自觉，通过学校的文化教育，最终成为一个能堪当时代大任的社会主义建设者，把自己所学的知识或技能运用在祖国最需要的地方。百年前，正是那个时代想挽救民族于危亡之中的有志大学生发起了声势浩大的五四运动，而今时间的年轮进入了新时代，虽然大学生人亦不同，但是那个时代的青年的爱国精神传承了下来。新时代大学生自知身负民族复兴之重任，争做有理想、有本领、有担当的时代新人，更应该自觉加强文化自信培育。

首先，大学生渴求增强自我的思想定力。在多元文化环境之下，新时代大学生在大是大非面前尚缺乏辨别力，渴望通过学校的文化素养熏陶提高自身的文化判断力、鉴别力，以便在面对多元思潮的纷扰时，保持清醒的头脑，抵御各种错误思潮的侵蚀。其次，大学生期盼强劲自我的发展动力。新时代大学生尚处在价值观形成的关键期，需要不断在社会主义文化的浸润中坚定理想信念，激发他们持之以恒的学习和实践的动力。最后，大学生希望激活自我创新活力。大学生深知需不断积累马克思主义理论和中华文化知识以激活自我的创新活力。新时代大学生希望通过高校的文化润泽，激活他们让中华文化"活起来"的创新活力，激活他们让革命文化"火起来"的创新活力，激活他们把社会主义先进文化"用起来"的创新活力。

（4）建设社会主义文化强国的关键所在

新时代是我们奔向"强起来"的时代。所谓强起来的中华民族，从文化的发展层面来讲不仅仅是繁荣兴盛的体现，更是向文化强国的转变。当前，世界范围内的文化较量越来越激烈，哪个国家拥有了强大的文化软实力，哪个国家就占据了发展优势和话语权优势。虽然我国拥有悠久的文化历史和丰富的文化资源，但是我们尚未将这些优势完全转化为强大的文化软实力，大学生的文化自信程度离文化强国的目标要求还有一定的差距，我国还有很长的路要走。这些残酷的现实要求我们必须加快文化建设步伐，早日建成社会主义文化强国。建设文化强国需要牢牢掌握中华文化的历史轨迹和发展规律，对中华文化充满自信，以强大的定力、智慧和勇气创造中华文化新高度、新辉煌，而实现这一切的后备军就是青年大学生，他们在不远的将来必将担任实现文化强国目标的伟大使命。接受了中华文化洗礼、树立起高度文化自信的青年大学生拥有极大的施展热情和责任意识，能够充分发挥主观能动性参与社会主义文化强国的建设。所以，只有涵育大学生的文化自信，强化大学生对中华文化的认知与认同，才能更好地激发大学生参与文化建设的积极性、主动性及实现文化复兴的责任意识，进而提高中华文化的竞争力，加快实现文化强国目标。

（5）守牢社会主义意识形态安全的重要保障

意识形态是核心文化力量。随着世界各国文化交流、思想传播的日益密切，价值冲突、思想碰撞、文化霸权等不良现象浮出水面，频繁的文化渗透使我国的意识形态领域迎来了前所未有的挑战。大学生群体由于社会经验匮乏、文化辨析能力尚未养成等因素，致使部分大学生受不良文化影响而信仰缺失、信念弱化、信心不足，逐渐迷失自我。在这样一个文化杂糅的时代背景下，帮助大学生以理性客观的态度对待西方文明，学会处理和明辨各种文化，坚定文化自信显得异常重要且十分迫切。坚定文化自信是做好价值引领的关键，更是新时代掌握意识形态领域安全的重要基础。青年大学生由于其群体的特殊性，引导他们树立和增强文化自信的重要性不言而喻。为此，通过高校思政课这一重要渠道突出文化基因传承、创新文化自信教育，能够更好地促进大学生文化自信的生成，进而提高大学生抵御不良文化侵袭的能力，守牢社会主义意识形态领域的安全。

（6）新时代大学生全面发展的内在要求

促进大学生的全面发展是高校的育人目标，亦是国家建设和民族发展对人才培养的要求。只有真正强化青年大学生文化自信，才能实现大学生全面自由的发展。高度的文化自信能够充盈人们的精神面貌、激发人们的内在潜能，进而转化为强大的物质力量，促进人与社会的发展。新时代的开启意味着要实现新的发展，意味着有更高的要求。在人才发展方面，新时代更加需要心理素质好、文化认同度高、道德修养高的综合素质过硬的全方位人才。也就是说，作为未来社会建设的栋梁之材，青年大学生需要德智体美劳的全面发展，不仅要具备过硬的专业素质，更要有健康的体魄和高尚的品格。增强大学生的文化自信，使之成为大学生价值观的基础及其成长成才的价值导向，这能够从理论和实践层面完善大学生的价值观念、人文素养和道德品格。具备高度的文化自信的青年大学生能够更好地从中华文化中汲取养分，从中找到精神归属和心理支撑，成为拥有健康人格、扎实学识和远大理想的时代新人，能够更好地适应时代变化，争做时代的弄潮儿，助力社会建设，从而实现个人的自由全面发展。

（二）意识形态教育的迫切要求

1. 高校意识形态教育的重要性

高校师生具有高学识及国际化、网络化办学，高校培养的人才将会流动到社会各阶层，辐射全社会，尤其是高校培养的思政课人才，将承担起各自负责的意识形态教育工作，进而影响国家的意识形态教育，关乎整个国家的意识形态安全问题。因此，加强高校意识形态教育十分重要，要重视起来。

2. 高校思政课程是意识形态教育的主要载体

高校思政课程作为高校意识形态教育的课程载体，承载着高校意识形态教育的主阵地和主要抓手的功能，顺应时代变迁需要，高校思政课课程体系不断与时俱进，不断发挥其在高校意识形态教育中的载体作用。这一课程体系经历了"老四门""新四门""两课"，以及新"两课"、"新课程体系"变革，逐步形成现行的思政课课程体系。那么，新课程体系是如何承载高校意识形态教育功能的呢？

"马克思主义基本原理"课程，立足于马克思主义的整体性、科学性、系统性，全面整合了马克思主义的三大科学构成部分的内容，对学生进行系统教育，用马克思主义理论引领学生思想意识制高点，指引学生构筑科学的世界观和方法论，夯实理论之基、坚固理论自信，坚定对马克思主义的信仰，确保马克思主义理论功效在学生群体成功的"内化"与"外化"，达到用科学理论武装头脑、指导实践的目的。

"毛泽东思想和中国特色社会主义理论体系概论"课程，主要进行马克思主义中国化的理论成果教育，一方面，向学生传授理论与实际相结合的实事求是的精神，讲述了为什么选择马克思主义；另一方面，指出为什么其能够指引我国革命、建设、改革事业不断取得胜利，告诉我们这一切是因为马克思主义理论是科学的、革命的，中国化的马克思主义。极其重要的是，新时代的高校意识形态教育，必须要把中国化的马克思主义理论的教育重心聚焦于马克思主义中国化的最新成果的教育上，因为习近平新时代中国特色社会主义思想是解决当前和今后一定时期我国社会建设发展问题的科学理论，在这一理论的教育上必须不遗余力并一以贯之，培育和坚定学生的理论自信。

"中国近现代史纲要"课程，立足于我国近现代的史实，向学生传授了我国为什么会选择马克思主义、选择中国共产党等一系列根本性问题，用史实教育学生，培育学生正确而厚重的历史感，最重要的是培育学生的"五个认同"意识，不断扩大党的执政基础，巩固党的执政根基。

"思想道德与法治"课程，"综合运用马克思主义的基本立场、观点和方法，以正确的人生观、价值观、道德观和法制观教育为基本内容，在理论与实际的结合上，对当代大学生面临和关心的实际问题予以科学的有说服力的回答，帮助大学生牢固树立以社会主义核心价值观为主要内容的社会主义荣辱观，培养良好的思想道德素质和法律素质，为逐步成长为全面发展的社会主义事业合格的建设者和可靠接班人，打下坚实的思想道德和遵纪守法的基础"。

此外，"形势与政策"课程等帮助学生了解国内国际时事，培育学生应有的国内国际视野，确保学生不仅在理论上有高度、有深度，同时又脚踏实地，实现学生全面发展。高校思政课对于高校学生来说是意识形态教育的主干课，通过思政课这一课程载体，高校意识形态教育可以顺利开展。

二、高校思政课程的价值

高校思政课担负着一定的文化责任和文化使命，具有十分重要的价值功能。具体来说，其具有文化传承、整合创新、育人和引导四个功能。

（一）对中华文化的传承和发展功能

高校承担着重要的文化教化任务，高校思政课的实施过程实则是一项文化教育活动，其发挥的最明显的文化作用就是中华文化的传承与发展。首先，高校思政课的根本任务是立德树人，其通过开展具体的教学活动将我国的主流意识形态和主流文化传递给青年大学生，教育大学生、培养大学生、塑造大学生，使大学生了解中华文化，在文化的熏陶下形成正确的价值观念，促进大学生成长成才。其次，高校思政课是马克思主义理论课，在坚持马克思主义指导的同时，其又以中华文化为思想资源，向青年大学生输送文化知识，从某种意义上讲，这也是对中华文化的传承与发展。最后，高校思政课对大学生进行文化教育的目的一方面是促进大学生成长为高素质人才，另一方面是培养大学生的创新意识，引导大学生在对文化消化吸收的基础上进行创新和发展。正是在这样的一个过程中，高校思政课实现了其文化的传承功能。

（二）对古今中西文化资源的整合创新功能

高校思政课作为一门严谨的政治课程，其具有的一个重要特征就是与时俱进，能够有效融合各种文化资源并进行整合创新，显示出强大的包容性。一方面，对于国内的多元文化，其能够进行有效的整合，保留和吸收同质文化因子，批判和扬弃异质文化因子；另一方面，其能够对外来文化中优秀的、符合我国发展的内容进行采纳、整合和吸收，并纳入其课程内容之中，实现文化的更新与发展。通过这种方式，高校思政课有效地减少了文化冲突和文化诘难，同时又及时更新了课程内容，实现了文化的丰富和发展。高校思政课在对多元文化进行整合的过程中，必须处理好多元文化与我国主流文化的有效接洽，这就意味着高校思政课要对原有的体系和内容进行一定的调整和再创造，也就是进行文化内容的创新。经过一系列的操作处理，高校思政课实现了对文化资源的整合创新。

（三）激励大学生成长成才的育人功能

高校思政课是青年大学生在人生关键时期"三观"养成和内在精神世界形成的重要途径和主要课程，直接事关高校"为谁培养人、培养什么样的人、怎样培养人"这个根本问题。可见，高校思政课承担着培养青年大学生价值观、充沛青年大学生精神世界的重要职责，其利用文化的力量和各种方式熏陶大学生、感染大学生、鼓舞大学生、塑造大学生，解决大学生精神迷茫、信仰缺失、价值混乱等意识形态问题，帮助他们建立正确的文化价值观念和行为取向，激励他们成长成才，实现思政课"以文化人"的最终目的。因此，高校思政课的育人功能就是通过将文化输出给大学生，充沛大学生的精神世界、完善大学生的知识结构、涵养大学生的道德品格，帮助和引导大学生形成正确的价值观念、成熟的人格品质，实现大学生由"自然人"向"社会人""文化人"过渡。

（四）增强文化认同的引导功能

思政课的性质、任务及内容决定了高校思政课具有增强大学生文化认同、提高大学生文化认知的引导功能。首先，中华优秀传统文化是高校思政课的重要资源支撑，且高校思政课的教学目标及它所提倡的道德理念在很大程度上与我国传统文化相融合。因此，在这一过程中，能够自然地提高大学生对传统文化的认知，进而增强文化认同。其次，革命事迹、革命理念和革命精神等革命文化是高校思政课的教学内容之一，课堂讲授的过程也是弘扬革命文化的过程。同时，高校思政课通过实践教学，使大学生在亲身体验中感受革命文化的力量，产生文化共鸣，进而发出真挚的情感归属。最后，高校思政课的一个重要任务就是弘扬我国的主流文化，即社会主义先进文化，引导大学生理性地分析和明辨当下各种文化，形成正确的文化价值观，坚守我国主流意识形态阵地，形成文化自觉和自信。

第二章　当代高校思想政治教学现状

本章主要从新时期高校思政教学特征及原则、新时期高校思想政治教学取得的成效，以及新时期高校思想政治教学遇到的困境及原因三方面出发，并展开深入论述。

第一节　高校思政课程教学特征及原则

一、新时期思政教育的特征

（一）导向指引下的整体性与教育教学的层次性统一

导向指引性主要是针对两方面而言。一是对大学生的个人发展和如何在社会实践中发挥自身作用起到导向指引作用，包括引导学生的思想观念、精神境界朝着全面发展的方向提升，增强学生的精神力量。二是为教学实践活动提供一个客观的标准，对思想政治教育教学的改革发展方向起到指引作用，促进教学理论的创新与发展。导向指引既是促进社会和个人的全面发展的要求，也是马克思主义理论与时俱进和教育多样化发展的需要。

思想政治教育是一门系统性的课程，可将各种性质类型的教育教学因素整合到教学过程中，并能引导学生把感性认识或零星观点转化成一个整体的思想政治素质。其教学最重要的一点就是要使学生对马克思主义理论的价值立场、观点等的认识转化为信念，因此在教学过程中一定要重视对整体性的把握，而对思想政治教育教学的构建理应体现整体性这一特征。

思想政治教学是一种思维形成的存在，是由不同的要素、层次构成的一个整体结构，其变化发展集中地体现了辩证逻辑整体的运动过程。在过程中不同的要素、层次之间，整体与层次、要素之间，整体与外部事物之间都有着各种联系。思想政治教育教学作为一个学科体系的重要组成部分，必然要求通过思维形式来系统反映其包含的各种联系，使教育者和受教育者从中获益。思想政治教育教学体系从本质上揭示了各个要素以及范畴之间的运动轨迹和规律。因此，我们不能孤立地研究其具体内容，要从系统到要素、层次，从整体到局部，从全体到单一进行研究。

这一教学既然是一个教育教学的整体系统，其间必然具有教育教学的局部层次，体现了思想政治教育教学的层次性。思想政治教育教学体系的划分是依据逻辑思维的组织、推演及运行规律展开的，进而形成了由起点、中心、中项、成效和终点等范畴构成的，具有逻辑性和科学性且合理有序的范畴体系。高校思想政治教育教学是围绕中心范畴，然后从起点范畴开始，经过中项范畴、成效范畴最后到达终点范畴的动态运动和发展变化的过程。这个过程动态简洁地揭示了高校思想政治教育教学体系中不同要素和层次之间的内在联系及运动变化的本质规律。思想政治教育教学的整体属性决定了其不能孤立的存在，只有体系完整、各要素层次分明、合理有序地联系在一起，才能科学地反映思想政治教育教学的本质规律。正是由于高校思想政治教育教学的整体性特征，其结构与层次之间彼此关联、相互作用。一是系统与要素环节具有稳定的关联性，即其范畴体系中的各个具体范畴均有固定的位置和作用等；二是层次与层次之间具有关联性，即指这一教学内的每一逻辑层次之间都是彼此相连的，具有逻辑规律的关系。正是由于这种系统与要素、层次与层次之间的关联性，使得这一教学体系的结构成形，并具有稳定性。关系是结构得以存在的前提，也是构成系统的基础，而只有系统内要素间得以稳定才能形成彼此之间稳定的关系，任何事物的整体性质都是每一部分之间相互依存又相互制约的关系来体现的。

在思想政治教育教学体系中整体与任一层次，层次与层次之间都有着相互制约与依存的关系。思想政治教育教学不仅具有导向指引下的整体性特征，而且还具有教育教学过程中的层次性特征，从而能够把这一系列的动态联结为合理有序、层次结构分明的有机统一整体，从而构成体系。综上，思想政治教育教学具有导向指引下的整体性和教育教学的层次性的特征。

（二）绝对的科学性与相对的利益性统一

思想政治教育教学的科学性在于所概括和反映的内容即思想政治教育教学的科学性，思想政治教育教学通过教学实践活动使学生形成社会所需要的思想政治道德，培养学生全面发展的综合能力。马克思指出无产阶级社会中，要让社会成员的能力得到充分的发挥。而思想政治教育就是遵循着这一观念开展其教学活动的，以期通过教学使学生的观念得到最大化的提升。此外，思想政治教育教学的科学性还体现在其自身具有的客观实在性和规律性中。

客观性和科学性构成了思想政治教育教学内容的基本特点。任何历史时期和任一体制下的意识形态教育，基本都客观地反映了其内在的本质和固有的规律。它的科学性是绝对的，这一教学实践在一定的具体条件下具有相对不变性，保持了其相对稳定性。列宁认为，辩证唯物主义强调的是要承认真理的客观性和绝对性，且真理是正确揭露客观物质的本质和规律的，因此，承认这一教学的客观性就是承认了它具有绝对性。而思想政治教育的利益性指根源于其本身具有的阶级性和意识形态性。其具体达成目标和服务的对象是由统治阶级的阶级性质和立场决定的。

一是思想政治教育教学在这门课程教学实践的基础上，既包括对原有教学内容的修正，也包括在现有的基础上更新内容。任何事物的产生都摆脱不了现实的因素，范畴也不例外，这一理论体系的构建会被当时的实践所影响，其结构体系是在对当前教学实践的总结、归纳和抽象，它的建构被许多条件限制，不能对未来的教学实践进行完全准确的判断，故当前的范畴反映的内容是相对的，并不是绝对的。

二是正如辩证唯物主义观点强调的那样，事物在实践中是矛盾的状态，是不断变化发展的，会呈现相互对立、相互依存的状态，并能够辩证转化的，此时对立、彼时统一，这也就是事物的一个过渡性和相对性特征。而思想政治教育教学的相对性，就是对其教学实践中的基本矛盾运动及转化的反映。因此，思想政治理论课教学之间是能够辩证转化的，具有相对性。

二、新时期高校思政教学原则

当代大学生成长在我国改革开放、社会高速发展时期，越来越多的新鲜事物和各种思想对当代大学生有着直接的影响。当代大学生通过多种渠道接触到了大量的外国文化和影视作品，这也使当代大学生的思维向多样化、个性化发展。

（一）知行统一

思想政治教育教学绝对不是学习文件、学习材料，也不是从各个有关学科拼凑起来的知识的集合，它应当有一个自己的学科体系。在这个方面，我们优秀传统文化的教育思想中，有丰富的案例，可以好好研究。我们要建设自己的思想政治教育教学基本体系，建设我们共产党人自己的理学，建设我们共产党人自己的心学。思想政治教育教学就是理学、心学，当然这只是借用，不是要"复活"传统的理学、心学。理学就是规律之学，心学就是修养之学，围绕规律之学、修养之学，践行立德树人的职责、根本使命，来完成这个根本任务。知行统一原则就是思想政治教育教学所要追求的最终目标。知行统一就是理论与实际相结合，思想政治教育的教学重点就是使学生的思想和行为在实践中达到一致。理论对实践有指导作用，实践是检验理论正确与否的唯一标准，马克思主义的认识论中明确要求我们要用理论联系实际的方法去认识客观事物，这既是对客观事物进行正确认识的原则，也是构建任何教学建构都需要遵循的原则。

行动是获得知识的动力，思想政治教育教学作为指导教学实践行动最基本的理论指南，它首先必须是正确的科学的知识，进而又能指导教学行动的正确方向。思想政治教育教学与学生的思想行为密切相关，是培养学生思想道德素质，使学生更好地认识社会主义核心价值观，形成社会所认同的思想政治观念，并用以指导实践，即教学就是转变或提升学生思想的过程。这一过程只有通过学生认知上的转变和提升才能实现，只有让学生在对正确的思想观念进行了解、学习的基础上，还坚信这一观念的真理性，并用以实践，形成知行统一，才能说达到了教学目的，知而不行，那"知"就失去其意义了。而对于思想政治教育教学来说，这样的教学就是失败的教学。"知"是前提，而"行"是目的，知行统一才能达到用正确的理论指导实践的目的。因此，遵循知行统一原则有助于思想政治教育教学实效性的提高与目标的达成。在研究思想政治教育教学时，遵循这一原则可以在研究过程中避免教学中教条化、公式化的倾向，坚持这一原则是正确建构合理的保障，进而使其教学范畴有助于解决"知与不知、行与不行"的矛盾，而这样才是科学的范畴。在思想政治教育教学中，要使学生对基本理论的形成、发展的过程有基本的了解。因此，要通过对理论产生的背景进行阐述，从而引领学生感受理论的形成、发展的过程。有了这样一个感同身受的接收过程，才能在获得知识之后有一个与"知"相一致的"行"，思想政治教育教学的构建也必须遵循这一知行统一的原则。

（二）坚持把好方向

新时代大学生的思想受社会关系和社会环境的影响程度不容小觑，尤其是在自媒体环境下，各种网络信息围绕在大学生周围且快速撒播，而其中不良的信息影响着他们正确价值观的形成，这就需要我们在发现问题时及时做好思政教育工作。

1. 加强政治认同教育

政治标准是毛泽东对青年一代教育的首位标准，他认为业务再好的人才如果政治上不过关，也不是合格的人才，并且他在不同场合多次强调过这点。大学生作为现当代文化素质较强、政治素质较高的群体，是祖国未来的希望和接班人，他们对现存的政治体系是否认同不仅关系到自身素质的培养完善，也关系到整个社会的和谐稳定。现阶段，大学生政治认同最重要、最核心的一点是对中国特色社会主义道路、理论和制度的认同，当前整体状况是积极良性的。但由于大学生思维活跃，政治敏锐性较强，在入学、就业、自身权利保障和家庭利益诉求等方面可能会对现状不满意，出现政治认同危机。中国社会整体进入了信息化阶段，已逐步形成多元思想文化碰撞的格局，生活在当下信息泛滥的环境中，各种没有经过过滤和甄别的信息充斥于学生的现实生活当中，由于大学生对政治价值和政治规范的认知尚且不足，因而不良信息会对他们的政治认同与信仰产生影响。针对这种情况，如果对大学生缺乏准确及时的教育引导，定会造成很大损失。

所以，高校教育工作必须要结合当前国际、国内的实际情况与时俱进，关注大学生在新形势下所处的校内外环境和所接触人际关系的变化，更准确地把握影响大学生政治认同的关键要素，创新地运用教育载体，构建与大学生身心实际相适应的思想政治教育新模式。只有把握大学生成长规律，真正了解到大学生的所思所想，找到他们容易接受的教育方式方法，才能引导学生形成政治认同，把思想政治教育做到实处，并使之有效。

2. 提升思想认同

意识—种思想、理论被群众认可即可能产生巨大的力量，从而转化为人们的思想观念，对人们的行为产生实质性的影响。思想认同是深深植根于人们的头脑之中的，是建立在对习近平新时代中国特色社会主义思想的理性认知和准确把握基础之上的彻底认同。但新时代下的大学生价值观多样多元，受复杂环境的影响，他们的价值观念和思想行为受到不同程度的影响。因此，用新思想武装大学生，开展有效的思想认同教育，提升新思想的号召力、说服力、亲和力和覆盖面，将成为解决这一时代课题重要的一环。

高校思政教师作为大学生成长路上的导向者，是党的相关理论的传播者，应以身示范，从学生接受教育的源头上，做好深切感悟新思想的丰富内涵，科学把握其理论渊源与实践基础、历史地位与指导意义，激发学生对它的认同感，并在此基础上，教育大学生产生思想认同，自觉规范政治行为。由于当前新媒体传播速度快，广大青年学生获取信息的渠道多，且大学生在思维方式、价值判断和生活习惯等诸多问题上呈现出自身的特点，因而高校教师应切忌照本宣科，讲一些假大空的套话，要善于运用贴近实际、贴近生活、贴近学生的实例去感染学生，加强学生对新思想的认同感。同时，也可以灵活运用新媒体技术，改进教育教学的方式手段，引导教育学生主动学习接受新思想并产生亲近感，由知识的认知向内心价值的认同转变。

3. 促进情感认同融入

帮助大学生健康成长及为国家培养可靠的社会主义事业接班人是高校教

育的职责所在。但在实际教育实践过程中，由于思政理论课与其他课程教育不同，它本身无法像其他课程一样进行客观尺度的量化评定，社会对其衡量度还不深入完善，因而学生自己也不够重视。而我们又不能光靠对抽象理论的空洞说教和僵硬的制度约束来改变这一现象，因为对大学生进行思想政治教育是一个需要注入情感的过程，一旦获得情感认同就能根据思政教育的要求去规范、约束其思想和行为。

因此，加强情感认同的整合，充分调动学生的积极情感因素，通过"情感"搭建大学生和高校教师之间的桥梁是明智之举。可以触动学生内心深处最朴素、最柔软的地方，使其增强对教育内容和方式的认同度，激发同理心，必要时还可"投其所好"，让学生自觉自发地认同马克思关于未来世界的美好设想，以及我们党的路线、方针、政策。因此，高校思政教育不应是共性地强制灌输和考核，应遵从学生个性化的成长规律，充分考虑每个学生的道德认知和情感需求，努力实现在心理情感方面与之产生共鸣，使学生听之可信，信之能行，行之有效。

（三）求实原则

1. 思想政治教育必须与利益引导相结合

从利益导向上看，社会中一切人的关系都是利益关系，社会矛盾之所以会产生，就是因为在利益上存在着差异或者利益是对立的。要想将人心凝聚起来，让矛盾得到协调，从而形成强大合力，就必须坚持利益导向一定要是正确的。利益导向正确，社会不同阶层和群体就会从根本上协调一致，能够共同行动和增强社会合力。在我国，国家、集体和个人的利益从根本上就是一致的。我们进行思想政治教育的主要任务，就是引导人们认清这种一致性，为共同利益而奋斗，并且在奋斗的过程中让自我价值得到实现。毋庸置疑，个人、集体与国家的利益是不可分割的。在三者统一的关系中承认和尊重个人利益，是马克思主义的观点，也是思想政治教育工作的求实原则的要求。

2. 思想政治教育工作要有求真务实的作风

求真务实是党的优良作风的集中体现，也是思想政治教育工作必须坚持的。思想政治教育工作者必须养成求真务实的作风，把求真务实、言行一致作为自己思想和行为的重要准则。要做到求真务实就要不唯上、不唯书，实话实说、实事实办，少搞形式、不尚空谈；要爱岗敬业，把工作当事业干、当学问钻，既练"唱功"又练"做功"，勇于探索、创新；就是以身作则、率先垂范，要求别人的自己首先做到，以自身的模范作用教育群众、引导群众、激励群众。

（四）注重贴近实际

思想政治教育的重点是做人的工作。受家庭、学校和社会等各方面因素的影响，新时代大学生的成长发展呈现出崭新的特点，这就要求教育者在教育过程中不能千篇一律，毫无生气，而应切实遵循大学生成长规律，时刻关注学生的思想实际和身心特点，注重人性关怀，了解学生的成长需要，并让学生从思想政治教育中有所进步，增强受教获得感。

1. 关注学生的身心特点

人的个性是独立的个体在社会实践生活中形成的区别于他人的特质，新时代大学生的显著个性主要表现为精力旺盛、个性鲜明、思维观念多样且多变。这就要求我们在教育过程中应当尊重大学生的成长规律，把握他们的思想实际和身心特点，拒绝千篇一律，做到因人而异、因材施教，理解尊重学生的个性差异，包容看待存在特殊情况的个体，针对不同主体的不同情形对大学生进行有区别、有分类地教育工作，为大学生个性的充分自由发展提供空间，运用学生喜欢的合理方式进行教育，让他们真切感受到被尊重，进而培育健康、积极的人格。譬如，学校可以借助多种网络新途径整合线上线下的相关教育资源，运用各式各样的、契合学生思想实际的形式，以激发青年学生强烈的思想共鸣，使其自主将所学内容内化为价值观念，外化为切实行动，提升教育效果。

2. 服务学生的成长需要

大学时期处于寻求知识、捕获真理的阶段，不仅要满足于书本知识，还要通过挖掘自身潜能和提高素质来满足社会发展的需要，才能更好地实现自己的人生价值。所以，新时代大学生的生理和心理更加成熟，主体意识逐渐增强，主体需要的层次也在逐渐提高。因此，教师要紧抓课上课下时间，尤其是课下时间，多与学生接触，了解掌握他们的个性特点，格外关注他们的成长发展需求和心理感受，并在合适的教学场合中通过各种有效的形式激活教育对象的内在动力，因势利导地增强大学生的综合能力，使学生在满足时代发展要求和社会进步需要的同时得到良性发展。

3. 增强学生受教获得感

受教获得感，是指学生在接受思想政治理论教育后产生的一种能够满足他们现实或潜在的，且能长久维持下去的满足感和成就感，是一种对自身受教育的精神状态、主观体验和情感反应的表达。就传统教学模式而言，我们在教学中往往将关注的重点放在教师讲了什么，而忽略了学生的获得感，这就让教育有种"本末倒置"的意味了。具体表现为：许多高校的教学内容与中学政治课上有很多重复，学生觉得没有新思想；宏大权威的理论叙述和千篇一律的共性化教学素材，使得思政理论课少了些生动活泼，变得枯燥乏味；教师教学死板，授课自说自唱、自娱自乐的现象普遍，忽视了学生的参与和体验，容易让学生无法找到兴趣点。因此，在进行教育实践的过程中，思政工作者们应始终遵循大学生成长规律去了解学生的真实需求并关注学生的情感体验，增强理论课程的导向性，以亲和的方式感召吸引大学生，从而让学生在经过思想政治教育熏陶后能够有满满的体验与感悟，获得感倍增，这也是高校提升思政理论课教学评价和质量的精神准则与价值追求。

（五）人本原则

1. 人本思想渊源

纵观人类发展的历史可以发现，人不仅能够创造历史，还处于不断发展的社会历史之中。围绕人的发展进行研究，一定会得出与之对应的关于人的理论。而在中国的古代社会，因为封建统治所占据的历史时期十分漫长，所以历史上与人本有关的思想几乎体现的都是封建统治阶层对广大民众的定位与判断。

《尚书·周书·泰誓》中提到的"惟人万物之灵"是中国古代社会中最早的与人的价值相关的记载。这一说法对人的价值进行了肯定，表现出了只有人才能创造历史及推动社会发展的思想。此外，《尚书·夏书·五子之歌》

中也写道："民惟邦本，本固邦宁。"指出了对于国家来说，人民是根本和根基，只有让人民的问题得到良好的解决，国家才能够安宁、安定。《管子·霸言》中提到的"夫霸王之所始也，以人为本"，指出国家的基业要想稳定，首先要从以人为本开始，这是中国古代史上第一次以"以人为本"的字样出现的关于以人为本的思想。但是，这里的"以人为本"中的"人"从一般意义上来说指的是民，即以民为本，与我们现代意义上"以人为本"中的"人"还是有区别的。《孟子》中记载着"民为贵，社稷次之，君为轻"的语句，《荀子》中也提出了"君者，舟也；庶人者，水也。水则载舟，水则覆舟"，把民比喻为水，君比喻为舟，提出了舟要靠水来载的思想。这些记载都反映出了那个年代的学者关于民本思想的思考，同时也表现出了在中国古代封建社会的统治下，统治阶层通过民本思想来领导广大民众，从而达到他们进行统治的目的。

汉代的贾谊提出了"民无不为本"的主张，他指出大到国家、社稷，小到官吏，其立足的根本都应该是人民。这就在理论上说明了，人民能够对社会的发展起到重要的作用，体现出了对民众的重视。贾谊的这种思想一直存在并进行发展，到了明清时代，这种思想逐渐演化成了最初的民主主义思想。在《原君》中，黄宗羲提出了"以天下为主，君为客"的语句，表达出来的思想为：人民应该是国家的主人，而君主是为人民服务的。这为中国近代历史上民主思想的发展奠定了良好的基础。

纵观中国古代史中关于人本思想的记载，不难发现，在我国古代，人本思想主要是定位在民本的基础上的。古代历史中与人本相关的思想将各家学者和各个阶层的统治者对民本的思考进行了体现，同时也是民众对自己社会定位的思考。这些思想都或多或少地涉及了"人的问题"，因此这些思想对于现今人们所倡导的以人为本的理念，也具有十分重要的借鉴意义。

2. 人本原则的内涵

人本原则，顾名思义，就是以人为本的原则。"人本"这个概念在中华优秀传统文化中由来已久。在高校思想政治教育中坚持人本原则实质上就是坚持以人为本的教育理念，将教育者与受教育者都放在主体的地位，将马克思主义的基本观点运用到日常教学工作中，实现教学资源、综合管理、思想指导三者的有机结合，帮助高校青年学子树立正确的价值观、开阔的世界观、积极的人生观，为今后个人的发展与国家的前进打下良好基础。

3. 坚持人本原则的必要性

坚持人本原则就是坚持贴近主体之一的受教育者群体。大量具有重复性的精准社会调查均证明，现如今我国青年学生的政治素养和思想教育水平总体来说较为良好。他们在日常生活和学习中思想活跃、拥护中国共产党、热爱祖国，并在社会和学校的双重影响下成长为对中国道路、理论、制度、文化等方面充满自信的社会中坚力量，并且坚信社会主义现代化伟大蓝图和中华民族伟大复兴的壮阔目标能够实现。但是，在不同文化和思想的影响下，我国部分大学生思想同样也受到影响。作为思想政治教育理论传播载体的高校如果不能够深刻认识到贴近青年学生，彻底了解他们的思想变动历程的重要性，那就只能是被认为是在进行"灌输式"的填鸭教育。高校思想政治教育工作者理应深入学生群体，想学生所想、急学生所急，切身感受学生的思想需求，更进一步地与学生沟通交流，运用全新的教育教学方法来了解青年群体的思想症结、心理诉求，将自己置身于青年学子的群体中，才能在生活和学习中与他们进行更好的交流和沟通，达到教育双方的相互理解和支持。

4. 坚持人本原则的途径

（1）实现教育者与受教育者双主体地位的业内共识

首先，尊重教育者的主体地位。教师在教学中扮演了一个举足轻重的角色，虽然在大学阶段众多学生已经在生理上成年，他们朝气蓬勃、勇敢上进，但与此同时，他们同样也是一个意志力较为薄弱的群体，世界观、人生观、价值观还未完全扩充完整。如果没有教师正确和合理的引导，很容易在意识形态上产生偏差，进而对个人甚至学校和社会产生严重的负面影响。高校思想政治教育就是要发挥教师的引导作用，充分了解学生的成长环境及人生经历，尊重其个体的独立与个性，将理论方法逐步以学生所能接受的方式转化为德育教育。其次，要尊重学生作为主体之一所产生的不可忽略的作用。思政教育工作者必须让学生意识到自己的主体作用，使其产生强烈的主体意识，在日常学习和生活的交流中逐步培养起学生的自觉学习态度，真正做到心中有律，行动有规。只有在业内达成教育者与被教育者双主体地位的共识，才可以让思想教育理论不断得到创新与发展，加强思想政治教育在现实生活中的实践作用。

（2）关注学生的内在需要

现在的大学生普遍年龄在 18~24 岁，大部分是 95 后、00 后的大学生，他们的表现欲、自尊心和求知欲都非常强，有自己的人生目标和规划。他们思维活跃、眼界开阔、易于接受新生事物、创造性强，具有比较独立的主体分析判断能力。同时，他们自我意识强，在政治信仰、知识获取、择业就业、恋爱交友等方面有较强的自主性，并且有了自己的人生追求，对自我的全面发展有很多主观需要。思政教育如果不抓住学生的需求，那么学生就容易受不良的社会习气所感染，会形成错误的价值观判断和理想信仰，导致思政教育达不到理想的效果。所以，在进行思政教育的时候，需要对学生内在的需求加以关注，要与实际、生活及学生更加贴近，对学生的所思所想有一定的了解，并以学生内在的需求为依据，设计及开展思政教育活动，让学生能够自觉地接受思政教育，满足自身发展需要的同时，提升自身思政素养，才是学生自己所需要的真正的人性化教育。

当代大学生受网络媒体、新闻广播、微信、微博等外界信息的影响，思想观念极易受到错误思想观念的影响，教育者如若不能及时关注和掌握学生的思想动态，解决学生热切关注的问题，那么其提出的与学生有关的意见和建议就很难具有针对性，学生就容易对思政教育产生厌烦心理和不信任感。要实现思政教育中的以人为本就应该站在学生需求的角度思考问题，深入学生，和学生进行交流，掌握学生的需求。例如，在思政理论教育课程结束后，学生可以对本次课程进行客观、合理地评价总结，然后教师根据学生提出的意见和建议有针对性地进行调整和改进。这样既使学生发挥主动性去积极思考和认可接受所学知识，也能促使教师不断地对教学进行完善，将以学生为本的教育理念体现出来，让思政教育的实效性得到增强。

（3）坚持科技背景与教育方法创新的完美融合

思想政治教育作为教育体系中极为重要的一环同样也需要跟上时代潮流，利用科学技术是教学方法的创新与发展。先进教育必须更注重培养能力，但是能力必须与自身知识体系结合在一起才能发挥更大效用。所以，只有努力做到知识与能力的结合，才能在科技时代实现科技与教育的创新发展。由此可以看出，教育者一定要将自己置身于科技发展水平不断推进的历史发展进程中，做到因势而新，同时正确认识我国与西方发达国家之间的差异，并与国际接轨，不断提升自身教育的质量与水平。在教育手段上的创新往往体现着一个学校对思想政治教育的重视程度，不断开展课外的实践活动，如田野调查或红色之旅等方式，是让一部分"五谷不分、四体不勤"的青年学生体验近代中国生活最直接的方式，也是历史与现代的一次跨时空连接。还有线上慕课等大量利用网络平台衍生出的全新的教育教学方法，不仅创新了思想政治教育的传播模式，也合理优化了对被教育者的考查结构。基于此，各大高校更应该积极合理地利用起网络平台，对大学生进行多方引导，合理上网、文明上网，让其全面提高网络时代高校学子的整体素质。

（六）心理相容原则

1. 心理相容原则的内涵

（1）心理相容原则的含义

心理相容是一种群体特性，是指群体中各成员之间由于理想、信念、观点一致而形成的一种融洽的心理交往状态，是良好人际关系在人们心理上的反映。每个人都是独立的个体，由于所处社会环境不同、社会经历各异，以及认知水平参差不齐等，个体之间存在一定差异，主要表现在能力、思维、兴趣爱好、性格和气质等方面。在实际生活中，个体之间又有着相互联系、相互依存的关系，只有承认自身与他人的差异，做到相互理解、相互包容、相互信任和相互支持，个体之间的关系才能呈现出良好的发展趋势，社会也才能和谐发展。心理相容是实现个体之间"你中有我，我中有你"融洽关系的前提和保证。单独的个体只有在充满信任、理解、包容和情感交流的心理环境中，才能激发其主观能动性，使其更具活力、创造性、创新性，更能以乐观健康的心态面对生活、学习及工作，实现自身价值。个体之间只有心理相容，才能创造一个积极的心理环境，从而将个体的力量凝聚在一起，集中力量实现集体的奋斗目标。

（2）思政教育中的心理相容原则

思政教育中的心理相容指的是教育主体与教育客体之间不存在心理屏障，认可彼此的个人能力，接受和尊重彼此的思想观念，理解和支持彼此的个性特征，形成心理和谐一致、情感相融相通的心理状态。思想政治教育要想取得良好的成效，其基本保证和前提条件就是教育者与受教育者之间要心理相容。假如教育者与受教育者之间可以相互信任与理解、包容与支持，那么教育者就能充分了解教育对象的所思、所想、所忧，从而采取科学有效的措施为教育对象排忧解难；教育对象也能够明白教育者的良苦用心，自愿接受教育者的教育引导，进而让思想政治教育工作的实效性得到提升。相反，如果教育者抱有偏见，对待教育对象的时候态度比较生硬，或是教育对象怀疑和不理解教育者，甚至对教育者有反感心理，就必然会导致思想政治教育工作没有办法顺利地开展。

2. 坚持心理相容原则的意义

（1）有利于营造良好的心理氛围

在思想政治教育中，心理相容原则促进了教育者与大学生的相互理解、相互信任、相互依赖，形成了融洽、交流无障碍的师生关系，营造了良好的心理氛围。大学生在与教育者进行交流时，如果双方关系融洽，没有歧视、猜疑或矛盾，就能敞开心扉畅所欲言，说出自己所思、所想、所忧，为教育者全面掌握大学生的思想动态提供便利，让教育者可以在思想政治教育过程中因材施教，从而让高校思想政治教育工作更加具有实效性。

（2）有利于教育主客体充分发挥主观能动性

一方面，心理相容使大学生保持积极乐观的心理态度，无论是在生活上、学习上，还是在未来的工作中，都能充分发挥自身的主观能动性，激发思维潜能及学习热情，促使他们积极主动地接受正确的引导，提高他们的学习效率和学习质量，让他们的学习更具创造性、包容性和多样性，在实现个性发展的同时实现自我价值，进而获得心理满足感和成就感，形成一种良性循环；另一方面，教育者看到大学生在自己的引导下，以积极乐观的态度面对生活、学习和工作，也会获得满足感和成就感，进而激发教育者的主观能动性，继续以热情乐观积极的态度投入教育工作。

（3）有利于消除大学生的逆反心理

大学生的世界观、人生观、价值观正处于发展期和形成期，对问题的了解并不全面，常常只知其表象而不知其本质。再加上大学生的个性强，自我管理能力差，常常以自我为中心，当自己的一些做法不被家长、教师、朋友所理解和信任时，就会产生消极对抗的情绪，出现逆反心理。在开展思想政治教育工作的时候要运用心理相容原则，教育者会主动关心、信任、尊重、爱护大学生，让他们感受真诚的人文关怀和情感温度，触动其内心，让大学生能够对其产生信赖感，对于教育者进行的正确引导愿意主动接受，并且能够听取不同的意见，消除大学生的逆反心理。

3. 运用心理相容原则的必备条件

（1）教育者与教育对象价值观的接受和认可

心理学中的相似性原理指的是拥有大致相同或者较为相似的观点的人，能够更容易理解，吸引彼此，生活中大多数人喜欢接近有相同观点的人。教师和学生如果在信仰或者价值观等方面有较为相似的地方，就会使他们有一种"彼此相像"的感觉，这样，他们在心理上就能理解彼此，易于接受彼此。在这种情况下，教师应主动通过开展各种活动接近学生，让他们自觉地在各种实践活动中形成符合社会需要的思想观念，这样的教学方式比空口说教更有效。

（2）教育者应具备良好的人格魅力

随着科技的发展，社会的进步，使教师传统意义上的权威受到挑战，教师的知识储备如果不足，会导致失去教育的权威性和学生的信任感。此外，教师不仅应该提升个人的能力素质，还应该提升个人魅力，拥有良好的个人品质。教育者是教育实践的指导者，榜样的示范力量会使教育者像一块磁铁吸引着受教育者，从而引导他们的言行，所以教育工作者要时刻重视自我教育的作用。教育者的道德素质和个人能力应该符合教育工作者的期望。否则，教育效果将大大降低。

4. 实现师生心理相容的路径

（1）教育者要提高自身修养

教育者是大学生树立正确世界观、人生观、价值观和全面健康发展的引导者及保障人，只有做到思想境界高、政治立场稳、道德品质好，才能吸引、感染大学生，使其信服，愿意接受思想政治教育。同时，教育者要具有良好的个性品质和美好的外在形象。若教育者对待学生做到真诚、热情、通情达理、善解人意，外在做到仪态大方、行为举止得体，那么学生自然愿意与教育者交往交流。这时教育者再通过交流给予学生思想启发，丰富其情感，满足其心理需求。除此之外，在进行思想政治教育的时候，教育者有教育主体与教育客体的双重身份，在开展教育的同时要接收学生的反馈，根据反馈改进自身不足，不断完善自我，促进教育方式方法和教育内容与时俱进、与生俱进，实现教育者与大学生的心理相容。

（2）建构平等民主师生关系

在开展思想政治教育工作的过程中，教育者要放下高高在上的教师形象，以朋友、亲人的身份出现在大学生面前。只有在师生双方处于一种平等和谐的关系时，大学生才会感到轻松愉悦，没有心理压力，乐于与教师坦诚地沟通交流，说出心里话。在生活上，教育者要像亲人、长辈一样主动关心大学生，让他们在充满爱意的环境中成长，使其对教育者产生心理信赖感。在学习上，教育者不仅是教师，还是学生的朋友，要主动帮助大学生，做一个真诚的倾听者，适时给予学生正确的指导，让他们产生心理依赖感，化解其对立的情绪和逆反心理。

（3）发挥学生的主观能动性

对于思想政治教育工作来说，实践活动是其第二课堂，教育者应该有意识地对实践活动进行组织，并且应该积极参与到其中。通过实践活动，使学生能够领悟理论知识，并对理论知识进行运用，对实际的问题进行探索，加以解决。同时实现自我价值，将学生探索真理的欲望激发出来，发挥其主观能动性，使学生积极投入学习，补足自身的短板，全面健康地发展。教育者可以与大学生一起策划、一起讨论，确保实践活动的可行性、安全性、实用性，做到与学生同思、同做、同苦、同乐，形成一个轻松愉悦的教育教学氛围。教育者要让学生放下防备心理，增加与大学生的双向交流互动，潜移默化地传播正能量，发挥自身榜样作用，成为学生成长历程中的带头人和引路人。

第二节　高校思政课程教学取得的成效

一、线下教学取得的成果

（一）实践教学

高校思想政治理论课实践教学的产生并不是偶然，而是与社会的发展密切联系的。从历史发展过程看，实践教学思想最早可以追溯到春秋时期各学派的教育思想，实践教学模式主要强调实践形式的多样性，目的在于构建与课堂教学相互促进的思想政治理论课教学体系。

实践教学是相对理论教学而言的一种教学活动，是以系统的理论教学为基础的，通过实践的方式达到教学目标。在教师的指导下，学生进行实践活动，发挥学生自己的主动性，能动地认识世界和改造世界。具体表现为：通过体验式、研讨式、合作式、虚拟型、辩论赛教学法进行教学，坚持以学生为中心、教师为主导，是当前高校采用较多的一种模式。

实践教学分为课内实践与课外实践，课内实践主张让学生在课外实践的同时，也鼓励学生在课堂内进行实践活动；课外实践强调让学生走出教室，在教室以外的地方进行实践教学活动，让学生亲自参与探讨、参观、调研。简而言之，实践教学模式是以教师为主导，以相关教学内容为场景，以学生亲自参与和体验为方法，以提升学生综合素质为教学目标，完成对课堂上所学到的马克思主义基本理论和观点的验证，强化学生对知识的掌握，使其内化与吸收，最后又用于实际生活的一种教学活动。

（二）案例教学

案例教学模式坚持教师主导，以教师为中心。主要教学方式是传递—接受式教学，这种模式下构建的大学生和高校教师关系是单向教授式的。该模式与一般讲授模式不同的是，教师在课前会选取大量与内容相关的案例进行比较筛选，用最生动、最贴合学生实际的案例结合内容进行讲授，不再是单一、枯燥的灌输方式。案例教学是为了使思政课堂更富有生动性和贴近实际生活而产生的一种教学模式，结合学生实际，运用准确、生动的案例来服务教学内容。其案例的选取要具有典型性，通过对典型案例的分析，展示出其中所蕴含的价值观、道德价值和人生意义，以此启发学生思考与学习，是一种先教后学、以学为主的教学模式，这是当前大多数思政课教师采用的较多的教学模式。

（三）专题教学

专题教学模式将各门课程文本分为不同的专题进行教学。该模式是对思政课教材体系重组的一种创新的教学模式，对传统的讲授式教学模式在一定程度上进行了否定，从教师的专业背景与时事背景需求出发，以教师教为主，对内容进行系统化和模块化的讲解。专题式教学以北京大学思政课的"专题讲座式"为母本，衍生出北京联合大学的"问题导入式"专题教学、中央财经大学的"问题链式"专题教学模式等版本。专题式教学是一种涵盖教学方法、社会实践和学生考核等各方面的综合性教学法模式，也是教育部大力推广的一种典型模式，已经为国内许多高校所实践，并在北京地区高校中居于主流地位。

二、网络教学取得的成果

（一）网络教学

信息技术的发展推进了教育改革，人们逐渐将信息技术同思政课结合，构成网络教学模式。高校思政课网络教学模式坚持大教育观，强调大学生和高校教师双主体，依赖信息技术、手机等媒介进行教学。由于网络的特殊性，网络教学模式教学内容比其他教学模式所涵盖的内容广泛，涵盖了各个领域。网络教学模式是一种随着信息化发展而形成的信息加工型教学模式，这种教学模式是在近年才逐渐开始广泛运用于思政课教学中的，需要网络媒介将教师与学生关联起来，打破了传统思政课中时间与空间的限制，是完全脱离学校教室的一种模式。其把传统的教室转化为网络教学平台，在平台上构建教室，学生与教室不再局限于教室中进行教学活动，而是把教学活动转移到教学平台中，运用双向互动法，实现教师与学生课上课下有效互动。

（二）线上线下教学

线上线下教学模式将课堂教学与网络教学相结合，与网络教学模式密切相关，又与其有所区别。这种模式最早是 2009 年在南京师范大学的思政课教学中实施的，逐渐为众多高校所使用，尤其是在疫情防控期间，其优势显现，众多高校开始对其推广使用和进行深层次的研究与改革。线上线下教学模式以学为主，强调先学后教，注重学生自学习惯的养成，以建构大学生认知体系，以帮助学生自学教材和拓宽视野为教学目标，以学生自学与教师线上讲授为基本形式，是在网络教学模式基础上进行改革与深化的一种教学模式。

综合五种教学模式，其中运用较多的是实践教学模式、专题教学模式及案例教学模式，这三种教学模式都是高校思政课教学模式中出现较早的教学模式。后期随着老师的专业背景不同，加上每位教师擅长的方向不一样，开始出现分科、分专题的教学模式，目的在于减少教师教学与科研的冲突。随之网络教学模式与线上线下教学模式出现，这两种模式主要基于网络技术的成熟和人们受网络影响越来越严重的情况而产生。对教学模式的不断探索，使高校思政课的教学目标、教学原则、条件保障、教学内容、教学方法和教学理念不断发生变化。

三、高校思想政治教育对象主体意识增强

意识形态领域的一切工作都要依靠人民、围绕人民，为了人民群众的根本利益。用该论述中的观点和方法分析高校思想政治教育，可以看出高校所面对的教育对象是学生，因而，高校思想政治教育务必做到"以学生为本"，

实现全程、全员、全方位育人。就高校思想政治教育而言，学生就是学习的主体。

一方面，当前大学生对于思想政治教育持积极配合的态度，会主动看"学习强国"等网络平台上的思想政治内容，对于高校思政理论课的学习主动性也比较强烈。

另一方面，传统意义上的高校思想政治教育更加注重强调思想政治理论知识的灌输，主要以课本教材内容为教育重点，以教师的讲授为中心，在很大程度上削弱了学生作为学习主体的原则。思想政治工作从根本上说是做人的工作，必须围绕学生、关照学生、服务学生。因此，教师应更加重视和尊重学生在思想政治教育课堂的学习主体的身份和地位，通过课前预习活动、课上交流讨论，以及课后开放性任务的完成及反馈，极大地调动了学生的学习主动性，引导学生学会自我发声、深入思考，使得学生从灌输式教育中得以解脱，从被动性学习转向主动性参与，有利于学生对于知识的内化和升华。学生学习的主体性意识得到提高，思想政治教育实效自然增强。①

四、实效性初步显现：理想信念得到强化

首先，多元主体初步形成协同意识，育人主体的主体性和社会性被激发，思想道德水平得到初步提升。通过分析对比部分高校近两年关于大学生理想信念的调查报告得出，八成以上大学生的理想信念呈上升趋势。具体表现为：大学生的思想更加积极进步，越来越关心政治，尤其是热点问题；大学生集体观念增强，大部分学生可以把集体利益放在首位；大学生生活态度更加积极乐观，能够以进取的心态追求实用主义；大学生自我意识增强，思维活跃，学习生活中自我教育能力提升；等等。随着中国社会主义现代化的发展，大学生的理想信念将会更上一层楼，为实现"中国梦"奋斗终身。

其次，课程中的德育资源得到一定程度地挖掘，马克思主义理论和中国特色社会主义理论体系成为理想信念的有效支撑。新时代背景下，要求我们

① 朱琳. 新时期思政理论课教学改革探究 [M]. 长春：吉林大学出版社，2022：71.

要做好大学生的理想信念教育工作，发挥好思想政治理论课的优势。一方面，思想政治教育理论课考查方式多样化，笔试、网课、实践等相结合，在多样的考核中，学生学习的积极性得到了提高；另一方面，关于理想信念内容的思政选修课产生，受到大学生追捧，学生的理想信念得到强化。

最后，平台环境得到一定程度地净化，课上课下、网上网下"两联动"，陶冶人的精神世界，直面人的生活世界。关于学生理念信念教育的网络端口层出不穷，如"学习强国""e支部""爱思政"等，学生通过App、微博、QQ、贴吧等途径随时随地学习，进而强化理想信念。

五、高校思想政治教育师资不断优化

教育者的思想素质修养和知识理论水平很大程度上影响着思想政治教育的效果，高校在重视主渠道建设和发展的同时，更不能忽视对教师队伍的建设，要不断推进队伍建设，健全管理及激励体制机制，保证教师队伍人员充足。其中，突出强调了数量充足、素质优良的师资力量，对于高校思想政治教育工作的推进的重要性。目前绝大多数的教师思想政治水平和理论知识素养，都基本符合思政教育者的基本标准。同时，高校坚持"严格标准、精心选拔、优化结构"的人才选拔方针，从"入口"处严格把关；而且更加重视构建良好的工作文化环境，组织开展教职工文化活动，教师队伍形成了和谐友善、积极向上的工作氛围；绝大多数高校会定期安排思政教师参与党章党规的学习，以及召开重要会议精神领悟讲座，保证思政教师信仰坚定。

六、高校思想政治教育课堂主渠道作用明显

意识形态性作为至关重要的属性与意识形态教育的内容，共同寓于高校思想政治教育当中，且其内容也包含了意识形态教育的内容。因此，高校要想通过思想政治教育筑牢学生思想意识防线，必须要强化科学理论的导入，首要途径就是思政理论课。通过课堂，实现对大学生政治理论知识的输入和思想的引导。

因此，高校思政理论课承担着教化大学生思想意识、培养学生健全思想

的重任，对高校全局建设也有着重要意义。思想政治理论课是落实立德树人根本任务的关键课程。近年来，全国高校谨遵党和国家在高校思想政治教育方面提出的新政策和新要求，把思想政治课堂作为教育主渠道进行优化与发展，并将其看作高校一切工作推进的关键和学科建设的中心任务。高校谨遵"立德树人"的教育发展理念，并将此理念贯穿教育教学全过程，从学校、社会到家庭，形成教育的强大合力，全方位、多角度促进思想政治教育的最佳成效。最后，高校也要不断提高教学能力、培养师资队伍，使高校思政理论课极大地发挥其主渠道的作用，实现高校思想政治教育最大成效。

第三节 高校思政课程教学遇到的困境及原因

一、新时期高校思政教学遇到的困境

（一）思想政治教育队伍的网络素养有待提升

"互联网+"不仅对教育环境做出了改变，也对思想政治教育队伍的网络素养提出了新的挑战。一方面，部分高校教师长时间受传统教学观念的影响，在互联网和思想政治教育的融合中会产生一些抵触心理和情绪，认为网络教育与思想政治教学方法相悖，网络教育不够严谨、不够踏实等思想充斥在教师的心中。另一方面，在招聘过程中，大部分高校领导以学历为入门门槛，以及重视对教育工作者应试能力的考查，而非看中思想政治教育工作者的真正实力。而"互联网+"的时代要求却是平等和开放的课堂，知识不是灌输式而是大家一起分享。对于教龄比较长的教师来说，尽快掌握网络技术成了其开展教育活动中的一个难题，也增加了其日后的工作压力。比如，有的老教师不能充分利用互联网获取教学信息，不会用互联网信息平台进行教学资源的编辑整合，也不能熟练运用互联网信息平台进行思想政治网上教育，同时不少思想政治教育工作者不了解新时代的网上语言，无法与大学生形成互动和共鸣。

"互联网+"环境的形成模糊了各个领域与网络之间的界限，人们的日常生活、工作越来越离不开网络技术，而人们也体会到了创新成果的益处，网络技术的应用也越来越广泛。所以，当今教师群体面对网络技术的应用不要产生畏难情绪，要加以学习和练习以便能轻松地掌握操作软件和客户端系统，并将之用于改善教学效果、简化教学流程，这也能够在无形中强化教师的教学能力。"互联网+"环境的形成，为学生提供了无数种获取知识的途径，善于利用网络的学生可能会获得比教师还多的知识，但是离开了教师的解说和引导，学生会存在无法拼凑碎片化知识的问题，这就需要教师不断地增加自己的知识储量，利用"互联网+"环境如知识专题性网站、各种学习软件来吸收知识，通过提炼和总结碎片化和浅层阅读内容，将这些知识与学科专业知识相整合、扩展，只有自己的知识储量提升了，才能帮助和指导学生更好地消化网络上所接触到的知识。

（二）大数据环境下学生思想多元化

大数据包罗万象，信息种类纷繁复杂、真假并存，其中也不乏会掺杂一些不良及错误思想，很可能会影响大学生的人生观、世界观和价值观。这些错误思想和观点，通过网络平台试图影响青年群体，为获取自己的利益做准备。在海量信息面前学生真假难辨，会分裂出不同的群体、不同的观点态度，也会表达出不同的思想行为，导致思想政治教育的受众思想形态各异，为思想政治教育增添了难度。

（三）高校思政课教学评价存在的现实问题

1. 评价目的不明确

思政课在高校中开展的目的一直都是很明确的，但是在评价体系中，会出现不能够做出明确评价的问题。在教学当中，一些教师将理论知识的学习评价作为终极评价，这就使阶段性考核失去了意义，而在很多高校的思想政治课程评价当中都会出现这样的问题。因为理论性考核占比太多，因此，考试成绩并不能真正考核其是否实现了教育目标。正是因为教师过于重视理论学习，所以在教学当中偏重于理论讲解和传统教学模式教学，架空了理论，不联系实际，就不能带动学生的思考，由此也就不能让学生带着对理论的感知去思考实际问题，学生就难以获得正确分析问题和解决问题的能力。所以在这样的考核当中，只通过期末的考试成绩加上平时课堂的考勤考查来整体考核，对学生来说并不能达到很好的知识学习作用。尤其是在思想政治课的学习上，其主要目的是培养学生实际生活中的良好观念和道德素养，这一切都建立在理论联系实际的基础上，而教师过分强调成绩和理论上的掌握，就忽略了学生真正理解的程度。如果只注重表面上呈现出的理论考点，学生对思想政治教育课的认识也就停留在死记硬背的冰冷知识点中。这样的考核缺少了学生掌握知识后的客观分析，也缺少了教师与学生通过思想碰撞产生的共鸣，以及对学生整体行为和思想的渗透。此外，这样的机械化考核对于评价体系的丰富和完善极为不利。

2. 评价方法不科学

现今的评价方法在思政教学评价体系当中仍然有不科学的地方存在。例如，问卷调查法。问卷调查法很难保证评价结果的真实性和客观性，因为从实施上，它只是通过提出具体的题目来对学生和教师进行调查。这样的书面形式虽然有利于收集数据，但是通过长期的调查会发现，这样的调查数据很难保证调查人在填写时会认真思考，主观性不强，得到的数据意义不大。座谈法是以调查者与受访者面对面的形式进行评价，这样的信息调查更加真实，但是因为这样面对面的调查只能够涉及一小部分人群，不具有广泛性和总结性，其过于片面的结果不利于教学评价体系的整体制定。

3. 高校思政教学趋势与教学评价间的矛盾

高校思政课教师不断进行多样化教学模式的改革探索与教学质量评价单一化之间的矛盾。随着互联网技术和多媒体技术的发展和成熟，越来越先进的教学手段和模式被运用到思政课教学中，思政课教学越来越呈现出多样化的特征。但是，由于高校对于思政课教学质量的评价还停留在单一落后的模式中，使得有些教师惮于评教后果，而对教学改革望而却步。部分思政课教师，一方面，面临着上级部门和学校要求对思政课不断进行改革探索的压力；另一方面，又面临着担心评教成绩影响职称晋升、评奖、评优等而不敢尝试突破旧的教学模式的矛盾。

4. 思政课考查方式仍较为传统

高校思想政治理论课教学评价是高校思想政治理论课程建设的重要环节。

重视高校思政课考查方式，根本目的是提升思政课教学质量和促进课程建设。随着时代的发展，在高校思政课教学改革过程中，不同的教学方法和教学模式被提出，思政课教学改革取得了一定的成绩。在这个过程中，虽然思政课教师改变了对学生的教学方式，但与之相配套的考查方式却仍以传统的考试为主。这种考查方式更注重的是对学生所掌握的知识进行考查，而高校思政课教学目标是培养时代新人，单纯地通过对学生进行知识考查，容易造成德才不一致的情况，不符合思政课教学开展的目的。

虽然高校思政课教学改革和建设取得了一定的成绩，各种教学模式被提出和运用于高校思政课，但这些教学模式都是在部分高校运用，受到时间与空间及经济条件限制，相对应的教学评价并不能及时跟进。如实践教学模式，为提高课程实践性，需要学生外出、讨论、辩论等，这就对学生的人数产生了限制。而以大课堂形式进行实践教学往往达不到良好效果，只能在一定规模和范围内进行教学，教师难以对每位学生进行综合考查。同时，高校思想政治理论课是当代大学生的必修课，更是对大学生进行思想政治教育的主渠道。教育部数据显示，仅2020届高校毕业生就达到了874万，但当前我国多数高校思政课师生配比还不足1：350，一个教师面对上百个学生，教师教学组织难度大，且不同高校教师水平也不相同。在这样的情况下，教师想要进行全方位的教学评价更是心有余而力不足。大班教学组织的难度导致教师只能选择更为传统的试题测试考查方式，使教师处于比较被动的位置，难以关注到每位学生的发展，客观、综合的全方位、全过程地对每位学生进行考评。因此，有必要对教学考查方式进一步进行探索。

（四）传统教育方法和内容对高校思想政治工作的阻碍

首先，随着马克思主义中国化理论日益丰富，中国共产党指导思想体系内容也随之丰富。多数的高校在开展思想政治教育和党建工作时，为了避免出现教学内容上的偏差，也为保证教育教学的严谨性和正确性，选择将传统和保守的思想政治教育方式和内容全部保留并加以运用，久而久之，党所做出的新指示、传达的新思想会与传统教学内容产生一定程度的脱离，从根本上误导大学生对马克思主义中国化理论成果的正确认识。其次，传统教学内容比较陈旧，若不能及时融入党的新思想理论，不能深入贯彻党的新会议精神，就不能保证思想政治教育的开展及时跟随党的最新指导，高校党建工作和思想政治教育的开展就会产生偏差甚至会出现严重的错误。若思政教师简单地认为学生"记住、背过"就是掌握，只是单纯地进行理论学习，而不去教会大学生如何结合实际正确运用这些科学的理论，那么党的指导思想传达也只是流于"形式"，不能深入人心就不会产生潜移默化的效果，导致大学生面对当今时代的一切新生事物和思潮时，无法结合自身接受的思想政治教育理论和科学指导思想进行正确的分析和判断。

二、存在问题的原因

（一）社会层面

1. 社会偏见影响了高校思想政治教育的效果

多数家长受实用主义因素影响，认为把孩子送到学校就读就是要学专业课知识，把最终是否能找到工作作为最终目的，进而忽略了思想政治教育对学生做人方面的培养，这些偏见阻碍了高校实施思想政治教育的效果。高校大学生正处于世界观、人生观、价值观形成的关键阶段，如果教师只关注学生在学校的专业课能力的培养，家长只关心孩子是否能找到一份工作，而对孩子思想政治教育的培养不够重视，会致使部分学生在校期间对思想政治教育的认可度不高，这种偏见会对部分学生的整体素质培养带来负面的影响。也正是由于社会、家长及教师的重视程度不够，部分学生对思想政治教育的积极性、主动性就很欠缺。学生在思想政治课上对课程不重视的表现有很大一部分原因来自社会及父母这种片面思想，这些偏见都偏离了教育的本质。

2. 新时代思想政治工作环境新挑战的影响

思想政治教育工作环境，对高校学生的思想品德的形成有着不可估量的影响。当前，我国处于经济转型的关键期，全球信息网络化加速推进，新时代思想政治工作环境面临不少新的变化，这也为现如今高校思想政治教育提出了一个前所未有的挑战。新时代背景下，要求为开展大学生思想政治教育工作创造优异的社会环境，这不仅包括外部的环境，同时有内部环境的作用。

所谓外部环境，不仅包括家庭、学校，最重要的是社会环境。随着社会的快速发展，网络信息技术迅速覆盖，使思想政治教育的外部环境变得更加复杂和特殊化。高校学生在校期间，能随时从网络信息中心接触到各种各样的信息，这些信息良莠不齐，尤其是一些拜金主义、享受主义等，严重阻碍了学生形成正确的世界观、人生观和价值观。高校学生的年龄并不大，也并未走向社会，思想比较单纯，同时自我判断是非的能力较弱，很容易受到这些不良风气的影响。所谓内部环境，最主要的就是高校在思想政治教育工作中运用的教育形式、途径和方法等。网络信息时代的思想政治课从教学手段和教学内容上均有显著的改变。传统的课堂教学模式无法激起学生的学习兴趣，反而使其产生逆反心理，十分影响思想政治课的教学效果。新的教育手段必须要借助于强大的网络信息，但是网络具备民主性的特点，这对于思想政治工作者来说挑战比较大。开放的网络环境可以在教学过程中使思想政治教育课变得共享、开放、方便，学生不仅可以利用网络迅速获取所要学的知识，也能拓宽自己的眼界，增进学习的动力。然而这也给高校的思想政治工作带来了很大的难度，网络这一多元化的学习方式，逐渐削弱了老师的主导地位，思想教育工作者也必须要及时更新网络知识，否则其能力很难满足新时代思想政治教育的发展。

（二）学校层面

1. 理论教育不能满足学生的期待和成长需要

在部分高校里，思政老师工作量很大，老师更多地关注学生学业的发展而忽视了自身思想道德素质的培养。部分教师教学内容繁重，在教学过程中利用单一的教学方法，使思政教育课内容过于空洞，打消了学生学习的积极性，并且把理论与实践脱节，无法统一学校和社会的共同教育。历年来高校的思想政治教育工作者始终遵循显性教育的教学方式，按照学校制定的教学进度有规定、有计划地传授思想政治理论知识。但这种教学方式往往忽视了学生的主观能动性，只注重道德规范，大多通过书本、课堂教学等载体进行教育，理论性较强，忽略了受教育者的人文关怀。新时代背景下加强和改进思想政治教育工作的前提是要注重人文关怀，这就要求高校中的思想政治教育工作者要把学生放在学习的主导地位，与学生多互动交流，利用先进的科学技术，让学生打破传统教育学的模式，更新教育观念，转变教学模式，用实践将思想政治教育上升到更加有高度的认识中。这就是我们倡导高校对学生进行思想政治教育时要使用的隐性教育的方式，这种教育方式善于把思想政治教育同社会实践结合起来，融会贯通，对学生进行启发、暗示、熏陶等。这种无形的方式具有开放式的特点，空间不受限制，更加灵活。

2. 思想政治教育体系有待完善

高校思想政治教育体系的构建需要参考很多标准，不但要符合教学大纲的要求，还要符合社会人才的具体需要，因此在教育理念的确立过程中，就会面临很多种问题。高校的学生寄宿在学校，教育工作者不但要做好学生的教师，为他们解决学习上带来的困难，更要做好他们的"父母"解决其心理和情感的问题，因此教育体系的确立需要以人为本，真正关系到学生的方方面面，关注学生在学习和生活方面的需求。现阶段的教育体系，对教育工作者也做出了明确的要求。在完成课堂要求的前提下，要关注学生的私人情况，多对学生进行积极健康的引导。但是这样的教育体系也增加了教育工作者的工作难度，加大了他们肩膀上的责任。对于长久发展来说，这种教育体系可以短时间应用，但是从长远来看，这种教育体系并不适合所有的院校。高校思想政治教育体系仍然有很多问题需要解决，需要教育部门和社会的共同监督与全力支持促进学校的改革进程。当前高校思想政治教育首先需要解决的是组织体系和内容体系，一定要通过一些创新的方法手段，组织学生进行系统的学习，提升其思想政治觉悟。

3. 高校思想政治教育工作者不适应互联网技术在教学中的应用

当前互联网已经广泛运用于高等院校，高校教育工作者应当随着互联网技术的发展作出实质性的改变，高校思想政治教育工作者亦是如此。然而，高校思想政治教育工作者在"互联网+"时代，并没有从一开始就做到"因时而变，随事而制"，而是经历了一个长期被动地接受过程，其局限主要表现在以下三个方面。

（1）思政教育工作者缺乏互联网思维

传统的高校思想政治教育过程中，教育者通常采用封闭、被动型的思维，但随着互联网的迅猛发展，各类互联网信息平台纷纷涌现。在这个全面开放共享的时代，部分高校思想政治教育工作者跟不上形势，缺乏现代互联网思维，甚至在教学中仍旧采用过去传统的教育理念。

（2）思政教育工作者缺乏信息筛选能力

当前互联网信息平台中的信息资源鱼龙混杂，由于各高校思想政治教育工作者的信息筛选能力受自身知识水平的限制，因此互联网信息平台中的"暴力信息""诈骗信息"及"消极信息"等，让许多教育工作者对互联网产生了消极情绪。

（3）思政教育工作者缺乏利用互联网的能力

比如，有的老教师不能充分利用互联网获取教学信息，不会用互联网信息平台进行教学资源的编辑整合，也不能熟练运用互联网信息平台进行思想政治网上教学。同时，不少思想政治教育工作者不了解新时代的网络语言，无法与大学生进行互动和共鸣。

（三）学生层面

1. 大学生自身存在局限

目前，高校大学生通过互联网信息平台进行聊天、娱乐和学习的时间越来越长，但能够熟练运用互联网信息平台进行学习的却并不多。互联网的开放性、共享性等特点为大学生获取思想政治的相关内容带来了便利，同时也给大学生之间、大学生与教师之间平等的思想交流提供了便捷的渠道。然而，正是基于互联网开放、自由的特点，使得大学生在没人监管的情况下，并不能合理地利用互联网信息平台进行思想政治教育课程的学习，其原因有两个方面。

（1）大学生的自控能力较弱。当前的大学生处在互联网繁荣的时代，无论是学习、交流、娱乐、购物还是出行都离不开互联网。但大学生自控能力较弱，易沉迷网络，使大学生越来越依赖互联网。

（2）大学生道德法律意识薄弱。互联网的开放性和共享性使得信息的发表和获取变得十分容易，表现出"无屏障性"的特点。同时互联网信息平台给大学生提供了一个有匿名功能的虚拟空间，大学生可以隐藏自己的真实姓名在平台中进行学习和信息的发表，他们可以不用在意他人的看法和评价。

但是由于缺乏相关法律规范，大学生不认为自己的造谣行为要承担相应的法律责任，所以在微博、微信、公众号等平台中发表自己的观点和意见时，容易受到其他思想的影响，发布一些不实的消息，而这一行为带来的严重后果是大学生无法预料的。

2. 思想动态的多样性

在高校中，生源主要来自三种渠道：一是参加高考入学的高中生，他们经过了高中阶段的学习，并且接受了普通高中的教育；二是单独招收的普通高中生，这些孩子文化基础薄弱，通常是在高中阶段成绩较差的孩子，他们对参加高中统一考试信心不足，只能通过高校的单独招生考试进入到学校里，这些学生觉得自己与普通参加高考的学生没有差别，实际上他们无论是在文化课和思想意识上都相对落后；三是没接受过高中教育的中专生，这类学生在初中阶段学习成绩较差，学习态度也比较差。这样复杂和多元的生源，导致学生除了在文化方面有差别，在自我控制力上也参差不齐。这种生源的多样性，导致了学生思想政治动态的多样性。目前中国正处于社会转型期，网络信息的发展迅速，促进了人的思想观念的不断进步，同时也导致了利己主义、拜金主义、享乐主义的不良思想的出现，这些思想严重阻碍了大学生树立正确的世界观和人生观，同时使得高校思想政治教育工作面临着极大的挑战。思想动态的多样性需要辅导员或者是思想理论课的教师，不仅要从表面上灌输思想政治对他们未来的作用和影响，同时要更深层地关注他们的思想动态，从学习和生活两方面同时着手，这也给思想政治教育工作者的工作提升了难度。

3. 网络资源的依赖性和生活缺乏独立性

网络对于高校学生的影响很大。这种依赖于电子产品沟通的现象，影响了部分学生在生活中的交际能力。当今是一个经济繁荣、物质条件优越的时代，学生的思想观念和价值观都呈现出多样化的状态，高校学生心理尚未成熟，他们消费观念超前，但抗挫能力不强，存在价值观混乱的情况。高校大学生在家中受到过度保护，严重缺乏独立意识，缺乏生活阅历，不能够脚踏实地地学习，导致学生对自身能力产生怀疑，易出现自卑心理。

第三章　当代高校思想政治教育
创新发展方向

高校思政课程随着时代的发展而有所变化。改革与创新是高校思政课程的主要发展方向，本章即对高校思政课程的改革与创新加以分析，主要包括高校思政课程与学生的主体性发展、高校思政课程的融合发展之路以及高校思政课程与校园文化协同育人等内容。

第一节　高校思政课程与学生的主体性发展

一、高校思政课以学生为主体的意义

学生主体性的凸显是深刻把握教学规律的结果，是加强和改进教学工作，满足学生自身发展需要的必然要求。正确把握思政课教学中学生的主体性，对于增强教育的针对性，完成立德树人根本任务，提升教学效果，促进学生全面发展具有重要意义。

（一）以学生为主体有利于完成立德树人根本任务

思政课是落实立德树人根本任务的关键课程，能帮助学生形成良好的思想品德，成为全面发展的人才。要想圆满地完成育人目标和立德树人根本任务，就需要各方参与，形成合力。其中，作为主体的学生的参与是关键要素。

思政课是对学生进行思想政治教育的主渠道，主要教育对象是学生，必然要尊重学生的主体地位，关注学生思想政治素质和思想品德的培养，因为外界对主体的刺激和影响只有通过主体自身内在的思想矛盾运动才能被主体所接受。教师的引导、带领对学生思想品德的形成和发展有着重要影响，但

学生并不是消极被动、单纯地接受知识，成为被教育、被改造的对象，而是具有自主性、能动性的个体，通过自己的认知和判断对知识进行选择、整合和强化。

换言之，无论是知识的传授还是价值的引领，只有学生主动接受，才能真正起作用。在教师正确合理的引导下，学生的主动参与和自我教育是提升思政课教学效果、完成立德树人根本任务必不可少的方式。浓厚的学习兴趣、强烈的学习动机和长久的学习动力能够使学生充分调动自身积极性，自愿学习，乐于学习，用坚定的毅力和恒心自主克服学习过程中的困难，由"要我学"转变为"我要学"，自觉做到入耳、入脑、入心，将所学、所感潜移默化为品德修养和意志行为。

教师不仅要让学生学会，更要教学生会学，发挥学生在教学中的主体作用，同时也要注意自己的引导作用。教师只有通过自己的引导充分激发学生的主体意识和学习兴趣，帮助学生确立正确的学习动机，增强学生学习的自主性，才能使教师的教和学生的学达到最优效果，才能完成立德树人根本任务，培育好社会主义建设者和接班人。

（二）以学生为主体有利于提高思政课的教学效果

思政课教学是师生共同参与的活动，离开任何一方都不能称为完整的教学过程。在教师发挥主导作用的前提下，学生的主体参与尤为重要，其参与程度直接影响着教学效果和自身获得感、体验感，换言之，思政课教学能否取得良好的教学效果，在很大程度上取决于学生能否自主实现知识的内化和外化。

一方面，学生发挥主体性、参与教学是提升获得感的必要条件。思政课要想提升学生的获得感，取得真正实效，就必须提高学生的参与意识，让思想政治教育成为学生自己的需要。需要和动机理论表明学生主体性的发挥与其需要和动机成正比，动机越强，参与教学的能动性就越高，主体性的发挥就越充分，学生在教学中的获得感、体验感也会越强。学生只有意识到思政课于个人生存、发展的意义和价值，对思政课形成正确认知，对教育内容、价值标准自觉认同、认可后，才会产生强烈的情感认同，进而调动自身积极性，进行自我教育，提升思想道德境界和理论知识修养，在教学中有所收获。因此，学生只有充分发挥主体性，实现"知""情""意""行"的全面参与，才能真正有所学、有所得、有所获，才能将教育内容内化为意志信念，外化为行为实践。学生如果不能主动地认知、体验，从情感上认同和接受教育内容，就不会将所学知识植根于自己的价值体系，自觉转化为行为习惯。

另一方面，学生主体性的彰显也会促使教师提升教学水平。学生主动接受教育的行为反过来会以一定的方式诸如提问、质疑、对话等影响教师，促使教师反思教学中存在的问题，不断改进教学方式，提升教学热情、动力和水平，进而又对学生主体性的增强起到促进作用，使学生主动将外在的观念和规范内化为自身的信念素养，将所学知识、方法用于指导现实工作，做到知行合一，最终形成教与学的合力，实现教师乐教、学生乐学的良性循环，为增强思政课教学效果、发挥好育人功能注入双向动力。

（三）以学生为主体有利于促进学生的全面发展

人的发展根本上是人的主体性的发展。那么在思政课教学过程中，培养学生的主体性将有利于促进学生的全面发展。价值多元的当今社会呼唤个性和创造力，对学生的综合素质和能力提出了越来越高的要求。只强调价值准则、行为规范、道德要求显然是行不通的，学校还必须为学生个性和人格的发展创造空间。学生主体性的发挥有利于实现其个性化发展，塑造其健全人格，促进其良好品德的形成和发展。

1. 促进个性发展

个性发展是指学生在思想、性格、兴趣等方面形成的不同于他人的特质，是个人内在潜力的表现，教育要培养全面发展而富有个性的人。换言之，思政课不仅要传授给学生满足个人成长发展和适应未来社会发展需要的专业知识和技能，使学生形成相应的思想道德素质，还要为学生个性的发展提供空间，使其既德才兼备又保持个性。当代青年学生思维活跃，思想超前，问题意识强烈，想象力丰富，观点新奇，经常以批判性的眼光和思维审视社会现象和问题，具备一定的甄别和选择整合能力。只有更好地发挥自身主体性，积极参与教学，主动探索知识，学生才能在思考、合作交流中提升能力，展示自我，实现自由自主发展和个性的张扬。

2. 塑造健全人格

人格是指人的性格、气质、能力等特征的总和，培养学生的健全人格，使学生拥有较高的思想素质、良好的道德品质、高尚的人格修养和积极进取的意志，是思政教育的重要目标之一。在教学中充分发挥自主性、能动性和创造性，有利于学生意识到自身的主体地位，使学生主动学习，自主实践，形成正确的自我认知，掌握自我调控和管理的方法，提升主体能力，塑造主体人格。同时学生主体意识的增强还有助于其找准自我定位，丰富精神世界，自觉增强责任感、使命感，勇于面对挫折和困难，树立正确的奋斗目标和人生理想，不断激发自身潜能，实现自我超越，做一个自尊自信、乐观向上的青年。

3. 形成良好道德品质

"育人为本，德育为先"和立德树人根本任务揭示了德育的重要地位，强调了德行的发展是人的全面发展的根本保障，同时也说明了道德品质的发展对于学生的全面发展具有重要作用。思政课教学是实现学生道德品质发展的主渠道，学生积极参与又是实现自身发展的关键因素。因此，学生只有充分发挥自身的主体性，涵养道德认知，将道德规范内化为自身的信仰与修养，外化为德行，才能增强道德判断能力，提高遵守规范的自觉性，做到知行合一，言行一致。

二、高校思政课以学生为主体的对策

在思政课教学中，增强学生主体性是一项系统工程，教师不能简单地依靠某一方面的改革创新，而要从影响学生主体性发挥的相关因素入手，综合把握。教师以充分发挥自身的主导作用为基础，以激发学生主体性为关键，以完善协调的思政课管理机制为保障，以健全的评价机制为补充，全面优化思政课教学环境，提升教学水准，将思政课打造成学生真心喜爱、终身受益的课程，进而提升教学中学生的主体性。教师主导性与学生主体性是相互统一的，学生主体性的发挥离不开教师的主导作用和教师主体的参与，这对教师提出了更高要求。教师要不断学习，提升专业能力，推进思政课的改革和创新。

（一）发挥思政课教师的教育主导作用

在思政课教学过程中，教师在增强学生主体性方面起着不可替代的作用。教师是学生思想觉悟的激发者，是完成教学任务、达成教学目标的责任主体，应依据国家和社会对人才发展的要求，有目的、有计划地对学生施加影响，以保证教学工作顺利进行，最大程度地激发学生的主体性，激发其参与教学的内在驱动力。

1. 坚持以学生为本的教育理念

教育理念是贯穿教育活动始终，为全部教育活动所遵循的基本准则。教师要坚持以学生为本的教育理念，巩固学生的主体地位，保证学生全身心地参与到思政课教学当中，发挥自主性、能动性和创造性。

第一，树立师生平等观念。思想政治教育过程是教师和学生共同参与、相互影响的过程。教与学相互依存，密不可分，教师的主导作用主要表现为根据社会要求和学生发展需要，合理制定教学目标，围绕教学目标选择教学方法，确立教学内容，通过知识传授对学生进行价值引领，用深厚的知识和宽广的眼界在纵横比较中教育、引导学生，帮助学生在智力、能力、人格和品德等方面获得相应发展。不可否认，教师作为教的主体在知识、能力、经验等方面都要胜于学生，但同时二者又具有人格上的平等性。这就要求思政课教师树立师生平等的观念，对自身精准定位，在教学中尊重学生的人格和自尊心，尊重学生的个体差异，平等地对待每一位学生，以朋友的身份与他们沟通交流，动之以情，晓之以理，导之以行，这样才能使学生在思政课的学习中有愉悦感，欣然接受老师的观点，积极配合教学工作，进而激发潜能，发展能力。

第二，营造民主的学习氛围。民主、宽松的课堂氛围是学生摆脱被动消极参与、实现主体性参与的必要条件，思政课教师需要给予学生自主学习的空间，保护学生的积极性，多给予肯定和表扬。人们只有在获得外界认可和肯定的基础上才能实现更高层次的自我超越。处于青年期的学生迫切希望受到老师的重视和关注，教师的激励和认可可以充分激发学生的积极性和主动性，充分发掘学生的潜力，因此教师要平等对待每一位学生，加强与学生的沟通交流，为每位同学提供公平的参与机会，使学生体验到被尊重、被鼓励、被认可的满足与愉悦，让学生在教学参与中展示自己、表现自己、欣赏自己。同时教师还要鼓励学生大胆提问，积极表达自己的想法和观点，使学生处于轻松和谐的氛围中，以极大地调动其积极性，减轻外界环境造成的紧张和怕说错、不敢说的心理压力，勇于突破自我，树立起"我能行，我可以"的自信心，增强应对挫折、困难的能力，从而激发学习热情和求知欲，树立个人理想目标并为之努力，不断进取，真正善学、好学、爱学、乐学。

第三，加强与学生的情感交流。良好的师生关系，是教育教学活动有效开展的必要保证。教师的人格是最有说服力的思政教育载体，学生会因为喜欢某个老师而爱上他的课并产生积极的情感体验。情感的互通和交融更容易调动学生的积极性和主动性。

2. 以学生需求为导向整合教学内容

思政课教师要遵循学生需要的发展规律，使思想政治教育在最大程度上符合学生的特点，满足学生需要，充分调动学生的主体性，激发其内在学习动机。

第一，将教学与学生发展的需要相结合。青年是社会主义建设的生力军和中坚力量，其个人的全面发展不仅关系着自身的生活和工作，而且影响社会的进步和发展，只有充分调动青年一代的自主性、能动性和创造性，才能为社会主义建设提供持久动力。时代的发展在为青年一代提供了广阔的平台的同时，也对他们提出了许多新要求，青年唯有紧跟时代步伐，适应社会发展需要，才能勇立时代潮头，实现自身全面发展。因此，思政课教师既要考虑到学生思想政治素质发展的现状，又要考虑到学生思想政治素质未来发展的需要，为学生的终身发展和人生幸福奠基；要通过教育教学，引导和帮助学生坚定理想信念，提升科学文化素质和思想道德素质，不断增强法治观念，实现德智体美劳的全方面综合发展，形成与未来社会发展相适应的思想道德品质；使学生积极参与思想政治教育活动，接受思想政治教育，自觉成为课堂教学的参与者和自身素质的塑造者。

第二，将教学内容与学生的兴趣点、关注点结合。兴趣是学习中最好的老师，是自主探求知识不可缺少的内在动力。浓厚的学习兴趣可以使学生对思政课充满激情，充分调动自身积极性参与教学。随着时代的发展和成长环境的变迁，学生的思考方式、认知方式、兴趣点发生了深刻变化，他们更关心与自身现实生活密切相关的问题，对社会热点问题和国际、国内大事也高度关注。思政课教师要有针对性地开展教学活动，遵循学生认知发展规律和特点，调动学生的积极性和参与性，对学生进行正确引导，增强其辨别是非的能力，在解决学生现实问题的同时进行理论武装、知识传授和价值引领，做到既有理论内涵又有现实关照。

第三，将教学与学生的困惑点相结合。思政课融知识性和价值性于一体。因为学生在学习生活中会有很多困惑和问题，诸如思想问题、感情问题、学业压力、人际关系矛盾等，教师需要进行适时的引导和方法论指导。只有用理论知识帮助学生答疑解惑，才能增强理论的说服力。思政课应当是一门有情感、有温度的课程，思政课教师也应走进学生心里，真正了解学生的困惑，想学生所想，答学生所惑，用智慧与关爱引导学生向积极方向发展。只有这样，思想政治教育的目的才能被学生认同和接受。

3. 灵活运用教学方法激发学生兴趣

教学方法是进一步完成教学目标、活跃课堂氛围、提升教学效果的重要媒介，方法得当，思政课教学事半功倍。在教育教学过程中，教师要遵循思想政治工作规律、教书育人规律和学生成长规律，以满足学生需要为出发点，以增强学生获得感为落脚点，扮演合作者、促进者的角色，灵活采用互动式教学法、问题式教学法和实践教学等多种教学方法，营造民主和谐的课堂氛围，鼓励学生更多地参与教学。

（1）互动式教学法

互动式教学法，指在教师的指导下，提升学生的积极性和参与性，双方共同参与，共同致力于完成教学任务的教学方法。互动式教学法突出强调教学过程不是教师单纯教、学生单纯学的过程，而是教师与学生相互配合，共同参与，实现观点共振、心理共鸣、相互促进和教学相长的过程。

互动的前提，是师生双方处于平等地位；互动的关键，是教师和学生各自发挥能动性，教师发挥主导作用，学生处于主体地位。具体来说，在思政课教学过程中，教师要把学生真正置于主体地位，尊重他们的主体性，严格遵循学生成长发展规律，从学生的思想实际和现实需要出发，选择教学内容，创设教学情境，为学生主体性的发挥创造条件。同时学生也应积极配合教师开展教学活动，发挥主体性展现自我，由"要我学"转变为"我要学"，积极发表意见，提出问题，进行讨论，变过去被动听课为主动思考、参与其中，提升综合能力，促进潜能和个性的发展，最终与教师相互促进，共同提高。

（2）问题式教学法

问题式教学法以提出问题、分析问题和解决问题为线索贯穿教学活动始终，意在激发学生主体意识，调动主体性，因为问题从提出到解决的过程往往是创造力和想象力发挥的过程，伴随着主动探索、自主学习。因此，教师在思政课教学中要注重学生问题意识的培养，抓住"问题"导向，做到问题的提出源自学生，问题的分析启发学生，问题的解答教育学生。

提出问题往往是创新的开端，或是自我教育的萌芽。换言之，思政课不止要向学生灌输理论知识，更要注重培养学生的问题意识和思维能力，使学生能问、会问、敢问。教师要善于用问题整合知识，把课本中平铺直叙的理论知识以问题的形式呈现出来，引导学生发现问题、提出问题，以此来提高学生主动学习探索的意识。教师还可以利用社会热点问题或与学生息息相关的事情创设问题情境，吸引学生注意力，激发求知欲，鼓励学生自主学习，大胆提问，变被动接受为主动思考，做学习的主人。

学生对问题的思考、分析、探索是教学过程中的重要环节。带着问题意识的学习更具目的性和针对性，更能充分调动学生的积极性，激发学生的能动性，集大脑思考、精神体验、意志情感的锻炼于一体，进一步强化思维训练，拓宽视野，加深理论感知。

由于学生知识储备和思维能力有限，所以在自主探索时，教师要作为合作者和激励者，深入学生中去，了解问题焦点、听取学生意见，进行学法指导、方向引导，帮助学生掌握科学的学习方法，强化情感体验，避免学习的盲目性，提升探究、解决问题的能力和主体参与能力，由"学会"转变为"会学"，彰显学生的主体性。最终问题的解决成果可以通过课堂小组展示或撰写小论文、报告等形式呈现出来，以锻炼学生收集、分析、整合、提炼资料的能力，培养学生的合作意识，在增强学生成就感和获得感的同时产生一定的教育意义。

（3）实践教学

社会实践活动对于提升人们的思想道德品质、实现个性化发展具有重要作用。实践教学是提升高校思政课教学质量和实效的重要途径。加强高校思政课实践教学改革，推进高校思政课实践教学建设，对于促进大学生深化对思想理论的认识、切实做到内化于心、外化于行具有重要意义。实践教学是现代思想政治教育的重要组成部分，是彰显学生主体性行之有效的教育方式。社会实践活动为学生认识自我、深入社会、完成角色转换提供了有效平台。学生作为实践活动的主体，应通过参加丰富多彩的实践活动，发挥自主性和积极性，活跃思维，亲身体验，获取知识和经验，在实践中践行理论，进行自我教育，强化理想信念、政治责任，实现自我提升与超越。

思政课教师要高效利用各种实践载体，充分整合社会资源，为实践教学提供有力支持，为学生主体性的发挥创造条件。例如，积极联系爱国主义教育基地、社会志愿服务机构等，进行参观、调研、体验等社会实践活动，强化实践环节，引导学生在实践中消化、感悟所学知识，提升思想道德素质；举办基础法律知识竞赛、主题征文比赛、课堂辩论等活动，在完成教学目标、提升教学效果、夯实基础知识的同时培养学生遵纪守法的意识和法治观念，奠定思想基础；组织学生参观革命纪念馆、红色基地，以直观的感受激起学生强烈的爱国情感，使其在潜移默化中增强国家认同感和民族认同感，从而更加坚定自己的理想信念，坚定走中国特色社会主义道路的信心；或是让学生到附近社区、高校参与志愿服务活动，在奉献社会的道德实践中感悟道德力量，做一个向上向善、知行合一的青年。

将思政小课堂与社会大课堂相结合，既巩固了思想政治理论知识，又能激发学生的参与热情,保证其主体性的发挥。教师要引导学生在投身实践活动的过程中,自觉运用马克思主义的理论和方法,理性、全面地分析社会现象和问题,做到活学活用、学以致用。

(二) 强化学生自身的主体素质

学习应是自主的、能动的和创造的过程,强化学生主体性,是素质教育的重要组成部分,是高校培养全面发展的人的必然要求。思政教育要通过增强学生主体意识、培养学生主体精神、开发学生主体能力、塑造学生主体人格将学生培养成具有高度主体性的人才。

1. 增强学生主体意识

主体意识是学生发挥主观能动性的重要根据,直接影响着主体性的发挥。学生主体意识越强,自主学习的积极性就越高,主体性的本质力量越能显现,创造的价值也就越大。为此,我们要创设良好的外部条件,增强学生主体意识,主要包括自主意识和自律意识。

①自主意识。自主意识是主体所具有的支配和控制自己活动的权利和能力,是一种成为自我主人的积极的意识活动。学生主体意识的觉醒在于增强学习过程中的自主性和能动性,意识到自己作为独立的个体,是学习探索、掌握知识的主人,要有计划、有目的地进行自我教育,提升参与意识,主动建构符合社会要求的价值体系,用马克思主义理论武装头脑,实现自我发展。其中,自我教育是学生自主意识的充分展现,学生只有通过自己的认知、判断、选择和体验,才能将外在的准则内化为自身的信念。因此,教师要引导学生树立自主学习的思想观念,使学生意识到自己的主体地位,强化学生学习主人翁的责任感,提升学生的自主学习意识和自我践行意识,使学生将自我教育贯穿思想政治教育始终,成为自主、能动、独立的主体。

②自律意识。自律是学生主体性发展到一定阶段的产物,是主体性存在的重要标志。学生依靠理性和内在意志规范调整自己的言行,进行自我约束和管理,具有高度自觉性。自律意识与学生主体作用的发挥相辅相成,自律水平越高,学生的自主性也就越强,其主体性就越能充分显现;反之,主体性越强,自律水平也就越高。严格的自律意识,要求学生在学习过程中,学

会自我管理和自我约束，排除外界不良因素的干扰、诱惑，进行有效的自我管理。具体来说，学生在思政课的学习中，要有明确的学习计划，合理安排学习时间，加强自我监督，增强克服困难的意志力；学会自己要求自己，自己约束自己，变被动为主动，自觉规范自身言行，进行有效的自我规划、控制和调节，以达到知行统一，促进自身全面发展。

2. 培养学生主体精神

教育作为培养人的社会实践活动，首先要培养的是具有主体精神的人。主体精神是指在实践活动过程中，主体对客体作用时所显示出来的心理倾向和行为表现，是学生在认识和改造客观世界和主观世界的过程中所表现出来的自主精神、创新精神和协作精神等。

①自主精神。自主精神，是指个体在不受外在力量控制的条件下，对自己活动所具有的自觉意识和独立精神。大学生的自主精神是发展自我主体性、提升综合素质、不断进取的持久动力，为其个性化的发展提供了良好的生长点，因为大学生无论是对自己进行认知、评价、反省，还是培养自己对社会、国家乃至人类的使命感和责任感，都离不开自主精神。自主精神使学生摆脱依附关系，自主判断、自主选择、自主承担，独立地、主动地追求自我完善和发展；帮助学生最大限度地调动积极性，自觉主动在学习和社会实践中找寻自我价值，实现个人社会化和自我全面发展。

②创新精神。创新精神，是指在综合运用外部信息条件的基础上提出新观点、新方法的思维能力和进行发明创造、革新的意志、勇气和智慧，是当代大学生不断更新自我，推动社会发展进步的重要素质。创新精神是素质教育的重要内容，是推动大学生发挥主观能动性、参与创新活动的内在驱动。没有创新精神的内在推动，创新便很难实现；同样没有创新实践活动，大学生的创新精神也难以形成。因此，思政课教师要运用一定的途径和方法加大力度培养学生的创新精神，使学生在创新实践活动中开拓进取，发展批判性思维，成为创新型人才。

③协作精神。协作精神，是指团队成员为达到既定目标形成的协同合作、团结互助、同心协力的精神。学生作为具有社会属性的人，只有有了良好的

协作精神才能适应社会现代化的需要。单个人的能力是有限的，如果没有良好的协作精神，个人的主体性和本质力量很难充分发挥出来，只有融入团队、集体，相互协作，取长补短，学生才能实现个人价值的最大化，思政课教学才能产生 1+1>2 的效果。

3. 开发学生主体能力

学生要成为完全意义上的发展主体，不仅要具备主体意识，还要具备自我发展的主体能力。所谓主体能力，是指主体积极地认识和改造客观世界，能动地利用客观世界、改造客观世界以利于自身的发展，以促进主体性充分发挥的能力。主体能力是学生成为"社会人"、发挥主体性的基本依据，与主体性辩证统一。

一方面，主体能力是主体性发挥的基础和前提，制约着主体性的发挥。学生之所以能够发挥自己的主体性，实现对客观世界和主观世界的改造，就在于他具备一定的主体能力。主体能力使主体性的发挥成为可能，因为主体地位和主体性只有在改造客体的对象性活动中才能彰显，而对象性活动的完成离不开对对象的认识、把握和改造，也就是离不开主体能力的参与。如果学生不具备相应的主体能力，便不会有认识和改造主客观世界的活动，其主体性也就无法发挥。同时，主体能力也在一定程度上制约、影响着主体性的发挥。人们在通过对客观世界的改造来满足自身需求时，离不开已有的知识、能力和经验的支撑，当主体能力不足时，人们很难顺利从事契合主体需要的实践活动，主体性的发挥必然受到阻碍。

另一方面，主体性的发挥推动主体能力的发展。主体性不仅促使主体能力在社会实践中发挥作用，使人们从事改造世界的物质性活动，而且还是激发主体不断完善能力结构、提升主体能力的重要动力。正是由于主体性的不断推动，我们才不再满足于认识世界的本质和规律，而是渴望运用这些规律改造世界来满足自身需要，在实践中消化吸收新知识，逐步增强自己的主体能力。

为促使学生充分发挥主体性，完善自我、发展自我以更好地适应社会发展需要，思政教师要加强对学生主体能力的开发，让学生在学习知识的过程中提升各项能力，如批判性思维能力、独立思考和解决问题的能力、自主选择的能力、独立自主探究的能力、理论联系实际的能力等。

4. 塑造学生主体人格

人格是个人相对稳定的比较重要的心理特征的总和，包括一个人的品格、品质、思想境界、情操格调和道德水平等。学生既是思政教育的对象也是学习发展的主体，培育学生的自主性、能动性和创造性，塑造其协调发展的主体人格是思政教育的应有之义。

无论是主体意识的增强、主体精神的培养还是主体能力的提升，最终都是为了形成主体人格，健全的主体人格对学生主体性的发挥起着导向和激励作用，是学生自我实现的重要条件，若无健全人格，主体性犹如无源之水、无本之木。思政教育的宗旨就是让每一个学生得到自由、全面、充分的发展，最大限度地开发自身潜力，激发主体意识，提升主体能力，塑造健全人格，弘扬主体性。

教师要引导学生正确地认识自我与社会，提升责任感，形成崇高的理想信念，实现个人与社会、自我与超我、小我与大我的辩证统一，真正做到知荣辱、明是非、辨善恶、懂法纪，提升思想道德素质，锤炼高尚的道德情操，形成健全人格。教师还要激励学生勇担时代重任，奋进拼搏，用坚定的毅力和恒心克服各种困难。

(三) 完善思政课的管理保障机制

目前，发挥大学生的主体性已经成为思政课的重要使命，仅仅依靠教师和学生的力量显然是不够的，学校还必须构建立体的保障体系，完善思政课的协调管理体制，加强和改进思想政治工作。为此高校党委、马克思主义学院、教务部门都要守好一段渠，种好责任田，为学生主体性的发挥提供保障。

1. 落实高校党委的主体责任

高校党委是大学生思想政治教育的责任主体，是思想政治教育工作的领导人和指挥者，担负着领导全校思想政治教育工作、抓好思政课建设和教师队伍建设的重要职责，自然而然对激发思政课教学中学生的主体性也有着重要责任。高校党委书记作为落实思政课教学工作的"第一责任人"，要发挥好带头作用，将思政课摆在重要位置，紧紧围绕立德树人根本任务，直接或间接地为学生主体性的发挥创造条件，提供保障。

一方面，党委书记和校长要带头抓思政课建设。党委书记和校长要带头走近教师、走近学生，深入课堂教学环节听思政课，了解学生的思想动态、学习情况和诉求，同思政课教师一同备课，集体研讨，严格落实以学生为本的理念，根据学生的心理特点和专业情况，用生动的语言和鲜活的案例，结合自身经历讲思政课，重视言传和身教的统一。在内容上，高校党委书记和校长要加强正面引导，坚持以理服人，用思想理论魅力打动学生、教育学生、武装学生，赢得学生好评；在方法上，与学生积极互动，坚持理论深刻性与授课生动性相结合，善于运用学生喜闻乐见的方式方法将原理转化成道理，抓本质，击要害，触及学生心灵，使这些道理入其脑、入其心。这样才能使思政课活起来，才能调动学生积极性。

另一方面，高校党委要加强思政课教师队伍建设。高校党委要为思政课教师的培训和进修创造条件，在资金投入上使其得到优先保障，在资源配备上使其得到优先满足，鼓励思政课教师到知名院校参加专题研修和实践研学、在职攻读博士学位等。同时，高校党委还要壮大教师队伍，严格按照师生1：35的比例要求配齐专职教师，积极推动高层次人才的引进，打造高素质教师队伍。只有这样，思政课教师才会更有底气、自信和激情讲好思政课，才能对学生真正产生影响，学生也才会更有学习的热情和动力。

2. 落实马克思主义学院的重要责任

马克思主义学院是马克思主义理论教学、研究、宣传和人才培养的主阵地。马克思主义学院统一管理思政课教师，开设全校思政课教学，对办好思政课和激发学生的主体性具有直接责任。因此，高校要不断提升马克思主义学院教学单位的工作水平，打造人才培养的坚强阵地。

一方面，高校要健全完善的集体备课制度。开展集体备课有利于充分发挥思政课教师的积极性、主动性和创造性，汇集集体智慧，取长补短，实现信息资源的共享，促进教学质量的提升。思政课各教研室要定期组织并实行统一的集体备课，紧紧围绕课程重难点、学生关注的热点和国内外重大事件将党的最新理论成果、最新路线方针政策融入教学环节，集中研讨教学中的共性问题，完善教案讲义，形成统一的参考教案。备课不仅要"备教材"还要"备学生"，教材在不断地修订完善，学生也在不断地成长发展，各教研室要深入研究学生的思想特点、接受能力、情感需求和价值取向等，以便因材施教，更好地帮助学生解决思想困惑，增强教学的针对性。同时，高校还要创新集体备课形式，提升教学效果。比如，邀请知名高校专家学者、党政干部或经验丰富的教师同思政课教师一起参与备课；组织骨干教师讲示范课，传授经验，形成一人主讲、全员讨论的模式；举办教师说课比赛，将说课作为集体备课的一种形式，提升备课效果；等等。

另一方面，高校要加快马克思主义理论学科科研建设，以科研促教学。科研能力是思政课教师更好地组织教学活动、激发学生主体性、抓好立德树人根本任务的重要前提。思政课教师只有搞好科研才能提升教学内容的理论性和思想性，才能以透彻的学理分析回应学生，以彻底的思想理论说服学生，用真理的强大力量引导学生。马克思主义理论学科的特点，决定了思政课教师要不断提升科研育人能力，巧妙地寓价值观于知识传授过程中。为此，高校要优先支持马克思主义理论学科的科研立项，马克思主义学院也要积极举办学术论坛会议，努力营造学术氛围，鼓励思政课教师到其他院校进行学术交流，为教师进行交流和研究提供更多的机会，使教师认识到科研对于提升教学效果的重要作用，从而使他们热爱科研，做好学术研究，以科研成果巩固教学阵地，实现教学与科研的相互促进。

3. 完善思政课的教学管理工作

教务部门是高校教学管理机构，其工作影响到每一位师生，直接影响着教学的正常开展。为确保学生能够发挥主体性，教务部门要积极主动地开展工作，提高教学管理水平。

一方面，教务部门要加强思政课课堂教学评价。课堂教学评价是指在教学过程中，对教师和学生所进行的教与学的活动及结果的评价。加强思政课课堂教学评价，是提升教学质量、优化教学效果、保障学生主体性发挥的重要手段。教务部门要在每学期组织学生、督导和教师本人开展思政课课堂教学评价，坚持公平、公正、客观的原则，建立科学全面的课堂评价指标体系，全面考查教师的师德师风、教学能力、理论功底以及学生的参与程度等，如教学内容是否具有思想性、理论性和价值性，教师是否能够在教学中调动学生的积极性和参与性，用自己的言传身教对学生产生真正影响，等等。为避免评价流于形式，教务部门要提升各评价主体对评价活动重要性的认识，将考核结果作为改进教学工作的重要依据。

另一方面，教务部门要合理安排教务，优化教学环境。教务部门要加快实施"中班授课，小班研讨"的教学模式，优化教学环境，形成全员参与的模式，调动学生主体性，使学生在互动中积极讨论，动脑思考，在小班研讨中培养团队合作精神，产生课堂参与的热情和积极性。合理的师生配比有助于提升教学质量，发挥学生的积极性、主动性和创造性，培养创新型人才。

（四）健全学生主体性发挥的评价机制

在思政课教学中发挥学生的主体性作用，既要从与之相关的各因素入手，明确方向，又要确立硬性的激励和约束规定，以评价机制作为补充，将正向的激励引导和反向的约束管理有机结合，有效地引导学生主体性的发挥。

1. 完善激励引导机制

激励引导机制，是指某团体为了达到激励成员的目的，采取某些手段或政策，形成对成员的吸引、鞭策，促进成员行为效能的提高，进而达到团体行为的总目标。一定的激励引导能够充分调动学生的自主性、能动性和创造性。

第一，目标激励。目标具有重要的导向作用，只有树立清晰、明确的目标，学生为实现目标而努力的积极性才会高涨，行动力才能持久。大学生通常怀揣梦想进入校园，有着较强的成才欲望和自我追求，但也存在目标制定不合理而无法达到理想状态的问题。思政课教师恰好可以将学生成长、成才的需求与目标激励结合起来，帮助学生树立合理、可行的目标。目标并非越高越好，过高的目标不但不能对学生产生激励作用，反而还会挫伤学生的信心和积极性，导致他们对自我能力产生怀疑。因此，教师在帮助学生设立目标时要坚持难易适度的可行性原则，从具体的阶段性目标入手，使学生对自己的学习、发展有一个明确规划，增强其学习的积极性、目的性和行动力，使其在知识、情感和能力等方面得到提升。学生在完成具体目标后，便会产生较强的自我效能感。获得持久有效的激励，将进一步激发学生的内在积极性，为接下来的目标而努力奋斗。

第二，情感激励。在现代教学理论看来，情感激励是教育教学过程中调动学生积极性、激发其学习兴趣的行之有效的方法，在实现师生互动、促使学生思想认识的深化和转化上发挥着桥梁纽带的作用。"通情"才可"达理"，思政课教师只有做到以情感人、以情育人，才能感召学生、激励学生。在思政课教学中，教师要善于运用情感激励来调动学生的主体性，把学生放在与自己平等的地位上，了解、尊重、信任、关爱每一位学生，深入学生的内心世界，触动学生心灵，使学生从情感上受到鼓舞，激发其内在精神力量。

第三，榜样激励。榜样是活教材，具有鲜明的指导作用。所谓榜样激励，是指通过榜样人物的示范作用，对学生产生一定的影响和激励。教师言行一致，是最有说服力的思想政治教育资源，因此思政课教师务必率先垂范，发挥榜样作用。教师不仅要用自己深厚的知识素养说服学生、教育学生，还要用自身人格、道德力量感染学生，用自己的言行感召学生，引导学生自觉地追求真、善、美。同时，教师还可以发挥学生榜样的示范带动作用，一方面，能够激励优秀学生继续前行；另一方面，学生榜样更贴近学生生活，更容易使学生产生共鸣，激发其学习热情，使其自觉将榜样的力量转化为内在催人上进的精神力量，形成你追我赶的良好氛围。

2. 健全约束管理机制

学生主体性作用的发挥不仅要依靠正面的激励和引导，还应依靠外在的约束机制，包括科学合理的管理制度和一定的评价机制，以对学生不良的学习行为和习惯进行纠正。

（1）完善课堂管理制度

科学的管理制度是维持课堂秩序、顺利进行课堂教学活动、激发学生主体性和积极性的重要保证。良好的课堂管理离不开纪律，思政课教师要通过有效的纪律管理，激发学生的主体性意识，高质量地完成教学任务。具体来说，思政课教师要做到以下内容。

树立正确的课堂纪律管理观。教师要考虑到学生的自尊心，以积极的纪律教育为主，必要时辅以惩罚教育，积极引导学生进行自我管理，这样有助于发展学生的个性与创造精神。

注重培养学生的自律意识。良好的学风是同学们发挥主体作用、自觉规范自己言行的结果，教师要让学生意识到自己的主体地位，严格规范自己在课堂上的一言一行，在他律的基础上进行自律，营造良好的班风、学风，为进一步发挥学生的主体性作用提供保障。

（2）完善考核评价机制

思想政治课是落实立德树人根本任务的关键课程。教学评价是思政课建设的重要组成部分，构建完善的教学评价指标体系是进一步深化思政课教学改革和提升思政课教学质量的迫切需要。思政课的考核评价是教育教学的关键环节，具有重要的诊断、导向和激励作用，对促进教育教学发展、提升学生主体性地位具有重要作用。

完善考核评价目标。在目前思政课对学生的考核中，期末考试成绩占的比重较大，学生在学习过程中容易忽略自身能力和综合素质的提升。为改变这种状况、调动学生自我发展的主体性，教师要完善考核评价方式，注重考查学生对知识的掌握程度、对相关理论的理解以及活学活用的程度等，以此来充分调动学生的积极性，使其做到知行合一。

注重过程性评价。考核评价是需要贯穿教育教学全过程的。具体来说，教师要关注学生在思政课课堂上的表现、体验和收获，如课堂出勤率、在课上回答问题的情况、参与课堂讨论是否积极、作业完成情况等。就学生而言，全面、全程的考评更能够激发他们的学习热情，促使他们上课认真听讲，积极思考，主动学习。

完善中期考核。考核通常在期末也就是学生结课后进行，教师来不及对学生的总体情况进行总体点评，即使发现学生在知识上出现偏差或者行为态度上存在问题，也无法及时有效地进行纠正和指导。因此，教师要完善中期考核和平时考核，对表现好的学生提出表扬，产生激励作用；对存在问题的学生要及时进行沟通指导，使其在接下来的学习中自觉改正。

第二节　高校思政课程的融合发展之路

一、高校思政课与创新创业教育的融合发展

思政课主要对学生进行品德思想教育，培养学生的综合素质、创新能力，内容包括经济、文化、道德、政治等。创新创业教育的核心内容是创新精神，内容包括心理、能力、管理和知识等，二者紧密相连。在思政课中有效融入创新创业教育，提高学生创新意识及创业能力至关重要。

（一）高校思政课与创新创业教育融合的重要性

1. 有助于共同教学基础的巩固

高校思政课教学与创新创业教育有着共同的教学目标、共通的教学内容、共容的教学方法、共有的教学功能，将创新创业教育融入高校思政课教学有助于这些共同教学基础的巩固。

有助于共同教学目标的巩固。高校思政课是学生意识形态形成的主阵地，高校思政课的主要目标是使大学生了解当今时代的世情、国情、党情、社情、民情，强化大学生的社会责任感、历史使命感、爱国主义情感，端正大学生的世界观、人生观、价值观，坚定大学生的信仰、信念，提高大学生的思想道德素质和解决问题的能力。创新创业教育紧随国家发展的方向，是我国建设成创新型国家的重要力量，其立足于培养大学生的创新创业精神，塑造大学生的创新创业品格，提高大学生自主创新的能力，从而为社会培养出具有较强社会适应性、掌握专业技术与技能的高层次人才。高校思政课与创新创业教育的最终目的都是培养符合社会发展的高素质人才，思政课的重心在于促进大学生思想意识的发展，创新创业教育强调大学生社会实践能力的提升。思政课和创新创业教育用符合时代发展的思想和意识推动大学生社会实践的顺利进行，用符合社会发展的实践行动将已有的想法、观念转化为现实，二者的双向互动有助于共同教学目标的全面巩固。

有助于共通教学内容的巩固。依据教学目标和任务，创新创业教育的教学内容大体可以分为以下四个方面：（1）意识的培养。在高校开展创新创业教育课程，为当代大学生讲解有关创业的基本知识，提高大学生的创新意识，培养大学生的创业精神，激发大学生的创业热情。（2）能力的提升。一个成功的创业者必然具备强大的批判性思维、观察力、洞察力、领导力、组织协调能力等，这些恰是创新创业教育的内容，创新创业教育通过对这些能力的讲解与训练来提高大学生的实践能力。（3）环境的认知。当今社会环境错综复杂，对于刚刚走上社会的大学生来说是十分不利的，尤其是那些有着创业想法的大学毕业生。创新创业教育通过对当今企业及行业环境进行分析，使大学生及时了解创业机会，规避创业风险，掌握相关的商业模式等，以提高大学生创业的成功率。（4）实践的模拟。实践是检验真理的唯一标准。创新创业教育通过商业计划书的撰写、模拟商业活动的开展、创新创业大赛的举办等，为大学生提供各种体验创业的机会，为其真正创业打下基础。从教学内容上来看，二者都能紧随社会发展，且在发展的过程中都强调自身发展的政治性。思政课相关内容的融入，使创新创业教育更加符合时代的发展需要；创新创业教育的融入，提升了思政课的创新性、实践性，为思政课的发展打开了一个新的局面。随着创新创业教育和思政课的进一步发展，二者之间的联系会更加紧密，二者教学内容的共通性将会得到进一步加强。

有助于共同教学方法的巩固。创新创业教育既有理论灌输，也有实践教学，其本质是一种实践性和操作性较强的教学活动。创新创业教育的主要教学方法有理论灌输法、案例教学法、实践锻炼法、日常熏陶法。在创新创业教育的课堂上，教师通过列举与创新创业教育相关的案例，在此基础上引出与创新创业相关的理论知识，以此来丰富学生的理论基础。在有条件的情况下，教师鼓励学生将所学的理论知识运用到实际的创新创业活动中去，使其在日常活动中提高自己的创新创业意识，增强自己的创新创业能力。随着时代的不断发展，思政课也在不断地调整教学方法，不断打破传统的教学理念。当今时代的思政课不仅强调理论的重要性，更加注重实践的发展。思政课的教学法主要有理论灌输法、讲授法、实践教学法。但归根结底，思政课的教学方法是理论联系实际。高校思政课与创新创业教育的教学方法都强调与时俱进，都从人与整个社会发展的角度出发，关注人与社会的发展。两者在理论灌输法、实践教学法的使用上有着共同之处。随着素质教育的不断发展与深入，高校思政课和创新创业教育都更加强调学生的全面发展，创新创业教育与思政课教学方法会有更多的交叉。因此，将创新创业教育融入思政课的教学中，不仅巩固了已有的、共通的教学方法，更能够促进思政课与创新创业教育的共同发展。

有助于共有教学功能的巩固。教学功能是指某一课程教学所发挥的积极作用。创新创业教育与思政课是两门不同的课程，但二者的教学功能是相同的。高校创新创业教育的主要任务是保证国家创新能力的提升，推动社会经济的发展，增加就业岗位，改变就业局面，维护社会的稳定与发展。这既能满足个体生存发展的需要，又能推动国家的进步与发展。高校思政课主要从学生个体着手，在遵循个体发展的一般规律的基础上，引导个体的思想、行为向着社会发展的方向前进，以此来规范个体的行为，提高个体的思想道德素质；通过培养高素质的个体来推动社会的稳定发展，同时鼓励个体积极主动地参与到社会生活中来。由此看来，思政课与创新创业教育的教学功能大体上可以分为社会功能与个体功能，在当今时代的大背景下，将创新创业教育融入高校思政课教学中，不仅能够体现思政课的时代性与科学性，更有助于思政课实践性、时效性、大众性、贴近性的增强，能够推进二者教学功能的进一步发展。

2. 有助于思政课教学改革的发展

我国的高校思政课作为国家大政方针宣传的主阵营，作为国家思想意识形态传播的主途径，在我国发展的过程中扮演着重要角色。但是，我国高校思政课存在着缺乏创新性、实践性、时效性等问题。而创新创业教育与我国所倡导的以改革创新为核心的时代精神完全相符，有助于创新型国家的建设，有助于中华民族伟大复兴历史任务的完成，体现了思政课服务于社会主义思想宣传的根本理念。由此看来，创新创业教育既符合时代发展的趋势，又与当今时代大学生内在发展的需求相吻合。因此，寻求创新创业教育与思政课的契合点，将创新创业教育融入高校思政课的教学中，有利于推动思政课教学改革的创新性发展。

创新创业教育一方面要在课堂上为学生们讲解创新创业的相关知识、技能与方法，另一方面还要引导学生加入创新创业项目中去，以帮助学生了解社会主义的发展进程，了解市场经济的运行模式，了解企业对社会发展的重大作用，并且在此过程中不断地学习企业家精神，在项目不断推进的过程中学习团队合作精神。将创新创业教育的这种教育理念、教育模式引入思政课教学中，不仅能够改变思政课传统的教学理念、教学模式、教学方法，推动思政课教学改革的进一步发展，而且能够更好地培养顺应时代发展潮流的合格的社会主义事业建设者和可靠的接班人。其中，创新创业教育的实践性特征是最值得思政课学习与借鉴的。推动思政课实践教学的发展，促进课堂实践、校园实践、社会实践三者相结合，有利于高校思政课建立较为完善的实践教学体系。

综上所述，创新创业教育融入高校思政课教学是十分重要的，也是十分必要的。一方面，创新创业教育与高校思政课教学有着共同的教育基础，这就为创新创业教育融入高校思政课提供了理论依据；另一方面，创新创业教育融入高校思政课教学既有助于创新创业人才的培养，也有助于思政课教学的改革，这就为创新创业教育融入高校思政课教学提供了现实依据。

（二）高校思政课与创新创业教育融合的路径

随着高校普及率的提高，越来越多学生有机会走进高校，接受高等教育，但是很多高校师资不足，尤其是创新创业教育的师资团队严重不足。所以，一方面为了解决高校师资力量不足的问题，另一方面为了不增加学生的学业负担，不挤占学生专业课的学习课时，将创新创业教育与我国高校设置的公选课和专业课相整合是符合我国当前实际情况的最佳选择。鉴于创新创业教育是不断向前发展的，我们以思政课为载体，从以下两方面进行探析。

1. 加强教师队伍建设

时代的高速发展对现代教育体系改革提出了全新的要求，党的十九大也着重强调了创新创业对于我国未来发展的重要意义。思政课应紧紧抓住创新创业教育这一载体，逐渐实现改革目标，拉近思政课与学生之间的距离，增强思政课的吸引力，增强教学效果。在教育教学过程中，教师作为教学主体，他们的思想观念、行为习惯、处事方式对学生有着潜移默化的影响。因此，我们需要加强思政课师资队伍建设。

首先，高校思政课教师应树立以人为本、全面发展的创新创业教育理念，将思政课教学与创新创业教育充分结合起来。思政课教师应改变以往的教学观念，强化将创新创业教育融入高校思政课教学的意识，积极探索有利于创新创业教育教学目标实现的思政课教学观念、方法、模式等。各大高校思政课负责人应在每次课题组会议中强调将创新创业教育的教育理念、模式、方法等融入自己的课堂中，让思政课教师感受到上层领导对创新创业教育融入高校思政课的重视度，为思政课教师态度的转化营造一个大环境，让思政课教师走进课堂会立马想到要巧妙地将创新创业教育的相关内容融入自己的课堂中。

其次，加强对思政课教师的创新创业教育培训。高校思政课教师有着深厚的思想理论功底，所以思政课教师可以主动学习与借鉴西方创新创业教育的思想观念，促使自己思想观念上的转化，与国际接轨，也为自己今后的课堂教学奠定思想基础。各高校可在寒暑假请专门的创新创业教育专家为思政课教师讲解创新创业教育理论知识，通过理论讲解、案例分析、课堂讨论等方式，巩固、加强思政课教师对创新创业教育理论的认识，以此奠定创新创业教育的理论基础；各高校应积极组织思政课教师走进企业、工厂，与企业的负责人、创始人进行面对面的交流，了解他们是如何克服困难成功创业的，这种交流不仅能增强思政课对学生的吸引力，更能够让思政课教师为想创业的学生提出较为合理的意见。高校可以出台相关政策，鼓励有想法的思政课教师自主创业，让他们在自己创业的过程中，去感受创业所需具备的精神、能力等。这样，有创业经历的思政课教师在为学生们讲解创新创业教育相关的理论知识、实践经验时，更容易让学生接受。

最后，将思政教师的教学质量考核与创新创业教育工作挂钩，让创新创业教育真正得到思政课教师的高度重视。学校相关部门可以设立规章制度明确规定，思政课教师要在每个学期中和学期末针对将创新创业教育融入思政课教学的实际情况提交相关材料，这些材料将被用来考核该教师一个学期的教学情况。将创新创业教育融入高校思政课教学的情况计入考核，更能够发挥创新创业教育对思政课的效用，从而更好地引导大学生树立正确的世界观、人生观、价值观，使他们能够朝着自由而又全面发展的方向前进。为了帮助学生从自己专业的角度出发创业，思政课教师可以撰写一份有关学生所学专业的专业特点及未来就业方向的文件，在备课时，结合这份文件中收集到的与该专业相关的名人创业成功案例进行分析理论知识，以此给想创业的学生奠定相关的理论基础。

2. 营造创新创业教育氛围

环境对人的思想观念、行为习惯、处事方式都有着潜移默化的影响，为了培养学生的创新精神，使学生树立创业观念，高校应积极营造良好的创新创业文化氛围。

（1）利用校园媒体营造创新创业教育环境

现代高校的新媒体教学普及率较高，所以学校可以运用各种媒体渠道进行创新创业文化宣传，以营造良好的校园创新创业文化氛围。例如，在校园里挂上写有鼓励创业的条幅，贴上写有宣传创业精神的标语；在校报上设立专门的板块来宣传与创新创业相关的内容，如提出与创新创业相关的问题让同学们展开讨论、分享创业成功校友的故事引发学生们的共鸣、对国家相关的创新创业政策法规进行分析等；利用校园广播、网络、电子广告牌等，在每天的固定时间为学生播放国内外名人关于创新创业教育的访谈、讲座等，通过这些名人对自身创业经历、创业感悟的讲解，促使学生对创新创业有进一步的理解，为自身的创业奠定基础。如果学校能通过这样的方式对创新创业教育进行宣传，必定能够让师生感受到创新创业教育的重要性，必然能引起他们对创新创业教育的重视与关注。

（2）通过校园文化活动渗透创新创业教育知识

学生对创新创业教育理论知识的掌握程度是创业成败的关键性因素，因此，我们可以开展各种校园文化活动来对学生进行创新创业教育知识的讲解。

例如，学校可以依据思政课教师所精通的创新创业知识，安排不同的思政课教师针对不同的领域开展创新创业教育专题讲座，可以讲解创业需要掌握的法律法规和环境保护的知识、特种行业管理等实用知识。思政课教师在开展思政理论教学的时候，可以合理安排时间，请一些与所教专业相关行业的成功创业者走进课堂与学生进行面对面的交流，让那些成功的企业家和学生分享自身的创业经验、创业教训、创业心得，使想创业的学生树立信心并提前做好心理准备，使不想创业的学生从中学到一些有关生活、工作的经验。学校要充分利用好学生寒暑假的时间，主动为学生牵线搭桥，能够使其在假期走进企业实地考察，进一步拓宽思路、开阔眼界。对于那些真正想创业的学生，教师可以为他们推荐创业课题、收集创业信息，鼓励他们勤于思考、敢于创新，深入社会进行走访调查，引导他们了解当前的创业环境。多种多样的校园文化活动能够让学生了解更多的创新创业文化知识，培养学生的创业能力，使其具备一定的市场竞争力，树立创新创业理念。

（3）鼓励、组织学生参加创新创业大赛

各类创新创业大赛能够激发学生们的创新意识，提高学生的创业能力。随着创新创业思潮在我国的不断发展，我国各种各样的创新创业大赛也在不断地涌现，如"挑战杯"大赛、"互联网+"大赛等，其中"互联网+"大赛中的"青年红色筑梦之旅"赛道，巧妙地将我国的思政理论教育与创新创业教育相结合，其主要目的是鼓励广大青年学生立足于我国的国情民情，在创新创业中增长智慧、才干，在艰苦奋斗中锤炼意志品质，把激昂的青春与伟大的中国梦相结合。

高校也可以通过多种形式来营造创业情境，让学生在其中得到真正的锻炼，如学校可以充分利用各学院的社团活动，明确规定各学院相关社团一学期必须举办 2~3 次与创业相关的活动，如创新创业计划书的撰写、小发明大赛、销售大赛等，并且明确要求没有参赛的学生必须到场观摩，以此来锻炼学生们的逻辑思维能力、应变能力、创造发明能力。这样的大赛在学生中有更高的普及率，容易让各学院的所有学生受到启发。在校园、社会举办各种各样的创新创业大赛，既能让学生看到国家、学校对创新创业的重视，又能激发学生积极创新、主动创业、大胆向前的激情。

二、高校思政课与优秀传统文化的融合发展

中华优秀传统文化作为中华民族文化体系的重要组成部分，具有许多宝贵的教育资源。如何将高校思政课与中华优秀传统文化相结合，也成为备受瞩目的重要课题。

（一）高校思政课与优秀传统文化融合的原则

中华优秀传统文化博大精深，将其融入高校思政课，必须解决如何融入的问题。我们必须谨防淡化思政课的意识形态性，将思政课讲成中国优秀传统文化课程的现象。因此，我们在内容选择上要遵循以下两个原则。

1. 与学生的成长成才相适应

中华优秀传统文化博大精深，滋养了一代代中华儿女高雅的精神品质和审美情趣。大学生要真正成为担当民族复兴大任的时代新人，不仅要掌握一身过硬的专业本领，也应该有理想、有情怀、有担当。将中华优秀传统文化融入高校思政课，应当着眼于提升大学生的人文素养，促进其全面发展。人文素养是指做人应具备的基本品质和态度，包括文化知识素养、思维方式、价值观等个性品格，强调的是以人为中心的精神品质。高校思政课也承担着对人的心智的开启和灵魂的启迪的责任，也就是对学生人文素养的培养。而中华优秀传统文化富有人文内涵，对提升高校学生的人文素养至关重要，可以对高校思政课形成及时有效的补充。

当下，高校要培养的学生是既有正确的政治方向，具备科学的世界观与方法论，又掌握中华优秀传统文化的基本精神内涵、人文精神和高尚道德的热爱中华民族的现代人。只有高校将中华优秀传统文化融入思政课，弥补高校思政课人文素养教育的缺失，大学生才能在不知不觉中净化自身的灵魂，形成健全的人格，坚定中华民族的文化自信，在从容和快乐中真正成长为时代和社会发展所需要的人才。

2. 与思政课特点相适应

相较于其他课程，思政课具有强烈的价值观导向，立德树人是高校思政

课的核心和灵魂。中华优秀传统文化融入思政课教学的过程必须紧密结合思政课立德树人的特点，对中华优秀传统文化进行概括提炼，突出重点。具体做法如下。

首先，把理想信念摆在首位。理想信念是大学生思政课教学的核心内容。教师要引入传统文化中鸿鹄之志、志当存高远的理想观，教育大学生放开眼界，确立远大的目标；以"吾将上下而求索"的精神鼓励大学生为目标百折不挠，积极求进；以"千里之行，始于足下"的实践观引导学生为实现理想脚踏实地，从小事做起，从现在做起。

其次，强调爱国主义情怀。爱国主义既是中华民族最深厚的精神传统，也是动员和鼓舞中国人民团结奋斗的精神旗帜，具有极大的凝聚力和生命力。可以说，一部中国历史，就是一部中华民族爱国主义的精神发展史。将中华优秀传统文化融入高校思政课，必须强调爱国主义情怀，唤起大学生强烈的责任感和使命感。

最后，突出道德情操引领。高校思政课必须以塑造大学生正确的道德观为重任，突出对大学生的道德情操教育。中华优秀传统文化是以伦理道德为基础的文化，其道德核心"仁义礼智信"是对社会主义道德建设的有力补充。将中华优秀传统文化融入高校思政课，就要加强对中华传统美德的挖掘，突出道德情操的引领作用，注重培养大学生的高尚品德，提升其道德境界。

（二）高校思政课与优秀传统文化融合的路径

中华优秀传统文化经过几千年的积淀，蕴藏着丰富的资源和内容，对高校思政课来说，其价值不言而喻，值得高校思政课继承和创新。因此，我们必须积极探索如何将中华优秀传统文化更好地融入高校思政课之中。我们应当树立主体性教学理念，从教师的教学能力、课堂教学、实践教学和教学方法等多方面着手，切实增强融合的实效性。

1. 提升教师运用优秀传统文化的教学能力

教师在思政课堂上居于主导地位，是决定一堂课成功与否的关键因素。所以，将中华优秀传统文化融入高校思政课，首先应当提高教师的意识，使他们能够认识到中华优秀传统文化融入高校思政课的重要价值作用，并自觉主动地在思政课教学中融入中华优秀传统文化。这就对教师的传统文化素养和教学能力提出了较高的要求。

作为知识的传播者和传统文化的传播者，教师要在思政课中得心应手地引用传统文化，重视自身的传统文化积累。这需要教师自身在课余多努力，提高对传统文化的兴趣，自觉涉猎优秀传统文化知识，加深对优秀传统文化的研究，增强对优秀传统文化的掌握和运用能力。此外，教师必须提高自身道德修养并时刻注意自己的言行，教师的亲身示范是对学生最好的教育。教师应当具有高尚的道德情操和人格魅力，在提高自身素质的基础上，指导学生形成正确的世界观、人生观和价值观。同时，学校的相应支持也必不可少。学校可以加强对教师优秀传统文化相关内容的培训，多举办相关讲座，邀请相关专家，使教师受到熏陶。当然，高校也不能忽略校园环境和氛围的育人功能，在规划和建设校园的过程中，可以适当加入中华优秀传统文化元素，提升校园的文化品位，使师生在潜移默化中受到影响。

第一，在思政课课程标准中明确中华优秀传统文化融入高校思政课的要求和导向，以指导教师在思政课教学实践中运用传统文化。同时，教师要在教材中明确相关知识点，以便在教学中能更得心应手地引入中华优秀传统文化。

第二，学校应当设立相关指标，将教师在课程教学中运用中华优秀传统文化的相关情况纳入教学评价体系和考核体系。

第三，向教师大力推广在思政课教学实践中成功运用中华优秀传统文化的优秀示范课程，充分发挥示范课程的带动作用，使教师在潜移默化中增强意识。此外，学校还可以定期举行教师交流会，让教师互相交流、分享相关教学经验，提高教师将中华优秀传统文化引入教学的意识。

归根结底，优秀传统文化与思政课教学的融合必须要落实到高校思政课课堂本身。要上好课，必须事先备好课。教师应当深入研究思政课的课程标准和教材内容，明确教学目的和重点，探求将中华优秀传统文化内容或精神合理融入思政课的契合点，在对教材深加工的基础上将教材内容进行扩展，引入相关的中华优秀传统文化资源，以便在课堂上进一步开阔学生的视野，提升思政课课堂实效。此外，教师应当提高自己在课堂教学中的组织管理能力和把控能力，善于调动学生参与课堂教学的积极性，通过多形式的教学方法，将中华优秀传统文化更好地融入课堂教学。

2. 创新优秀传统文化融入高校思政课的教学方法

从教学方法上促使优秀传统文化融入高校思政课，必须联系时代背景，了解大学生的思想境况，遵循大学生身心发展规律，采用学生喜欢的教学方式。传统的封闭式教学、灌输式教学已经很难适应当下的现实要求，教师要将两者进行融通，就得打破传统，创新课堂教学模式，变封闭式教学为开放式教学，变单项灌输式教学为双向互动模式教学。

（1）创新理论教学方式

教师在教学过程中必须树立以学生为主体的教学理念，以启发学生为教学主线，充分发挥学生的主动性和能动性。

第一，教师可以进行探究性教学，通过互动启发的教学方式，调动学生积极参与到课堂中来。在进行启发式教学时，教师要注意教学内容和学生的身心适应情况，也应当注意教学方法与教学内容内在的契合。

第二，从权威式教学向问题研讨式教学转变。传统文化与高校思政课的有机结合，本来就应当是开放的主题。况且在信息爆炸的今天，学生掌握的信息并不比教师少，甚至可能了解很多教师忽略的知识盲点，传统的权威式教学并不适合当下。教师应当根据具体授课内容，设置与中华优秀传统文化有关的问题和案例，以问题为导向，通过小组讨论、社会调研、答辩等环节来引导学生自主思考传统文化的问题，让学生在探究中进行深入了解并产生认同感，主动将中华优秀传统文化内化于心。

第三，采取开放式教学。开放式教学包括了教学观念、教学形式、教学内容等方面的开放。教师应当在讲授教材的基础上，根据学生的现实情况和专业特点，灵活添加中华优秀传统文化的内容，为学生提供鲜活的知识和与时俱进的信息。同时灵活采取课堂辩论、学生主讲教师点评等方式，充分发挥学生的学习兴趣，激发他们研究中华优秀传统文化的兴趣。

（2）丰富理论教学载体

思政课教师还可以借助发达的大众传媒技术，丰富教学资源和载体。互联网的快速发展正在改变着传统的教育和学习方式，大众传媒本身已成为弘扬中华优秀传统文化的重要渠道，央视举办的《诗词大会》《百家讲坛》等宣传优秀传统文化的节目，深受大学生喜爱。教师在上课时，应当借助大众传媒，选取学生感兴趣的话题，提高学生兴趣，使学生产生共鸣。大众传媒给高校思政课的教学手段和方式也带来了全新的变化，教师应当充分利用网络这一载体进行教学方法的创新。教师可以设计出高校思政课的网站和微信公众号，推送关于传统文化和思政课结合的信息，以图文并茂且生动活泼的形式，与学生进行思想和情感的互动，使学生既学习了相关思政课内容，又受到中国优秀传统文化的熏陶。当然，运用大众传媒技术要注意对内容和形式的把关，不能喧宾夺主，内容和形式应当为教学目的服务。

此外，教师还可以开展课堂活动，如课堂观影、课堂演讲等丰富教学内容，积极引导学生进行思考。通过丰富的资源和形式，提升大学生对中华优秀传统文化的兴趣，提高高校思政课的实效性。

第三节 高校思政课程与校园文化协同育人

校园文化和其他文化相比具有一定的互动性和传承性。优秀的校园文化不仅可以对大学生形成正确的人生观起到辅助作用，促使他们用一种新的眼光看待世界，从而不断提升自我，还有助于不断改变高校的学习氛围，激发大学生学习的积极性。因此，建设高校校园文化对于不断完善高校思政课教育体系具有举足轻重的意义。

一、高校思政课与校园文化协同育人的着力点

高校思政课在大学生的思想政治教育中发挥着主导作用，同时为校园文化建设提供坚实的理论基础，其教学内容的转变以及内涵的升华，在校园文化建设中都有着深刻体现。校园文化建设作为思想政治教育的重要支撑，是

与课堂教学相并行的教育途径，为思政课实践教学提供了重要载体，校园文化活动对增强思政课教学效果有着重要作用。思政课教学通过主题鲜明、内涵丰富、形式新颖、吸引力强的特色教育活动，使学生在参与过程中受到思想信念、价值观念的引导，从而树立坚定的人生目标，确立正确的发展方向，提升自身创新能力，成为校园文化活动的参与者和获益者，而这正是思政课教学的目的所在。

（一）课内与课外相结合

思政课的教学课堂无疑是指列入学校教学计划的课堂，是思想政治教育的主渠道；而校园文化活动则是可以在学校教学计划之外开展的相关教学实践活动。校园文化活动是思政课课堂教学的重要拓展，是学校培养学生道德素质的"隐形课堂"。校园文化活动的开展要符合主题鲜明、形式多样、健康向上、格调高雅的要求，开展高质量的校园文化活动有利于激发大学生参与实践活动的积极性和主动性，也有利于学生形成良好的品格、完善的人格，培养学生的集体荣誉感，是加强高校思政育人的有效途径。因此，高校要积极推动第一课堂和第二课堂的结合，从而增强思政课的吸引力、说服力、感染力，提高学生学习的积极性、主动性，使学生的综合素质得到全面提升。

首先，教师要站好三尺讲台，搞好第一课堂的教学，使其发挥主渠道作用。思政课要高度重视第一课堂，筑牢思政课课堂教学的基础性环节，即授课。教师要在课前认真备课，在课堂认真授课，使学生在课堂上认真学习，以实现牢固占据高校思政教育主渠道、提升第一课堂教学针对性的目标。

其次，高校要努力开辟第二课堂，为思政课教学提供丰富多样的素材，激发学生自主学习的主动性和积极性。在第一课堂之外，高校有针对性地围绕课堂教学的重大理论或实践主题举办知识竞赛、辩论比赛、演讲比赛等全校性的校园文化活动；还可以整合并利用学校和当地资源，开拓课外实践场地，让学生走出校园进行各种形式的社会考察活动；同时，可以将相关的社会调查与大学生暑期社会实践活动相结合，把它作为思政课实践教学的重要补充，从而实现第一课堂和第二课堂的有机结合。

新形势下高校校园文化活动不仅是大学生进行素质教育的重要途径和有

效方式，还是凝聚学生、开展思政课教学的重要组织动员方式，更是与课堂教学相互促进的思想政治理论教育的第二课堂。

（二）线上与线下相配合

互联网是当今大学生获取信息、沟通交流的工具，高校在建设校园文化的过程中要对互联网进行合理利用，使其成为校园文化活动的重要工具。高校思想政治教育部门要紧跟时代潮流，了解并掌握学生的兴趣点与需求点，并以此为切入点创新教育方式，充分运用互联网举办独具特色，又富有内涵、积极向上的思政课校园文化活动，将思政课教学融入其中，以达到创新思政课和思政教育的目的，营造良好的校园文化氛围。

"互联网+"时代，思政课教学和校园文化活动都要与网络技术等媒体进行结合，协同"线上线下"，坚持适度原则，拓宽教育教学空间。思政课教学要充分利用互联网传播速度快、覆盖范围广的特点，建设思政教育平台，以实现广泛、快速地对高校学生进行思想政治教育的目的。校园文化活动的建设与管理亦逐步网络化，文化活动组织发展的社会化和现代性逐步显现，因此校园文化活动要与时代发展同步，高校要设立官方QQ、微信公众号及官方微博账号等，与学生进行线上线下互动，以增强校园文化活动的影响力，扩大活动空间，促进自身发展。校园文化活动的前期造势、中期举办、后期总结都可以转移至线上，以期实现即时化、系统化、专业化的效果。

具体来说，高校可以通过设立线上"互动"平台，推送具有思想引领性的文章、视频、时评等内容；可以设立稿件征集、辅导员论坛、青年风采、学生来信、教师短评等子菜单，与学生进行互动交流；可以举办读书沙龙、活动论坛、面对面访谈等线下交流项目，使学生与教师实现课堂外的互动沟通，帮助教师了解青年学生的思维想法、心理状态等；同时，学生可以在线向教师提问，教师及时解答，使自己的思想能够快速、有效地传递给学生，以提升思政课教学的效果，增强线上线下思政教育的实效性，发挥新媒体平台的积极作用，筑牢高校意识形态阵地。

二、高校思政课与校园文化协同育人的关键要领

（一）创新内容形式，加强思想引领

新形势下，传统思政课的教学内容与方式已经无法满足当代大学生的精神需求，教师要在改造形式化的教学、改造脱离实际的教学、改造远离灵魂的教学上下功夫，要以理性的思考说服人，以感性的形式感染人。

思政课育人内容与手段都要进行创新，改变固有形式。开拓思政课育人内容新思路要与校园文化活动适时结合起来，把我们党丰富的思想资源和鲜活的实践案例通过活动的形式生动地呈现在学生面前。在进行校园文化活动策划时，教师要敢于打破固有的思想观念，摆脱旧规定的束缚，提倡勇于开拓、敢为人先、积极进取的精神；高校师生要敢于竞争、敢于突破、敢于超越，培养不惧权威、大胆质疑的品格，全面提升自身的创新能力，营造浓郁的创新氛围，努力形成符合新时代精神的校园文化。

当代大学生是求新的一代，是"从容、理性、务实"的一代，思想政治工作和校园文化活动要具有创新思维，教师要及时用新思路进行调整，既要关注教育教学实际，又要有批判性思维、建设性思维，以多种形式实现价值引领。思政课教师要立足教材，但不能被教材束缚；要从教材出发，适时走出教材，最终回归教材。校园文化活动要跳出固有的形式范畴，既要创新内容，也要创新形式。教师要重点关注教学和活动内容的设计是否符合理论联系实际的要求、是否体现政治性与学理性的交融、是否关注学生成才，并及时回应大学生关注的热点，从而准确地把教学内容与学生的需求结合起来，增强思政课与校园文化活动的育人效果。[1]

（二）树立用户思维，关注学生需求

高校思想政治工作的主渠道集中在思政课课堂上，而思政课课堂的目标是将知识、思想更有效地传递给学生，所以在一定意义上，学生是课堂的中

---

[1] 李鸿雁，张雪.高校思政课教学改革与创新研究 [M].延吉：延边大学出版社，2022：108.

心。这就要求思政课教师树立"以学生为中心"的思维，围绕学生的需求开展教学活动。大学生是高校思政课教学的主要工作对象和参与主体，高校思政工作在进行的过程中必须充分考虑学生的成长需求，结合学生的成长特点，发挥学生的力量。思政课和校园文化活动在进行过程中要坚持围绕学生，让学生参与全过程，变以往的"说教"为"说理"、"传递"为"对话"，帮助青年学生成长、成才。

新形势下，思政课教育教学要树立用户思维，即了解用户，也就是了解青年群体的特点、需求，立足于学生的需求，尊重其主体地位。在思政课教学与校园文化建设的过程中，教师要重视发挥学生的力量，将教育内容的选择权交给学生，力求满足学生对个性化、创新性话语表达方式的需求，提升学生参与活动的积极性、主动性。学生团队负责现场活动的具体策划运营，主讲嘉宾给出讨论主题的范围，然后学生投票确定讨论主题。教师还要与时俱进，运用互联网思维，对活动所反映出的数据进行调研、归类、总结，根据大数据反映的资料了解学生的兴趣点和困惑所在，充分掌握各个阶段、各个类型学生的不同情况、不同需求，从而调整育人内容，创新育人方式，增强校园文化活动和思政课教学的针对性和有效性。

（三）重视媒体素养，创新育人载体

新媒体作为一个开放、平等、共享的宣传平台，为高校思政教育提供了可以利用的多方位、多角度、全领域的广阔空间，校园文化活动可以从中获取取之不尽的素材。教育者与受教育者、活动主办方和活动参与者之间要打破隔阂，进行平等的互动交流，为思政教育提供更为丰富多样的案例，达到良好的教学和实践效果。开放互动的环境，对于高校思政教育来说，是一个充满机遇与挑战的全新领域，此时新媒体可以发挥其特有功能，拓展高校思想政治教育的领域，为校园文化活动提供更加丰富多样的发展空间。

新形势下，思想政治工作与校园文化活动要与新媒体技术进行全方位结合，利用新媒体技术的独特优势，搭建新媒体育人平台，使传统思想政治工作与现代信息技术高度融合，更新调整工作方式并赋予其时代特征，以增强思政教育对大学生的吸引力。同时，教师可以运用新媒体资源深入有效地了解大学生学习、生活情况，不断更新教学模式、教学手段。大学生也可以利用新媒体平台更新自己的知识库、信息库，开阔视野，增加知识储备，在网络平台接受思想政治教育，接受各种正能量的灌输；学生还可以以各种方式、途径参与校园文化活动，为活动提供创意、思路，与大家进行互动等。高校要高度重视网络信息空间环境，对网络空间进行密切监管，及时地监控与检测网络环境，净化网络空间，筛选网络信息，宣传健康向上的网络行为习惯，引导网络舆论符合社会主义价值需求，使网络空间充满正能量。

（四）提升品牌效应，打造特色平台

思政教育与校园文化活动要树立品牌意识，打造特色鲜明的活动品牌，广泛收集学校各类无形资源和有形资源，进行资源整合，提高资源效益，从而提升思政课教学效果，推进校园文化活动项目的运行开展；同时也可以培养师生对校园文化活动品牌的认同感，充分提高师生的积极性和参与校园活动的热情。这对加强学生思想政治教育意识、增强校园文化活动内涵建设、提高学生综合素质具有重要的战略意义。

突出特色是品牌树立的核心要素，品牌培育要树立自身鲜明的特色，吸引学生参与其中，不断扩大受众范围。思政课与校园文化活动品牌要浓缩整合自己独特的教育理念、精神内核、教育形式与教育内容。校园文化活动要重视"互联网+"思维，开辟网络宣传互动平台，打造新媒体矩阵，对活动品牌进行全方位的宣传，形成全方位的合力。调整创新是品牌活力的源泉，任何一项品牌的产生、发展都是一个动态过程，需要不断地对其进行调整与更新，这是每个品牌保持自身活力的必要条件。思政课与校园文化活动要形成自身品牌，产生固化成果，与时代发展、学生需求相结合，适时更新活动形式、内容，在学生中树立良好口碑，增强品牌的持久影响力与吸引力，从而保证活动的教育效果，实现思政育人的目的。

因此，我们要不断探索思政课和校园文化育人实践项目，从中汲取经验与养分，不断创新思政课的教学内容、教学方法，更新教育思想、教育观念，探寻符合当代大学生需求的校园文化主题，探索新的活动形式，找寻新的活动载体，使活动与大学生的现实需要紧密结合；打造具有自身特点的校园文化活动，形成品牌影响力和感召力，增强活动吸引力。在思想政治工作中深入贯彻落实以人为本的教育理念，不断发掘新的工作方法，总结工作经验，营造融洽和谐、健康向上的校园文化氛围和精神环境，使大学生在这种环境中受到积极向上的影响，不断提升自身品位追求，强化心理素质，改变与主流价值观不相符合的思想观念，规范自己的行为方式，进而提高校园文化活动和高校思政课的实效性。

三、高校思政课与校园文化协同育人的推进方式

高校思政课与校园文化建设的互动发展对于推进我国高等教育事业进步具有非常重要的作用，二者在育人方向、育人主体、育人路径等方面具有一致性与互通性。加快对思政课与校园文化协同育人机制的探索，对促进校园文化与思政课和谐发展及良性互动具有极其重要的意义，同时对丰富我国高等教育的发展方式和创新实践研究方法具有重要的借鉴作用。因此，广大高校思政工作者要积极探寻新的领域，找寻新的切入点，采用理性、辩证以及系统的眼光对研究对象进行分析论证，紧扣立德树人育人理念，发挥二者共同的育人功能，从而有效加强两者间的协同互动，推进我国高校育人方式的发展和进步。

（一）育人方向协同

思想政治工作从根本上说是育人的工作，必须围绕学生、关照学生、服务学生，不断提高学生的思想水平、政治觉悟、道德品质、文化素养，让学生成为德才兼备、全面发展的人才。坚持不懈地传播马克思主义科学理论是思政课首要和主要任务，坚持不懈地弘扬社会主义核心价值观是高校校园文化的主要任务，立德树人是二者共同的培养目标，其育人方向具有一致性。

1. 目标协同

所谓思想政治工作规律就是指按照人的思想、行为变化的特点和规律进行思想政治工作。思政课是培养学生成为德才兼备的人才的重要途径，其参与主体是高校思政课教师和全体学生，它的主要任务是用教师传授的科学理论知识和实践经验充实大学生的头脑，发展大学生的思维，帮助他们树立坚

定的中国特色社会主义理想信念，引导他们树立科学的世界观、人生观和价值观，使他们在学习中自觉领悟时代精神，并将之外化为行为习惯，这可以实现思政课教学以学育人的目标。作为社会文化重要组成部分的高校校园文化，是由校园中的全部主体所共同创造并共同享有的文化环境和文化氛围，以及在长期办学过程中逐渐形成并为学校全体师生所接受的、共同遵循的行为准则、价值标准、理想信念和最高目标。校园文化是一种具有深刻持久影响力的德育力量，通过润物细无声的方式使学生认同主流价值和主流文化，形成正确的思想品格和良好的思维方式，养成高尚的道德情操，这可以实现思政课教学以文化人、以文育人的目标，是高校在长期教学实践中所形成的精神氛围。

高校思政课和校园文化建设的参与主体都是大学生，在育人过程中，二者有着一致的育人理念，即让学生积极践行社会主义核心价值观，提高学生自身素养和提升高等教育教学质量。由此可见，二者在育人根本目标上具有一致性，即不断地发展学生的创新能力，锻炼学生实践创造能力，为社会主义事业培养合格的建设者和可靠的接班人。因此，教师要重视发挥思政课教学与校园文化活动的协同育人功能。

2. 效用协同

校园文化建设和思政课教学在育人效用上有着极大的共通性，教师在实际工作中应充分发挥校园文化活动对思政课教学的载体作用以及思政课教学对校园文化内涵建设的支撑作用。在目前大多数高校中，校园文化建设的活动规划、组织、实施部门与思政课程的开设、管理部门差距较大，在具体活动的举办过程中虽会偶有交集，但在绝大多数情况下互不干涉。鉴于两者在教育功能和教育目标上的一致性，坚持思政课显性教育和校园文化隐性教育相统一，加强彼此间的沟通与交流，无论是在校园文化活动的持久性方面还是在思政课教学的延展性方面都有非常大的益处。

因此，在对校园文化活动进行策划和部署的同时，教师可以适当参考思政课的课程设置和教学进度安排；在思政课授课过程中，教师也可以参考学校校园文化活动的计划，对内容进行灵活调整。这样，教师就可以将思政课课程中的理论讲解和实际生活中的活动开展情况结合起来，从而实现教育效果最大化。

（二）育人路径协同

1. 课程教育育人

思政课是对学生思想观念及个人行为具有引导性的教育课程，能够纠正学生错误的思想，引导他们树立正确的价值观念，规范其具体言行，带领学生朝着正确的方向前行。我国当前的思政课教学仍以课堂教学为主，课堂是学生获得知识的主要场所，但是课堂教学存在对学生吸引力不强、教学效果不明显的问题，这影响了课堂教学的效率，也是导致思政课教学有效性、凝聚力不强的原因。校园文化建设作为高校思政课教学的重要载体应得到足够的重视。思政课的教育内容对校园文化建设起着理论引导作用，同时，校园文化活动的开展也使得思想政治教育成果得以运用。因此，教师应该充分发挥校园文化与思政课协同育人的重要作用，注重以文育人、以文化人，结合思政课教学内容，广泛开展相关校园文化活动，加强两者间的互动合作，提升思政课育人效果，从而丰富思政课教学的内涵，为高校培养出越来越多具有自主学习能力和终身发展能力的应用型人才。

根据大学生热爱学习新知识、勇于掌握新本领的特点，教师可以对思政课教学中的教育资源进行整合优化，以更加翔实、更加系统的知识对当代大学生进行思想政治教育，激发大学生在思政课学习中的热情，提升思政课教学效果。与此同时，教师要善于利用校内外的各种教育资源，将思政课教学内容与日常思想政治教育、校园文化活动、社会实践活动等结合起来，加以整合利用，在活动中对大学生进行思想引领和价值引导。教师要在专业课教学、公共课教学等课程教学中融入思想政治教育理念，实现课程资源融合和教师资源结合，以满足大学生多样化的思想政治教育需求，从而达到课程育人的目的。

2. 文化活动育人

思政课是大学生开展思想政治教育最直接的途径，为提升思政课的教学成果，人们对教学内容、方式等进行了创新探索。思想政治工作者利用形式多样、种类繁多、各具特色的校园文化活动开展马克思主义教育，把思政课教学内容、思想内涵等理论知识与摄影展、电影回顾展、书画展、学术节、新媒体、校报、优秀传统文化、红色文化、地方文化等有机结合起来，将各种文化有意识地融合渗透进学生课外活动中，在文化活动中践行和传播思政课相关理论、价值观念和马克思主义的相关内容，赋予文化活动更丰富的内涵、更深刻的思想，将其发展为思政课文化育人的主要载体，拓宽思想政治教育学习阵地。

校园文化活动是传播思政课理论的文化活动平台和社会主义核心价值观的重要阵地，能在潜移默化中完成思政课理论教学向感染教学、情感教学的转换，使学生在思政课中所学习的理论知识通过更加鲜活、丰富的形式展现出来，使学生充分感知、切实体会民族传统文化的魅力、马克思主义思想文化的博大精深、红色精品文化的励志精神，使学生的民族自豪感更加强烈、共同理想更加坚定，使其爱国情怀更加深刻，从而实现马克思主义教育大众化，引导学生树立健康向上的世界观、人生观、价值观。

3. 实践活动育人

高校思政课教学要求"知行合一"，即将思想政治理论知识内化成稳固的意识和观念来指导学生自身的行动。高校校园文化活动形式多样，内容丰富，与青年学生身心发展特点相契合，可以最大程度地吸引大学生参与其中，使学生在参与活动的同时更加易于接受各种有益思想的感染和熏陶，自然而然形成一种自觉、内在的驱动力，并将其内化为个人的思想意识和行动指南，促使他们遵循校园文化的价值规范，进而达到思政课教学"知而行之""知行合一"的目标。校园文化建设为思政课提供了教学实践展示平台，在思政课教学中起重要作用。

校园文化活动组织主要包括团学组织、学生会以及学生社团等组织，社团文化建设在思想政治教学中起关键作用。社团可以将具体活动落实到每一个成员上，使学生养成独立思考的习惯，能够更快、更好地融入社团文化建设中，能够锻炼学生的团队协作能力，强化其服务意识，培养其创新思维，这些都是思政教育的重要内容。在思政育人方面，教师要及时更新教育理念，采用新的教学方法，倡导全体学生参与校园文化活动，增加实践性教学环节，如社会调查、主题辩论和技能拓展等，提升学生参与度，强化学生参与感。此外，教师还可以通过与校园新媒体等平台结合，增强教师与学生、学生与学生的互动性，以此丰富校园文化建设的内容，达到思政育人的目的，共同促进思政育人与校园文化建设的发展与进步。思政课教学融入实践活动，有助于在实践过程中教育学生、在体验实践中培养学生，促进学生全面、健康发展。

四、高校思政课与校园文化协同育人的路径创新

高校思想政治工作关系高校培养什么人、怎样培养人以及为谁培养人的根本问题。高校要始终把立德树人作为中心环节，使思想政治工作贯穿教育教学全过程，实现全程育人、全方位育人，不断提高教育质量，努力开创我国高等教育事业的发展新局面；遵循思想政治工作规律，强化规则意识，注重育人的顶层设计，完善制度制定，搭建协同育人平台，加强对大学生的价值引领，不断创新教育教学和活动育人的形式，优化整合思政课与校园文化活动资源，实现共建共享，提升思政课教学的实效性，推动形成全员育人格局，以实现思政课与校园文化协同育人路径的创新发展。

（一）优化协同育人的顶层设计

1. 优化协同运行机制

人们为了满足自身生存发展、社会进步的需要，创造出一种严密的组织规范体系，形成一套良好的运行机制。在思政课与校园文化协同育人发展路径的构建过程中，学校优化二者的协同运行机制，从而对教师和学生的思想价值观念产生一种理性约束作用，增强教师育人的使命感和责任感，提升学生的学习热情，从而确保校园主流文化及主流思想得到更好的传播。校园文化与思政课的协同运行机制不仅包括完整的管理制度，还包括协同发展的执行制度，以保证教师和学生在参与、组织某项活动的过程中能够清楚地认识到自身的责任和义务，用饱满的热情和最大的努力投入活动之中，保证活动顺利进行，并将活动的前期准备、中期策划、环节设计、任务分配、总结反

思这一流程延续下来。

　　校园文化建设在活动规划和制定过程中，可以适当参考思政课的设置和进度安排。思政课程在讲授过程中，也可以参考学校校园活动计划，对内容做出适当的调整。这样能够将课程中的理论讲解和实际生活中的活动开展结合起来，从而实现教育效果的最大化。在这样的方式下，一方面，思政教育内容的周期性重复可以保证校园文化活动长期开展，从而使相关活动的影响力得到持续延伸；另一方面，思政课教师可以根据不同计划周期内活动的开展有侧重地讲授相关知识点，既能丰富课堂内容，又贴近学生所需，同时还能激发学生对相关内容的兴趣，加深他们对相关内容的理解。常态化协同运行机制的构建可以增强思政课教学效果和校园文化活动组织管理者的彼此交流，使"思政"元素渗入校园文化活动的各个环节中，以此拓宽思政育人的发展渠道。

　　2. 构建协同考核机制

　　鉴于思政工作和校园文化建设的长期性，高校要建立二者协同育人的考核机制，认真贯彻和执行国家关于高校思想政治教育工作的相关政策与制度，优化协同育人工作制度；同时结合本校自身实际情况和大学生自身特点，有针对性地完善思政课与校园文化育人工作实施方案，明确目标，细化责任，科学开展协同育人工作。

　　在思政课教学考核机制中，高校要高度重视校园文化工作的重要性，制定规范合理、架构完善、科学有效的考核要求，设置科学的考核内容，既要注重对教师工作业绩、科研能力、活动开展效果、学生参与度的考察，又要加强对教师道德修养、育人成果的考核，并增加考核所占比例，以更好地落实高校思政课与校园文化协同育人工作。

　　高校要统筹思政课教学资源和校园文化建设资源的分配，根据既定目标和任务进行人力、财力、物力等相应资源的分配，明确各单位的职责范围，层层落实，并建立领导责任制和目标管理体制，形成可量化的考核指标体系。同时，高校要根据既定考核指标，定期进行严格的考核，从而促使思政教育工作和校园文化建设的目标得以实现。需要指出的是，并不是校园文化建设的资源分配到相应的建设单位就意味着教育目标的完成，高校要通过科学的考核制度对资源的使用情况进行有效的监督和跟进，对未能合理利用的资源要坚决收回，对需要补充的资源要进行评估，对浪费资源的现象要批评惩罚。高校要通过这些措施避免资源浪费，确保校园文化建设工作的顺利进行。

3. 完善协同评价机制

科学有效的评价机制可以提升校园文化与思政课协同育人的效果，也是改进思政课教学与加强校园文化活动建设的重要途径。思政课教学要做到课堂教学与线下交流有机结合，使思政课老师可以全面掌握教学反馈信息，对教学方案进行及时的更改和调整，使课堂教学效果不受影响。课堂教学效果一方面来源于教师的反馈系统，即教师通过有意识地观察课堂氛围、学生状态等方式，直观、准确、全面了解学生在课堂上的状态，找出课堂教学存在的问题，对课堂教学方法、节奏进行适当的调整，使学生更加适应课堂教学；另一方面取决于学生的反馈系统，即学生通过自我反馈、互评反馈、教师的评价反馈了解自己的学习状态，从而对自身的学习方法和学习状态进行调整，提高课堂学习效率。此外，学生还可以通过网络与教师进行思想交流、问题探讨，向教师反馈自己对课堂教学的感受，教师根据第一时间获得的反馈信息，不断调整教学进程和教学方式，提升课堂吸引力，提高教学效果。

校园文化活动的主要参与者是广大学生，因此学生需要提出自己对所参与的校园文化活动的不同意见，使活动举办者了解学生对活动的诉求。高校校园文化活动要不断更新传播的内容，服务于广大师生。校园文化活动要想满足学校、学生的发展需求，就需要及时获得活动参与者的评价反馈。因此活动举办者要运用科学的评估方法，如通过发放问卷、举办座谈会的方式收集各项建议。将基于多种方法收集到的反馈信息进行交叉比对，可以形成有价值的活动评价资料。根据评价资料对活动的各个环节进行调整与完善，可以更加有针对性地解决相关校园文化活动遇到的问题，适时调整活动模式。

总之，健全协同评价机制，对校园文化和思政教育实践活动信息进行收集、整理、反馈、分析，第一时间发现其中出现的新现象、新情况、新问题，形成信息反馈数据库，能够避免可能出现的失误，少走弯路，发挥思政课与校园文化活动的协同育人效果，提升育人实效性。

（二）构建协同育人的特色平台

1. 构建科研合作平台

搭建科研合作平台可突破传统研究模式，实现思政教育研究和校园文化活动的双赢共享。科研项目的引入可使思政课教师或专业教师在研究校园文化活动的过程中，能及时地发现活动中存在的问题，思考解决方法，提出对策，更好地弥补校园文化活动中存在的缺陷。同时，教师可以围绕相关教学内容共同组织校园文化实践活动、教育活动，申请专项科研经费，带领学生进行实地参观、考察，让学生通过亲身参与获得所学即所感的体验，在实践中培养学生，让学生在参与中解读理论知识，最大限度地激发学生参与校园文化活动的积极性、主动性，使其更加深刻地理解思政课堂上的理论知识，做到内化于心、外化于行。

思政教育相关的科研活动亦可以通过科研合作平台，把教学科研与实践活动统一起来，对教学过程中遇到的问题进行研究，再把研究的结论运用到教学和实践活动中去，全面、详细地了解学生的思想变化、知识需求、行为动态。教师可以将这些研究成果进行对比分析，及时调整教学工作的方式、方法，解决思政课堂吸引力不强的问题；与此同时，提升自身的教学与科研能力，做到一切从实际出发，做到教学科研和实践活动互相促进，形成教学科研与实践活动的良性互动，促进科研成果的有效转化，大幅提升思政课的时代性和感召力，提高校园文化活动的理论内涵和思想内涵。

2. 构建常态化交流平台

思政课教学协同创新发展需要为不同主体间的沟通建立一个常态化的对话交流平台。对话也就是交流沟通，使不同的思想观点在一个区域内进行碰撞与融合。各个高校通过建立可以及时沟通的常态化交流平台，能使各个主体在工作过程中即时沟通、彼此联系，各有侧重、互相补充地开展工作。思政课教师、学工和团委组织及校园文化活动负责人通过这个平台进行信息交换与经验分享，取长补短，不断改进，尊重彼此发展特质，给予对方足够的发展空间，在人性化的交往中提高各育人主体间的相互联系，拓展彼此的合作路径。

3. 构建信息网络平台

高校思政课与校园文化在进行育人工作时多依靠官方的校园网站、微博和微信公众号，学校管网、用网的相关部门也缺乏信息交流与沟通，与各类学生组织、社团的微信、微博，师生个人的微信公众号及社会上一些成效显著的思政网络平台更是缺乏关联协同，导致信息交流堵塞的状况，使思政课与校园文化的育人工作无法形成多方联动的效应。立德树人，凝心聚力，促进大学生的全面发展，实现中华民族伟大复兴中国梦，是高校思政课与校园文化共同的育人目标。这就要求高校思政课与校园文化在协同育人工作中形成"同心圆"，而构建高校思政课与校园文化育人信息网络平台对"同心圆"的形成具有重要意义。

第四章　当代高校思想政治教育创新的主体内容

新时代条件下，随着社会形势的发展变化，高校思政课教学面临着新问题。针对出现的这些新老问题，通过对其成因进行分析，我们要想提高思政课教育教学的效果，必须采取相应措施加以完善与改进。本章即针对高校思政课程改革与创新的主体内容加以分析。

第一节　课程教学理念的创新

一、突破教师为主、学生为辅的传统教学观念

教学理念是教学方式改革创新的内在动力，对教学效果起决定性作用。根据调查数据显示，传统的高校思政课教学以教师为主体，学生只是被动接受知识，注重教师作用，忽视了学生主动积极性的发挥。在设计的问卷调查中，认为思政课教师在课堂上应该扮演的是"指导者"的角色的学生有64.54%，认为教师扮演"参与者"角色的占24.48%，认为教师扮演的角色是"监督者"的占2.4%，仅有15.89%认为教师应扮演"主讲者"角色。可见，当前"00后"高校学生能够比较清楚地认识到自己在学习中的主体地位。因此，打破传统的教师为主、学生为辅的教学理念，是实现高校思政课教学方式创新的首要问题。调整教师与学生在教学中的地位，变"教师为主、学生为辅"为"教师主导、学生主体"，重新调整教与学、目的与手段、知识与能力、过程与结果的关系，形成新的教学价值追求，增强大学生的学习责任感，提高大学生的主体地位，重视大学生的学习体验与感悟，培养大

学生自身的分析能力、思维能力，建立正确的世界观、人生观、价值观。

二、树立开放、平等、服务的教学思想

传统的教学理念注重"尊师重道"，在高校思政课课堂，教师在教学活动中的主导地位，在教学中具有绝对的权威，学生只需被动接受教师知识的传授，师生之间的地位相差悬殊。目前高校学生多数是"00后"，"00后"大学生思维活跃、思想开放、乐于表现、个性张扬，注重自我需要与自我实现。以往针对传统的"乖学生"的教学方式显然不适合当今的"00后"的高校学生。故此，高校思政课教学改革，要做到：首先，教师要尊重学生，树立师生平等理念，教师不能一人独断，要给予学生发言、质疑的机会，多倾听学生的意见，多听取学生的学习需求，让思政课变成一个开放的课堂、自由的学习空间；其次，高校思政课教师要摆正自己的位置，在教学活动中要相互尊重，平等对待，要明白在教学活动中，学生与教师仅是角色的不同，而不是上级和下级的隶属关系；最后，高校思政课教师要将高校学生当成独立的个体，把握自身引导者与辅助者的角色，尊重高校学生的个性，秉着服务于高校学生学习的理念，帮高校学生进行学习上的探索。总之，高校教师要切实体会高校学生的学习需求，树立全新的教学理念，让高校学生摆脱身份的束缚和压抑的学习角色，让学习回归纯粹，将更多的注意力放在对思想政治理论课的探索、学习与交流上。

第二节　加强思想政治理论课的主渠道作用

高校思政课是高校对学生进行思想政治教育的主渠道，为了发挥好主渠道的作用，必须从根本上重视思政课建设，建设好思政课的软硬环境，积极引导学生，发挥思政课的主阵地作用，提高教学水平与教学质量。

一、加强思政课的软环境建设

为确保思政课在高校思想政治教育中的主阵地、主渠道作用，《中共中

央国务院关于进一步加强和改进大学生思想政治教育的意见》强调："要按照充分体现当代马克思主义最新成果的要求，全面加强思想政治理论课的学科建设、课程建设、教材建设和教师队伍建设，进一步推动邓小平理论和'三个代表'重要思想进教材、进课堂、进大学生头脑工作。……要加强对思想政治理论课的宏观指导，采取有力措施，力争在几年内使思想政治理论课教育教学情况有明显改善"。

一是加强高校思政课教育教学的政策支持。高校领导班子要重视思政课建设，要把"培养什么人""如何培养人"这一重大问题始终摆在学校重要位置，切实负起责任，必须加强对思政课的领导。学校必须配备专职副书记或副院长主管思政教育教学工作。学校除了思政教学部门以外的其他部门，如宣传部门、教务处等相关部门要相互配合，齐抓共管，共同做好思政课教育教学工作。同时，高校须及时向思政课教师传达党和国家的有关文件和政策，把改善和提高思政课教师的待遇作为重点工作来抓。当学校有合适的科研立项、职位晋升和出国进修留学等机会时，要在政策上给予鼓励、帮助和支持思政课教师。要为思政课教师的相关课题经费、人员编制和教育教学设备等方面提供良好软环境条件及政策支持。

二是建立健全学校的管理体制。高校要把学生的思想政治工作贯穿于教育教学的全过程，将此项工作摆在学校各项工作的首位。思政课是对高校学生进行思想政治教育的重要平台，除此之外，其他基层党、团组织、部门也要发挥联动作用。高校要建立和完善党委统一领导、各个部门全力配合、各负其责、齐抓共管的良好育人环境。学校做好顶层设计，统一领导高校学生思想政治教育工作，对本校学生思想政治教育做出全面统筹和安排，结合思想政治教育工作状况和高校学生思想状况，制定学生自我教育的管理体制，制订思想政治教育的总体规划，学校基层党、团组织要把加强和改进大学生思想政治教育的各项任务真正落到实处。

二、加强思政课的硬环境建设

高校应该加大对思政课教育教学的硬件环境建设的投资力度，不断深化并推进思政课教学改革，为思政课教学提供必备的教学场所和教学设备，规范教学秩序，建立教学的工作机制和保障机制，确保高校思政课教学顺利进行。为此，可从以下几个方面做出努力。

（一）更新思政课的教学设备

良好的教学设备是开展思政课教学的基础条件。为了让思政课教学取得良好的效果，高校相关部门要把更新思政课的教学设备经费列入预算，尽可能完善思政课教育教学设备，确保教学工作顺利开展。例如，在开展正常的思政课教育教学上，高校要提供必要的教学设备和教学场所，基本的电脑、多媒体教室、荧屏、录音笔和话筒等现代教学设备，优化教学手段。要把思政课对学生的思想政治教育工作作为对高校办学质量和水平评估考核的重要指标纳入高校的建设和教学评估体系。

（二）加强思政课的课外环境建设

高校加大资金投入，提供充分的活动场所给思政课的教学。可精心设计学校的具有革命特质的文化馆，如理想信念馆、党史馆等，具有浓浓的校园文化气息的学生社团中心、学习园地、校报栏、图书馆等，具有思想政治教育性质的倾诉心声的互联网网站、校园广播电台以及思政课校内实践场等，为对学生进行思想政治教育提供良好的校园环境。此外，高校申请固定的当地博物馆和相关行业单位、红色旅游胜地等校外实践基地，为思政课开展社会实践提供场所。

（三）引导学生适应新时代的变化

随着社会形势的发展变化，高校学生的生活方式多多少少刻上了时代的烙印，但同时也带来了各种不同的思想政治问题。高校思政课教师要把握学生的思想动向，关注学生出现的新问题、新状况，及时与学生沟通解决学生的问题。

引导学生适应新环境。随着学习、生活环境的变化，新时代的高校学生价值观念跟着发生了深刻的变化，他们追求更为具体、世俗、现实的目标，更加关注个人具体的生活问题，甚至还出现价值目标功利化和短期化倾向，这些观念的转变相应带来了一些新的问题。他们很多时候仅仅从个人的发展角度来考虑学习和生活中遇到的各种问题，他们遇到的是人生存在的意义、生存的压力和多元价值观念选择的困惑和苦恼。这就要求高校思政课教师讲授社会主义核心价值体系，强调宏观、全局、长远的问题，讲述当个人利益与社会价值发生冲突时，个人应该做出的选择。因为部分高校学生面对新环境时，认为高校思政课教师不再了解他们的生活实际和思想特点，开始怀疑思政课、思政课教师，甚至厌倦思政课。高校思政课要想发挥应有的作用，取得预想效果，必须有针对性地进行引导和教育，使学生能正确面对这些新的变化。

引导学生正确筛选信息。以前，大学生主要通过报刊、书籍、电视、广播等媒体接触信息，教师对学生的层层灌输，其内容也是经过层层过滤、把关，已删除不适当的信息，信息选择自由度小、倾向基本上一致，选择难度也相应较小。互联网时代，高校学生通过各种渠道了解更多更广泛的信息，各类信息充斥着互联网。"这些信息良莠不齐，往往是真实与虚假、科学与愚昧、先进与落后、文明与不文明的信息混杂在一起，甚至包括淫秽、黄色、暴力、凶杀等有毒有害的信息，正在影响着学生的思想，有学生承认在互联网上收到过不文明甚至反动的信息，有学生曾在网上遇到过不文明现象，如谩骂、恐吓等。"高校学生受知识面的影响，通常不能理智地对待这类消极信息，信息处理能力有限，特别对于辨别力不强、社会化程度不高的高校学生来说，要进行适当的辨别和选择，是非常困难的。处理信息能力较差的学生遇到难以处理的信息时，他们通常失去是非判断能力，要么囫囵吞枣，要么漂浮不定。因此，高校思政课教师要引导学生正确筛选信息，提高学生辨别和选择信息的能力。

（四）增强教学的针对性

高校思政课程改革的核心是教学内容的改革，提高教学内容的针对性，这是取得良好教学效果的前提。高校思政课教师应适当调整自己的授课内容，应根据不同专业的学生采用不同的教学方法，增强教学的针对性。

增强教学内容与学生的实际相联系。高校思政课教师要紧跟时代和社会实践的发展步伐，与时俱进，强化马克思主义的基本理论、基本观点和基本方法，走进学生的内心世界，加强关注高校学生的思想困惑、关注的热点、难点问题，动态地把握教学过程和教学内容，做到教育与现实相结合，理论与学生实际相结合。

提高教学的针对性。提高教学的针对性，这是让学生对思政课和思政教师感兴趣最有效的方式。高校思政教师要找准教学内容与学生实际需求的结合点，教师引导学生主动参与学习，自主地进行活动目标的建构、活动内容的设计与执行，独立思考与探索解决所面临的问题，在活动中培养学生决策、思考、组织、协调、解决问题的能力。当然，高校思政课教师不是百宝箱，不可能解决学生的所有问题。例如，专业学习问题、就业问题和情感问题等。思政教师主要是从解决学生的思想政治方面问题，讲解基本政治理论知识，帮助学生解决自己的思想问题以及学会分析社会政治现象，引导学生逐步树立科学的世界观、人生观和价值观。

第三节 优化思想政治理论课的教学内容

高校思政课承担着对学生进行培养和教育的重要任务，是对学生进行思想政治教育的主阵地，具有系统性、规范性和导向性的特点，具有较强的社会价值。因此，高校思政课应将培养学生的道德、思想政治、法律、心理等素质要求放在重要位置。思政课教师应在充分调研学生实际需要的基础上，结合教材特点，优化思政课的教学内容，把"三观"教育、职业道德教育和心理健康教育、法制观教育、形势与政策的教育、社会实践教育等纳入思政课的教学内容中来。

一、对学生进行"三观"教育

高校思政课的首要任务是培养学生具有正确的价值观念，即正确的世界观、人生观和价值观，是人们对待生活拥有正确的人生态度，也是人们正确认识世界和改造世界的强大思想武器。对学生进行"三观"教育，对于高校学生明确工作和生活的方向、树立科学的世界观和方法论、形成积极健康的生活态度具有重要的意义。

（一）对学生进行科学的世界观教育

世界观是人们对世界的总的看法和根本观点。引导并教育学生用正确的世界观认识世界和改造世界，将会促进社会的发展。而错误的世界观对人们认识世界将产生阻碍，阻碍人们改造客观世界和主观世界。高校思政课应以系统、科学的马克思主义世界观对学生进行教育，对学生进行历史唯物主义和辩证唯物主义教育，使学生能用科学求实的态度对待生活，不作假、不浮夸，减少学生实践的盲目性，形成对世界的正确认识。

（二）对学生进行科学的人生观教育

人生观是人们在社会实践中形成的对于人生目的和意义的根本看法，也是世界观的重要组成部分，它决定着人生道路的选择方向、对待生活的态度和人们实践活动的目标。在学习和工作中，高校学生在学习和生活中难免会遇到挫折，有的学生承受能力有限，难以抗拒生活中的困难，遇到困难就倒下；有的学生因为之前高考失利，对生活失去信心，抱着混日子的态度学习和生活，甚至还对学校老师和学生产生敌对情绪，这种消极悲观的心态对学生的健康发展是很不利的。因此，思政课教学过程中，对学生进行马克思主义的科学人生观教育，使学生真正认识人生的真正价值在于对他人和社会的贡献；引导和帮助学生以积极的态度面对人生道路上的困难和挫折、生存和发展的问题，坚决抵制悲观主义、享乐主义的人生观，树立为人民服务的人生观。

（三）对学生进行科学的价值观教育

价值观是人们在一定环境中所产生的动机、目的、需要和情感意志的综合体现。它是指人们关于什么是价值、如何创造价值、怎样评判价值等问题的根本观点。随着社会经济的发展和社会转型以来，西方的价值观念和传统的价值观念对人们的价值观产生冲击，出现价值观念多元化。这些变化对学生的价值观念产生影响，使学生不知道自己信仰什么价值观念，一定程度上动摇了学生的信仰，甚至造成了学生的信仰空白。有的学生产生极端个人主义，为了自己的私人利益不惜牺牲家人、他人的利益，对他人造成严重的伤害。因此，在高校思政课教学中，教师应该用社会主义核心价值体系引导、教育学生，使学生认识到集体利益高于个人利益的意识，正确处理好个人利益与他人利益、个人利益与集体利益的关系，形成与主流价值观相统一的价值观。

二、对学生进行职业道德教育

高校思政课重要的一项教学内容就是培养学生形成良好的职业道德，这也是高校教育特点在思政课中最直接的体现。从业者不仅要求具有良好的职业技能，同时还要求从业者必须具有良好的职业道德。因此，高校思政课教师要重视对学生进行职业道德教育，有针对性地突出职业道德教育，细化职业道德教育内容，对不同的年级、不同专业学生的职业道德教育的内容有不同的侧重点。

（一）对学生进行职业理想教育

高校学生必须具备职业理想，因为这是高校学生在职业活动中的最高期望和奋斗目标，是高校学生人生理想的重要部分，对学生未来的职业行为起着引导和激励作用。高校思政课教师要引导、帮助学生树立远大的职业理想，激发学生提升职业奋斗目标，使学生认识到职业理想的作用和意义，并为自己的职业理想付诸努力。同时，高校思政教师要引导学生结合自身实际掌握一些实现自己的职业理想的方法与途径，包括对学生进行职业生涯的设计指导、基本的人际关系的处理指导，求职择业的方法指导，继续学习深造的指导等。

（二）对学生进行新时代职业精神培养

在新时代，科学技术正以迅猛势头在发展，各国之间竞争日益加剧，交流日趋频繁，使得从业人员在以后的岗位中必须具有新时代职业精神。首先是创新精神。创新是一个国家、一个民族不断发展的关键条件。同时，一个企业，要想在行业领域处于优先地位，也需要不断发展、创断。培养高校学生的创新意识是实施素质教育的重要任务，是职业道德教育的内在要求。现代职业精神的培养要求学生树立创新的理念，认识到创新的重要性，并在工作和学习当中掌握职业创新的方法和途径。其次是竞争与合作精神。新时代的到来，意味着竞争与合作的到来。21 世纪是竞争愈演愈烈的世纪，对人才的素质要求越来越高，高校学生必须正确对待在工作和学习竞争中遇到的种种挫折，正确认识竞争与合作的辩证关系，敢于竞争，善于合作，培养团队协作精神，与他人建立良好的关系。①

三、对学生进行心理健康教育

高校学生必须具备健康的心理素质，这也是对高校大学生的基本要求。新时代社会需要的人才不仅要有良好的思想道德品质、文化素养、专业技能和身体素质，还必须具备健康的心理素质。因此，对高校学生进行心理健康教育不仅是时代发展的需要，也是高校思政课教师的责任，也是为了适应新时代社会全面发展对培养高素质、综合性、技能型、应用型人才的必然要求，它对于培养高校学生具有良好的个性心理品质、促进高校学生身心健康发展、文化和专业素质协调发展具有重要作用，有利于提高高校学生适应能力，增强高校思想政治教育的针对性、主动性和实效性。

一是对学生进行自我意识教育。高校思政课教师应对学生进行自我意识的指导，包括引导学生正确认识并面对自己的学习和生活、心理特征，学会发挥自己的特长，挖掘自己的潜力，正视自己的优缺点，妥善安排自己的学习和生活，合理分配时间，引导学生了解自己的价值，确立适合自己各方面发展需要的目标，并为之努力。在这个过程中，自然而然地帮助学生树立自信心，提高自尊，战胜自卑，在学习和生活中学会自我管理、自我调控和自我发展。

二是对学生的情感疏导教育。高校有及个别学生受各方面条件限制，心理不平衡，逆反心理存在，通常看不上老师和身边的同学，抱着混日子的态度来高校学习。尤其当学校的师资力量、教学条件、教学水平与其期望有所差距时，难免会产生浮躁的情绪，对学校和教师的正常教学秩序产生抵触心

---

① 陈丽萍，新时代高校思想政治理论课教学改革研究［M］．湘潭：湘潭大学出版社，2021：98.

理。新时代的高校学生大多是家里的独生子女，在家里过着饭来张口、衣来伸手的养尊处优的生活，有时候会将自己的坏脾气发泄给身边的同学，与同学的相处也产生一定的问题。因此，在思政课教学过程中，思政课教师应引导学生了解自己的情感，学会正确认识自己的情绪，控制自己的情绪和情感，正确面对校园爱情中的失恋问题，使学生在乐观、积极的情绪中健康成长，并向身边的人传递正能量。

三是对学生进行就业心理辅导。随着社会经济飞速发展，高校不断扩招，高校学生的就业压力也越来越大，很多即将毕业的高校学生因为担心找不到工作做噩梦、失眠等，出现各种心理问题。有的高校学生甚至因为承受不了这些诸多压力选择自杀，也有个别学生在参加工作后发现从事的工作和当初的理想职业有明显差距多次离职。因此，高校思政教师必须采取强力措施对学生进行心理辅导。例如，可以成立心理辅导室，聘请具有过硬专业素质的心理辅导教师，疏导学生的心理问题；教师在授课过程中，积极引导与鼓励高校学生大胆讲出自己的问题与困惑，教师及时给予解答；引导学生树立正确的择业观念，使学生树立干一行爱一行的职业平等观；心理辅导教师对学生进行相关的挫折训练，使学生在困难中坚强起来。

四、对学生进行法制观教育

对高校学生进行道德、法律和纪律教育是维护社会秩序的重要途径。高校思政课教师在对学生进行法制观教育时，要把对学生的职业道德、法律和纪律要求紧密结合在一起。要求学生严格遵守法律和在今后的职业活动中的道德规范及各项规章制度，让学生自觉遵守国家的法律和纪律，正确行使自己的权利，维护我国的法律秩序，真正做到学法、知法、懂法和守法，并善于运用法律捍卫自己的合法权益。

五、对学生进行形势与政策教育

在新时代，对高校学生进行形势与政策教育是非常有必要的。形势与政策的教育内容包括国际国内热点难点问题、马克思主义的形势与政策观教育、高校学生的就业形势与政策。对学生进行形势与政策教育，宣传我国现阶段的方针政策，有助于帮助学生更好地认清形势，引导学生正确分析国际国内发展的变化，明确自己奋斗的目标，更好地处理好眼前利益和长远利益、个人利益与集体利益、国家利益的关系。

（一）对学生进行国际国内热点难点教育

新时代高校学生思想活跃，他们关心国家大事，能力很强，关心国际的变化，了解外界信息的渠道很多。他们关注国际国内重大的时政问题，如"新冠疫情""十九大""十九届五中全会""台湾问题"等，这些都会引起学生的思想波动和广泛关注。对于这些学生关注的问题，思政课教师应引起高度重视，及时调整所讲授的内容，引导学生用马克思主义的形势与政策观分析身边发生的重大国内外问题，引导学生认真探究问题、澄清是非，探究问题发生的根源，统一学生的认识，维护社会的稳定。

（二）对学生进行马克思主义形势与政策观教育

马克思主义形势政策观是高校学生分析时事、看待世界的世界观和方法论，也是我国高校形势与政策教育教学的重要内容。高校思政课教师必须引导学生正确分析国内外形势，正确掌握党和国家方针政策这一基本理论武器，提高高校学生分析问题、解决问题的能力。因此，思政课教师在具体授课过程中要引导学生夯实自己的理论基础，引导学生学会用马克思主义形势与政策观分析国际国内发生的热点、难点问题。

（三）对学生进行就业形势与政策教育

新时代高校学生普遍关心自己未来的就业问题，他们非常关心自己所学专业的就业形势和政策。事实上，高校思政课教师面对的是不同年级不同专业的所有高校学生，教师应综合考虑为不同年级不同专业的学生分析当前高校学生的就业形势。特别是合班上课时，教师应根据学生所学专业的特点，配合学生所学的专业知识学习，带领学生分析本行业、本专业的就业形势与政策，让学生了解自己未来的就业前景，帮助学生把握国家或者地区的就业政策以及将来所从事行业的就业形势与政策，提前让学生全面提高自己的综合素质，提升自己的就业能力。

六、对学生进行社会实践教育

高校思政课除了安排合理的理论课之外，也必须安排适当的社会实践课。高校思政课的社会实践是高校学生社会实践活动的重要组成部分，主要内容包括：理论宣讲、社会调查、参观考察红色之旅、拜访先进人物等。

（一）组织学生进行理论宣传和社会调查

高校思政课包括马克思主义基本理论知识、党的方针政策和当前的形势与政策等内容，具有很强的理论性。一方面，通过思政课第一课堂的理论教学，学生已经初步掌握了相关理论知识，为了让学生更好地巩固学习成果，高校思政课教师可成立学生宣传小组，到农村、社区、学校等地方宣传党的方针政策、马克思主义理论和当前的形势与政策。学生在宣讲的时候，对于发现宣讲对象存在的各种问题，及时记录，回校后与思政教师一起讨论解决方法。另一方面，高校思政教师还组织学生就社会问题进行社会调查，如学生在学习过程中遇到的问题、社会热点问题、教材中的重难点等问题开展调研，撰写调研报告，形成调研结果。这样一来，一方面有利于提高学生的思想政治素质和理论素养，另一方面加深学生对思政课理论内容的理解，有利于学生形成运用正确的理论和科学的方法分析和解决问题的能力。

（二）组织学生进行红色旅游考察

高校思政课教师可组织学生到当地的红色旅游景点进行参观考察，重温革命先辈们的革命生涯，激发学生的爱国热情。同时，教师还可组织学生到当地或者附近的博物馆、革命纪念馆、烈士墓园等参观考察，让学生更进一步了解我国的历史，增强学生对国家、社会主义的热爱，培养学生的家国情怀、爱国热情和社会主义精神。此外，思政课教师还可引导、组织学生访问当地先进人物，特别是本行业、本专业的模范人物、先进人物，用先进人物的鲜活事例教育学生，通过发挥先进人物的模范带头作用，使学生全面认识自己，激发学生的荣誉感和社会责任感，并在学习中不断完善自己。

高校思政课的教育教学是高校思想政治教育的一个重要组成部分，是由各方面因素构成的。以上是根据高校思政课教学的特点、高校学生的实际情况选择几个重要的方面进行阐述。除此之外，高校思政课的内容还应该包括对学生的思想教育、成才教育、爱国主义教育、社会公德教育、社会主义教育和婚恋观、家庭道德教育等，这些也是对高校学生进行思想政治教育的重要因素，是我们继续研究的材料。

第四节　创新思想政治理论课的教学方法

科学合理的教学方法是保证高校思政课保持良好教学效果的重要前提。教学方法包括教师采取的教学手段、教学模式等。教学方法有理论与实践相结合的方法、案例教学法、启发式教学法、任务驱动教学法、案例教学法等。

一、案例教学法

案例教学法是以案例为媒介，引导教师与学生共同对案例进行分析，共同探究、分析案例中的相关逻辑关系，最终得出结论的一种教学方法。案例教学法是由哈佛商学院（HBS）首创的管理教学方法，这种教学方法主要是通过社会发生的真实事件作为教学的主要内容，教师与学生一起分析、讨论该案例，通过师生的交流，商量得出相关结论。案例教学法最重要的特点便是能将枯燥理论通俗化，能够通过学生们容易理解的事件，经过教师与学生的共同探讨，在分析案例的过程中得出道理，得出一般理论。基于案例教学法的本身优势及高校学生的特点和高校思政课题的实际情况，将案例教学法运用于高校思政第一课堂之中，是一种比较切实可行、效果较好的路径方法。

在高校思政课堂上，运用案例教学法，通过特定的方式向高校大学生讲述案例，引导学生分析、探究案例，促使高校大学生更加容易理解思政理论，并将所学理论内化于心、外化于行。

（一）案例教学法在高校思政课堂中的特征

一是案例的政治性。在高校思政课教学中，该课程的性质决定了在课堂上使用案例教学法的方向便是政治性。坚持政治性是思政课的首要任务，讲政治是第一要求。因此，在高校思政课堂上，将政治性贯穿于课堂始终是至关重要的。

二是案例的争议性。案例的争议性，决定了在高校思政课堂上是否适合采用案例教学法的关键点。案例教学法的运用，重点落在教师和学生对案例的探索和分析之中。案例教学法的最大特点就是需要通过师生共同讨论、分析，最终从中得出结论，因而案例的选择不能太简单，应该是比较复杂的甚至是有争议性的，而不是那些不需要进行思考大家一眼就能看出结论来的案例。因此，案例具有争议性，一方面拓展了学生自我思考的空间，另一方面对高校思政课教师的总结归纳能力也起到促进作用，属于双赢。

三是呈现的形象性。在选好案例后，怎样在学生面前生动形象地呈现，这是一门艺术，值得高校思政课教师仔细思考。案例的呈现方式可以多样化，教师可以借助多媒体技术，也可以通过教师的语言、表情、动作等进行展示。在呈现案例的教学过程中，需要教师潜移默化而非刻意地将学生带入案例情景之中，让学生通过倾听或者观看具体的案例，将枯燥的理论在脑海中形象化，更好地理解理论。

四是效果的启发性。坚持"以人为本"，在最开始呈现案例时，不把案例的主题目标显现出来，重要在引导学生发挥主观能动性分析案例、探究案例。高校思政教师引导高校学生运用科学的方法对案例的深层含义及相关拓展性和延伸性问题进行探究，引导学生自我探索、自我思考，达到启发式的教学的目的。

（二）案例教学法在高校思政课堂中的流程

1. 课前准备

课前准备包括案例选取、案例理解及课堂实施三个方面。首先，高校思政课教师对自己在课堂上需要向学生传授的知识具体是什么，全面理解该知识，吃透知识。在理解的基础上，选取合适的案例，通过一定的方式如播放视频或者教师口头讲述的方式在课堂上向学生呈示案例。其次，教师在选取好案例之后，结合学生需要从案例中掌握的理论和案例本身具备的特征，教师灵活驾驭课堂活动，制定详细周密的在教学过程中案例实施的流程，案例的实施流程一定注重细节，考虑可能出现的多种状况，避免出现差错。最后，高校学生在充分了解案例及案例实施流程后，运用自身的知识储备和各种方式对案例进行分析、探究，教师也参与其中与学生一起分析、讨论案例中的逻辑关系以及蕴含的深刻含义，直至学生完全消化吸收案例，为后续的课堂参与做好准备。

2. 课堂实施

课堂实施流程一般分为学生个体分析、分组讨论和教师总结三个部分。首先，教师让学生通过观看或者倾听案例，整理案例中的资料，初步形成自己的观点。其次，进行小组讨论，小组讨论需要充分，在遇到个别小组讨论不充分的时候，教师下到小组中，了解具体情况，并引导小组成员深入分析案例。各小组成员在讨论中充分表达各自对案例的认识与思考，成员在讨论过程中应尊重每个成员的意见。在讨论中碰撞出思想的火花，小组讨论能起到汇集小组成员智慧的目的，最好形成小组的统一观点。还有一种情况，便是小组成员在讨论时可能出现彼此观点不一致的情况，此时应该尊重每一名成员，保留各小组成员不同意见。最后，每一小组派代表阐述本小组意见，教师做总结，进一步深化学生对案例的理解，明白其中蕴含的深刻道理或者理论。

3. 课后实践

高校思政课堂最终的目的是让高校学生对课堂上的知识完全掌握透彻，并将知识内化于心、外化于行。在教师总结各小组讨论结果后，学生到底有没有理解并彻底掌握知识点？需要进一步落实到实践行动上去。在课堂中，教师通过分享真实案例，将枯燥思政理论与现实有机结合起来，目的是让高校学生对抽象理论知识的理解更加深入、透彻。在课后，思政教师也应引导学生在认识理论并彻底掌握的基础上，将所学理论运用到于平常生活的实践中去，消化吸收理论并将理论为己用，切实做到理论联系实际，促进高校学生的自我提升。

（三）案例教学法在高校思政课堂中的积极作用

1. 实现教师与学生的双向互动

事物的性质起决定性作用。要打造充满活力的高校思政课堂，思政教师和高校学生必须共同参与努力。仅仅强调依靠高校思政课教师的主体作用，单靠教师单方面的灌输，容易使学生产生疲乏感甚至厌倦感，难以使思政课堂顺利进行，再加上高校学生自我思想、自我约束力还不够成熟等特点，容易使整个课堂走偏。在高校思政课堂上，采用案例教学法，教师在教学过程中引导、启发学生分析案例，学生积极参加与到教学过程中，案例成为连接师生的重要纽带，最终在教师与学生的良性互动中得出道理或者理论，初步实现教学目标。

2. 提升学生自主学习能力

案例教学法重在引导学生进行自我思考，摆脱以往传统的"灌输式""填鸭式"教学模式，高校思政课堂不再是教师单向向学生灌输知识的传播平台，而是激发学生主动学习的激情。教师在课前向学生发布案例内容，学生在课前查阅相关资料，为全面了解相关知识做好充足的准备。在课堂上，通过教师与学生之间展开的头脑风暴，使学生加深对案例的认识，深刻分析案例，提升学生的逻辑思维能力。课后，教师总结在课堂教学中产生的问题，并引导学生对相关问题进行思考，学生的反思能力得以增强。

3. 提升高校思政课堂的活力

一直以来，高校思政课堂便是思政教师"唱独角戏"的课堂，"我说你听"是传统高校思政课堂的真实描述，加上思政课本身理论性较强，学生学习起来觉得枯燥无味，甚至对思政课产生厌烦情绪。将案例教学法引入高校思政课堂中，引入的案例一般形象生动，改变了以往高校思政课堂"一潭死水"的面貌，增添了高校思政课堂的活力与魅力。在课堂教学过程中，注重引导学生自主思考问题、分析问题，增强学生自主学习的兴趣，提高学生积极学习思政知识的兴趣。针对案例教学，教师与学生进行良好互动，彼此之间甚至产生了火花，这样一来，提高了高校学生对高校思政课堂的期待值。

4. 提升高校思政课堂实效性

通过案例教学法，高校学生通过课前自主学习，课堂中与教师一起对案例进行分析，课后总结反思，彻底弄懂案例，对理论的理解更加深刻。在案例分析讨论过程中，教师通过听取高校学生对案例的分析，了解高校学生真实的想法，根据不同学生对案例的反应，教师有计划地针对不同特点的同学进行不同的指导。

高校思政课上引入案例教学法，一方面提高了高校学生学习的主动性，另一方面加深了教师对学生真实思想理论状况的理解，提升了高校思政课堂的实效性。

二、分组教学法

（一）分组教学法的含义

分组教学法是指"根据学业水平、能力、性别、个性等特征差异，将学生分成若干个学习小组，并对小组内部成员进行组织划分，通过提出共同任务激发小组成员通过合作、互动、交流等方式达成目标的教学方式"。分组教学法，将班级学生分成若干小组，布置相关任务，小组成员开展合作，完成教师布置的任务。分组教学，目的是让学生在分工、合作中共同完成教师布置的任务，一方面能培养团队合作和竞争能力，另一方面还能调动学生参与教学的积极性，促进学生全面发展。同时，还有利于提高学生在实践中将所学知识内化于心的实践能力、提升学生语言表达能力和组织管理能力。分组教学还可改变传统教学中"满堂灌"的教学模式，充分发挥学生主体性。分组合作教学法强调学生之间的相互合作，发挥每个学生的主动学习能力，以合作学习理论为基石，更加注重学生的主体地位。在分组合作教学中，因地制宜、因时制宜、因材施教，能有效地做到坚持统一性和多样性有机结合起来，一方面能兼顾到不同特点学生学习情况，另一方面能按时达成教学目标。

高校思政课采用分组合作教学法，坚持灌输性和启发性相统一，注重挖掘学生学习的内在潜能，充分体现学生的主体地位，同时也充分发挥了思政教师在授课过程中的主导作用。高校思政教师要引导学生发现问题、探究问题、解决问题，学生在循序渐进的学习中水到渠成地得出结论，获得真知。开展分组合作学习，充分体现了师生之间平等交流的关系。学生在组内合作、组间竞争的基础上，与教师共同努力打造出一个学生积极、老师风趣、师生关系融洽、内容充实、课堂生动的思政课教学氛围。

（二）分组教学法的步骤

分组教学法的具体实施步骤如下：第一，分组和确定小组长。分组是分组教学的第一步。一般情况下，教师根据学生学习特点、习惯、学习能力，按照高、中、低三个层次进行分组，5人左右为一组，这是比较科学合理的分组方法，也可由学生自由选择，但是这种分组法在考虑学生高、中、低层次方面欠佳。为加强小组管理和顺利完成教学任务，分组后，教师或者小组成员选拔有一定组织管理能力、认真负责的同学担任小组长，这样便于小组的管理和顺利完成教学任务。第二，教师在分组的基础上，根据教学内容，设计小组活动任务。在设计活动任务时，教师要根据最新教育理念，合理巧妙地设计教学内容和教学形式，从传统的教学活动的宣讲者转化为设计者，重视学生的主体性，充分发挥学生主体作用。第三，制定小组学习或活动的规则。为了避免小组合作流于形式，规范分组教学，要充分发挥小组长的作用，制定出小组长和小组成员职责规范，小组学习或活动过程记录表，明确奖惩制度，并强调各小组成员的分组合作教学中的表现与考核挂钩。第四，分组展示学习或活动成果。小组合作的最后环节便是展示小组分组合作学习成果，也是锻炼学生口头表达能力和胆量的好机会，锻炼学生自信心，也是课程过程性考核的依据。

（三）分组教学法的意义

1. 有利于提高教学实效

小组成员在分组学习中，能坦诚表达各自的想法和学习心得，发挥主动学习、开动脑筋思考的好习惯、好精神，在讨论交流中不断碰撞出思想的火花，坦诚交流自己的经历和在这次学习过程中的体会、对知识的理解等，将思想理论课教材中的知识即间接经验，转化为直接经验即学习体会和心得，调动学生主动学习的积极性，促进理论知识的理解和吸收。同时，学生在交流过程中产生更多的理解和共鸣，帮助学生解决学习过程中遇到的各种问题，有利于学生与学生之间关系的拉近以及融洽师生关系，从而达到了充分调动学生学习主动性和积极性、贯彻理论联系实际的教学要求，提高教学实效。

2. 有助于思政课教学改革

目前大多数高校的思想政治理论课第一课堂普遍采取大班教学，每个大班的人数达到 70 人以上，教学过程中因为人数较多，效果不佳。分组教学法打破了传统灌输方式，便于更好组织课堂、活跃课堂气氛。课堂上以分组形式开展教学，小组充分进行交流讨论，分享学习心得和体会，有时候小组开展社会调查、共同制作 PPT、微视频等，进行小组成员之间内部汇报。有时还以小组为单位开展校内外考察参观等，加强了小组成员的综合能力的锻炼，强调学习过程考核，改变了传统的期末一次性考核评价方式，创新高校思政课教学改革方式，为教师最后对这门课的教学评价改革提供依据。

3. 有助于提升学生综合素质能力

分组教学法强调小组成员的分工合作，有利于提升学生合作竞争意识，提高小组成员的沟通交流能力、运用现代信息技术能力、语言表达能力等，有利于教师布置的教学任务的完成。小组成员就教师布置的课前任务开展社会调查，很好地锻炼了学生合作能力；小组成员就学习问题进行讨论交流，提升学生语言表达能力和思维能力，搭建学生沟通交流平台；小组成员就学习的任务共同制作 PPT、微视频并进行汇报，提高学生运用现代信息技术的能力，同时还能锻炼学生的口头表达能力以及胆量；以小组为单位的进行校内外参观考察，小组长和小组成员必须进行充分准备，准备过程中锻炼了小组长、班干部以及小组成员之间的协调管理能力。

三、问题导向教学法

(一) 高校思政课问题导向教学法的内涵

坚持问题导向是马克思主义方法论中的一种，是以解决问题为指引，集中所有的资源和力量去分析问题、研究问题，并力求寻找问题答案。问题的存在是需要研究讨论并加以解决的疑难点。就学生而言，通过对问题的探索、追问和解决，提高自身的创新能力和认识能力。因此，如何发挥问题在高校思政课教学过程中的价值，就成了问题导向教学法的关键点。在高校思政课教学过程中，问题导向教学方法，主要是指高校思政课教师在教学过程中以问题为导向开展教学活动，引导学生分析问题、探究问题，最后解决问题，在此过程中形成正确的政治认同与价值观，提高思政课的教学效果。

高校思政课的问题导向教学，遵从发现问题—提出问题—分析问题—究问题—解决问题的严密逻辑。不难看出，其中的逻辑起点是发现和提出问题，目的在于解决问题。要通过分析问题、研究问题，找到问题的答案，形成共识。首先，问题导向教学的第一步是发现问题。因此，高校思政课教师采用问题导向教学首先要求有问题意识，要聚焦教材重难点、社会热点、思想疑点等领域，有意识针对性地提出问题。特别要说明的是，教师提出的问题必须是真问题而不是假问题、伪命题，只有这样，才能完成问题导向的逻辑全过程，完成思政课的育人实效。其次，正确分析研究问题是重中之重。提出问题只是第一步，也不是简单地向学生抛出问题，需要教师引导学生一起思考问题，分析研讨问题，将问题的根源和本质寻找出来。同时，这也要求高校思政课教师不仅要政治立场坚定，又要有发现问题的敏锐、正视问题的思维逻辑、把握问题本质的睿智；也要求我们运用辩证唯物主义和历史唯物主义方法深入分析与研判问题，必须全面、透彻地分析研究问题，得出解决问题的正确结论。最后，解决问题是根本。提出问题是第一步，但是如何解决问题需要花费大量精力。问题的答案并不能从天而降，需要通过思政课教师引导学生思考问题、分析问题、探究问题，学生从中找到问题的解决办法，从而达成思政课的效果。

高校思政课采用问题导向这一教学方法，不仅可以培养学生的问题意识，而且对增强学生的全面分析问题的逻辑思维能力有很大的推动作用，更重要的是能帮助高校学生解决对一些理论或现象的困惑。

（二）高校思政课问题导向教学法应遵循的基本原则

1. 价值性原则

思政课的根本任务是要着力解决"培养什么人、怎样培养人和为谁培养人"这一根本问题，要坚持政治性和学理性相统一、价值性和知识性相统一。这是高校思政课教学改革必须坚持的方向。这就要求高校思政课教师在知识的传授过程中，要用力量强大的真理引导学生处理复杂多变的国际国内形势，用新时代中国特色社会主义思想武装学生的头脑，坚决拥护党的理论体系、党的路线方针政策以及发展战略；培养高校学生爱国主义情怀和坚定"四个自信"，坚持用奋斗与奉献、青春与实践去实现中华民族伟大复兴的中国梦，成为中国特色社会主义的建设者和合格的接班人。因此，问题导向教学要紧紧围绕问题提出和教学引导这一价值目标，要让问题导向与价值导向高度一致、有机统一。否则，问题导向教学就会迷失方向，失去意义。

2. 引领性原则

导向是行动的指引和方向。办好思政课要坚持教师主导性和与学生主体性相统一，其实质就是要求教师有效发挥主导引领作用。高校思政课采用问题导向教学法，正是坚持教师主导性与学生主体性相统一的体现。随着互联网技术高度发达、社会快速发展，新时代高校学生的思维模式、认知模式、交流工具等学习工具和学习方式较以往的高校学生来说发生了极大的变化，他们独立性强、有一定的主见，思想认识具有鲜明的建设性和批判性，呈现个性多元化特点。高校学生面对当前复杂的社会现象时，在评价和选择的过程中，学生会出现迷茫或者困惑，这就需要高校思政课教师做好思想引领导向。因此，在问题导向教学过程中，高校思政教师要始终凸显教师的主导地位，引导高校学生在分析、研究问题的过程中坚持思想引领和价值引领作用，及时准确解答学生提出的困惑或疑问，对学生的偏离的认识甚至不正确认识要加以回应和剖析，让学生真正弄懂问题症结所在。通过教师的引领指导，学生最终找到问题的正确答案，正确把握问题的实质。比如，在《毛泽东思想和中国特色社会主义理论体系概论》这门课中，讲述社会主义核心价值观这一专题时，可向高校学生抛出"网红"问题，不能将"网红"一棍子打死。因为有些"网红"带着满满的正能量，有些"网红"则对青少年的价值观的形成带来很大的负面影响。高校思政课教师要正面面对这类问题，引导学生深入剖析出现这种现象背后存在的深层次原因，正确辨识哪些是富有正能量的"网红"，哪些是可能会给他们带来负面作用的"网红"，帮助学生树立并践行社会主义核心价值观，自觉抵御"网红"乱象带来的负面影响。

3. 实效性原则

高校思政课教师开展问题导向教学，要深入开展学情分析调研，立足学生的实际情况，真正掌握高校学生的特点、他们关注的社会热点以及难点，在此基础上，有目的性、有针对性地提出问题，引导学生发挥主体能动性作用，引导他们积极参与分析研讨，激发学生分析和探究问题的热情，形成有效的良性教学互动，增强思政课的思想性、理论性、针对性和亲和力，提高实效性。在具体实施问题导向教学时，高校思政教师提出并引导学生分析问题时应注意以下问题：一是提出的问题要与学生的认知水平相适应。不能提出学生根本无法从何下手回答的问题，这就需要高校思政教师把握好问题的难易度。二是问题的分析能引起学生兴趣。高校思政教师提出的问题能否得到广大学生的参与，能否让学生广泛参与探究，能否引起广大学生的兴趣，这是一门艺术，需要高校思政教师好好揣摩与思考。

4. 一致性原则

高校思政课采用问题导向时，教师设计出的问题不能凭空而出，必须与教学内容、教学目标保持高度一致。问题导向教学必须紧紧围绕教学目标和教学内容挖掘问题，因为它是为了有效教学而提出的问题。在高校学生的学习生活中，他们面临着各种问题，但并不是出现在他们面前的所有的问题都是高校思政课教学所需要的。教师要选择与教学目标和内容相符合、相一致的问题，以实现问题导向教学的合规律性、合目的性。这就需要高校思政课教师用动态的、发展的眼光去认知问题、挑选问题，要站在新时代的视角去选择、分析问题。在高校思政课教学过程中，特别要注意不能用过去的"老问题"来剖析当前现实中新时代高校学生面临的新矛盾。比如，在讲现阶段我国社会主义主要矛盾这一问题时，因现阶段我国社会的主要矛盾已经由"人民日益增长的物质文化需要同落后的社会生产之间的矛盾"转化为"人民日益增长的美好生活需要和不平衡不充分的发展之间的矛盾"，向学生讲解这一问题时，就不能引用过去社会物资紧缺现象来分析。虽然不管过去还是现在都存在物质紧缺现象，但是不同时代存在的广度和时间性是不同的，导致过去物资紧缺的主要原因是因为社会生产落后，且物质紧缺的现象是普遍长期存在的。而新时代出现物资紧缺的现象也只是部分的、暂时的、特殊的，因为社会生产已进步。因此，采用问题导向教学法，需要密切结合教学内容的时代性和典型性来展开。

（三）高校思政课问题导向教学的实现路径

高校思政课采用问题导向教学要想取得实际效果，除了遵循上述四个基本原则之外，还需要遵循教育教学的基本规律，从理论与实践、教师与学生、课堂与课外等不同维度加强互动，善于将课堂教学设计和实践验证相结合，最终将教学内容内化为学生的思想认同与价值认同。

1. 要精心设计问题导向教学过程

高校思政课教师作为问题导向教学的主导者、组织者，为了将问题导向教学真正落到实处，发挥其应有效果，要做好"四个精"。一是精心设计教学。高校思政课教师备课过程中，要从整体上把握教学内容，精心设计预备实施的问题导向教学过程，精心提出和分析问题的方法、步骤，对于在教学过程中出现的问题安排精心讲解的时间，对于在课程教学中可能出现的各种问题，都要设计好应对策略，做好精心准备，尽量做到自信引导、心中有底。二是精选提出问题。高校思政课教师要吃透教材，深入分析教学目标和教学内容，精心选择最具有针对性、代表性和探究性的问题，使其能真正对焦教学内容。三是精准分析问题。高校思政课教师向学生分析问题时要精准、全面、到位，要以彻底的思想理论说服学生，以精准透彻的学理分析引导学生，不可只察一面、只观一隅，更不可模棱两可、似是而非，甚至误导观点、哗众取宠，而要以清晰的逻辑分析、深厚的理论功底和强大的真理力量赢得学生、感召学生，让学生从教师的讲解、自己的领悟中自然而然得出结论，让课堂教学水到渠成。四是精准解决问题。高校思政课教师在与学生一起解决问题时不能拖泥带水，要清晰明白，明确告诉学生结论究竟"是什么"，让教学内容真正进入学生头脑。

2. 要积极引导学生主动参与

高校学生是思政课教师采用问题导向教学的主体，教师要引导学生主动广泛地参与问题的交流、讨论与分析，着力在"三个情"上下功夫。首先，要精选学生感兴趣的适合教学内容的问题来激发学生的激情。增强高校思政课的思想性、针对性、感染力、吸引力，高校思政课教师要根据教学内容以及学生的实际情况和认知规律特点，设计出的问题要从能调动学生积极主动参与研究分析问题的视角出发，激发高校学生参与的热情与参与的广泛性。其次，要激发大学生的主体性意识情绪。只有唤起高校学生的主体意识，高校的思政课堂才算得上是成功的课堂。高校学生的主体意识被激发后，他们就会自动调节并解决学习和生活中出现的问题与矛盾，从自发性层面自觉提升促进自己全面发展的格局。只有有效激发起高校学生的主体性意识，高校思政课的教学效果才能真正得到保证。最后，在问题导向教学中要注重培养学生对民族、对国家和对人民的深厚情怀，只有具有强烈的爱国爱家情怀后，学生学习起来才有兴趣与激情。

3. 要结合实践有效性验证结论

高校思政课采用问题导向教学，无法只通过学生自身的理性思辨使得出的观点或者结论内化为自己的思想认同，需要结合理论、实践、现实加以比较，以验证结论的科学性和真理性。首先，对理论与实践进行比较。比如，为了让学生能深入理解所得结论，高校思政课教师可以采用实践教学，让学生在实践中对比融合间接经验与直接体验，加深对认知的进一步理解。其次，对过去与现在进行比较。对于高校学生学习和生活中遇到的一些发展性的问题，可以对过去与现在加以对比分析、纵向比较，来验证观点或者结论的正确性。再次，对中西方进行比较。比如，讲解中国特色社会主义民主政治时，为向高校学生全面深刻理解中国特色社会主义制度的优越性，可选择面对突如其来的新冠肺炎疫情，中西方两种社会制度采取的截然不同的措施以及中西方社会处理的具体情况，用最生动、最直观、最有说服力的一次现场教学就可以让学生深刻体会到中国特色社会主义制度的优越性。最后，对理想与现实进行比较。高校思政课教师要让学生明白理想与现实往往存在不一致性，需要通过辩证分析和理性对比引导学生正确认识到：理想来源于现实，理想高于现实，但是理想与实现存在较大的差距，理想的实现是一个长期而艰巨的过程，进而帮助高校学生理解和验证当前我国社会发展中遇到的一些问题。

4. 解决问题，落实立德树人根本任务

新时代的高校学生反应迅速，接受能力强，思维容易被带动，但是解决问题时缺乏理性思考。思想政治理论课是落实立德树人根本任务的关键课程。这为高校思政课办学指明了方向。高校思政课如何落实立德树人这一根本任务，这就成为高校思政课的办学方向。而如何落实立德树人这一任务，主要取决于高校学生如何在处理问题时坚持以马克思主义科学理论为指导，践行社会主义核心价值观。

四、情景剧教学法

（一）情景剧教学法的定义

将情景剧作为高校思政课第一课堂的教学手段开始于 2007 年，受到艺术专业采用戏剧教学法的启发，高校思政课教师尝试在思政课第一课堂上使用情景剧教学法，通过创设一定的情境，让学生在体验式中学习，大大激发了大学生学习思政课的热情，而且教学效果显著。自此以后，高校思政课教师开始在思政课第一课堂上全面使用情景剧教学方法。2015 年，本科院校思政课教师普遍引入情景剧教学法到思政课第一课堂上，实现了情景剧教学法的学生全覆盖和课程全覆盖。高校院校作为高等学校中的主力军，如何提升课堂教学质量一直是困扰高校教师的难题，作为高校课程中教学效果一直有待提高且非常重要的课程——思想政治理论课，该如何让高校学生喜爱它？高校思政教师一直在摸索。情景剧教学法的运用，给高校思政教师带来了福音。这是一种充分尊重课程教学规律、学生成长规律和思想政治工作规律的教学方法，通过创设学生自编、自导、自演、自拍的情景剧，达到消化、吸收知识点的目的以求获得最佳教学效果的教学方法，该教学法要求学生全员参与，教师全程指导。

高校思政课第一课堂引入情景剧教学法，要求高校思政教师进行集体备课，分析高校学生学情，形成教学策略，制定学生学习成果评价等环节，这是一种易于操作的、系统的、完整的教学模式。高校思政教师根据课程教学任务和教学目标，创设与教学内容相吻合的情景剧剧目选题指南。学生自由组团或者在教师的指导下组团，一般 6~8 人为一团队，根据教师颁布的选题指南，确定情景剧的主题，并围绕主题，发挥团队的创作才能，撰写剧本；

学生进行分工，分配好人物角色，拍摄录制成视频或者编排为舞台剧；评价方式采用小组自评、小组互评、教师点评相结合的多元评价方式，实现评价的相对客观、公平。最后教师进行点评，总结各剧组的表现。[①]

（二）高校思政课引入情景剧教学法的意义

1. 尊重学生成长规律，激发学生共鸣

高校思政课的授课对象是具有思维意识和思考能力的"人"——高校学生，他们是一群特殊的群体，不是简单的知识接受者和承受者，因此，高校思政课教学必须尊重学生的成长规律。

首先，尊重学生成长规律。如何将高校的教材体系向教学体系进行转化，这是高校思政课教师共同面临的一道难题。如果教师仅仅把教材中的知识点生搬硬套地搬到课堂，高校学生兴趣一定不高，教学活动亲和力一定不够。如何将教材中的知识点和基本理论巧妙地呈现在高校学生面前，这是一门艺术，高校思政教师必须采用学生喜闻乐见的方式加以呈现。因此，要激发高校学生对思政课的认同喜爱，激发他们的共鸣，首先要实现教材体系向教学体系的转化。情景剧教学法，将教材中的重点、难点与当前国际国内的热点、焦点问题，以及学生的学习生活等结合起来，容易激发学生的共鸣。通过回顾经典历史事件，激发高校学生强烈的民族自豪感和爱国热情，充分认识和领会到社会发展客观规律；通过演绎、分析社会热点现实问题，进一步加深高校学生对人生目的、人生意义、人生价值的认识和理解。通过创设情境，学生进入情境，唤醒学生主体意识，引导学生自主发现问题、探讨问题并力求解决问题。在高校思政课情景剧教学法过程中，教师要引导高校学生通过亲身体验，对思政课学习产生强烈的兴趣与认同感，学生对思政课产生共鸣，提升思政课教学亲和力。

其次，充分调动学生的学习主动性。新时代高校学生的一个显著特点就是他们愿意主动地探究思考问题，不愿意被动地接受教师灌输给他们的理论和知识。采用情景剧法教学模式，刚好可以突破这一局面。情景剧教学法，

---

① 陈丽萍，新时代高校思想政治理论课教学改革研究［M］. 湘潭：湘潭大学出版社，2021：109.

首先选定主题，充分发挥高校学生的创新性、自主性，允许每一团队成员根据自己的兴趣爱好、专业背景选择合适的情景剧主题，需要指出的是，高校学生在选定剧目主题时，要选择既具有前沿性、代表性、时代性的，又能自主发挥的主题。在具体实施时，表演学生将毫无生气的知识、文字折射到现实场景中，让学生深刻体会到思政课不再是枯燥呆板的课程。高校学生在撰写情景剧剧本时，教师指导学生分析问题、解决问题的能力在教学过程中潜移默化地形成，完成自我认识、自我践行、自我评价、自我提升的教育过程，为高校思政课教学的真学、真懂、真信提供坚实的基础。

最后，促进从理论到实践的转化，提升思政课的感染力。实践是检验真理的唯一标准。学生学习的目的是要将学习的理论转化为实践，解决现实问题，学会用理论联系实际的观点处理学习问题是高校学生必备的素质。

第一，在高校思政课中引入情景剧教学法时，高校学生将理论知识自然带入到具体情境中，进一步加深学生对理论知识的理解。思政课理论性、思辨性强，将理论带入具体的情境实践中，可以使学生更好地理解理论知识、增强学生对理论知识认知的广度、深度，促进学生学以致用、知行合一。高校思政课引入情景剧教学法，学生自编、自导、自演、自评情景剧，在这个过程中，学生自主探究学习，在学习过程中，进一步产生对马克思主义基本理论的认同，验证马克思主义理论的科学性；在此基础上，引导学生自觉运用马克思主义基本理论分析和解决问题、提高处理问题的能力。思政课情景剧教学法是对"理论联系实际"的积极回应，学生只有真懂、真信马克思主义基本理论，才会运用该理论分析问题、解决问题。

第二，体现了以学生为本，培养了学生的综合能力、实现了个体全面发展。在高校思政课引入情景剧教学法，将枯燥理论转化为学生的价值认同，培养学生形成正确的价值观，坚定了学生的马克思主义信仰。学生在准备情景剧的过程中，通过剧本编写、资料查阅、道具准备、演出排练、视频拍摄、视频制作等过程，增强了自主学习、创新实践、团结协作的意识，提高了思维能力、写作能力、语言表达能力、动手能力，极大地促进了高校学生的全面发展。同时，培养了学生的理性思维能力和自主思考能力，突出了学生的主体地位。

2. 发挥隐性教育功能，提升思政课的说服力

新时代高校学生接收信息的速度快、渠道广，思辨能力较强，但是对知识内容、理论观点的接收带有一定的抵触情绪，需要在思政课第一课堂教学活动中，做好潜移默化的隐性教育，提升思政课的说服力。

首先，制定好高校思政课教学目标，创设合适的学习情境，做好高校学生的思想政治教育。在高校思政课教学中，采用情景剧教学法，进行高校思政课的隐性教育，把握好课堂教学的系统性、前沿性、知识性、严谨性，围绕学习生活中遇到的难点、热点开展情景设计，努力利用和挖掘贴近学生现实生活的素材，重视学生的生活世界，多角度、全方位地把思政课学习与家庭生活、校园生活、社会生活有机结合起来；由高校思政课教师把控整个教育过程，学生创设恰当的学习情境，在这一过程中，充分发挥情景剧教学法在高校思政课教学中的隐性教育功能，引导学生认识和掌握人类社会发展的历史必然性、正确认识当代中国国情、掌握理想信念教育、正确认识自身的时代责任和历史使命。在实施中，通过高校学生的自主学习，增强学生的社会责任感，激发学生进一步理解与认知教学内容，达到养成素质、掌握知识、提高能力、坚定信念的良性教学循环。

其次，践行"三全育人"理念，形成大思政工作体制。在高校思政课采用情景剧教学法，学校要引起高度重视，建立开展情景剧教学法的联席会议制度，形成制度体系，不能让高校思政课教师唱独角戏，建立以马克思主义学院或者思政课部为主体，教务处、宣传部、校团委、学生处等各个部门联动的协同育人机制；调动学校其他部门的管理人员、教辅人员、知名校友等作为情景剧指导教师；在情景剧展演环节，学校在官微、官网等开设平台，扩大高校思政课情景剧的影响力。建立大思政的教育理念，通过多方合力，有效利用校本资源、社会资源，为高校思政课情景剧教学法提供人才、组织、经费等保障，形成"三全育人"格局。

（三）高校思政课情景剧教学法的运用策略

1. 践行教书育人活动的双主体理念

（1）以高校学生为主体，培养高校学生自觉意识。在高校思政课第一课堂中采用情景剧教学法，强调高校学生发挥自身的主体意识，注重学生的理论探究性、学习与实践性，在剧本主题拟定、剧本撰写、角色演练、反思改进等过程中，结合本学科知识，进行探究性学习，内化马克思主义的基本原理，培养善于发现问题、理性分析问题、有效解决问题的能力，培养高校学生正确的"三观"。在高校思政课引入情景剧教学法的全过程中，思政教师要充分发挥高校学生的积极性，主动学习马克思主义理论，形成高校学生自主学习理论的自觉意识。

在高校思政课第一课堂引入情景剧教学法，要求班级学生全员、全过程参与，给每个学生分配学习任务，通过这种体验式的学习，起到充分发挥学生的主观性和创造性的作用。这将对于学生的知识广度的拓展、创新意识的培养、实践能力的锻炼、精神生活的丰富等方面起到极大推动作用，有利于促进学生的全面发展。

（2）以教师为主体，全程指导与参与教学过程。在高校思政课第一课堂运用情景剧教学法，教师不能当旁观者，要积极引导、组织学生参与活动，要求学生以情景剧为载体，运用综合知识储备，进行协作性、自主性、研究性和创新性学习。同时，在具体过程中，教师全程指导并做有效监控，引导情景剧走上正常轨道，情景剧必须紧扣教材体系，围绕教学内容开展，避免将情景剧教学法变为纯娱乐性的文艺活动，避免观点评判、历史事实等方面出现偏差。在高校思政课第一课堂采用情景剧教学法，实现了线上与线下的有效衔接，是高校思政课第一课堂的重要组成部分与载体，增强了高校思想政治理论课的教学实效性，促进了高校思政课的整体发展。

2. 明确思政课情景剧教学法的教学属性

（1）充分体现马克思主义理论学科属性。在高校思政课属于马克思主义理论学科体系中的课程，在高校思政课第一课堂上，采用情景剧教学法，必须紧紧围绕马克思主义基本原理、马克思主义中国化的理论成果这两大主题，引导高校学生再现理论情境、历史情境、现实情境，在具体撰写情景剧剧本、演练等时候，进一步深化对理论知识的理解，提高分析问题、探究问题、解决问题的综合能力，并将科学理论内化于心、外化于行，将理论内化为自身信念与修养，极力做好高校学生的思想政治教育工作。

（2）紧密围绕思政课教学体系。在高校思政课第一课堂引入情景剧教学法，要求该方法与教材体系、教学目标、教学内容等方面保持高度一致。该教学法必须以高校思想政治理论课为基础，在高校思政理论课第一课堂上，使用情景剧教学法，必须严密遵循情景剧教学法的教学属性，紧紧围绕高校思政课教学任务与教学目标开展教学。引入情景剧教学法，是为了增强高校思政课第一课堂的教育性。在具体实施过程中，需要教师合理制订教学计划、合理安排教学时间，做到与高校思政课的课堂教学同步进行。

3. 抓好情景剧评价与展示环节

（1）把好教学评价关，完成教学内容的认同与升华。引入情景剧教学法，情景剧既是高校思政课的教学活动，也是教学成果。在高校思政课情景剧的评价环节，教师要事前做好评价指标体系的顶层设计，重点考察高校学生在情景剧中表现的对马克思主义的基本理论、社会热点与难点问题、个人道德修养、法律意识与法治思维等重要问题的认识与理解处理能力，对某一问题的分析与解决能力，切不可在设置评价指标体系时忽视学生对知识点的掌握和理解能力，避免将学生在情景剧中的表现评价占比过高。

在情景剧的互评环节，学生可以对本剧组成员和其他剧组成员的表现进行评价。检验学习效果，实现检验学生对课程知识点的理解、消化能力。同时，在学生的互评环节中，还可以发现学生对同一事件或不同问题的态度，这样便有助于高校思政课教师及时了解学生是否真正掌握知识点以及存在的问题。

（2）做好成果展示，扩大思政课情景剧的育人广度。对于经过师生共同评选出的获奖或者优秀的情景剧，教师一定要给它们找到合适的展示舞台，通过网络展播或舞台展演的方式进行至少为期两个月的展示。因为通过成果展示环节，一是加强了对在高校思政课第一课堂引入情景剧教学法的宣传，扩大影响力，同时还可以让学生在展示情景剧的过程中有获得感，为学生贴近生活、贴近中国特色社会主义理论与实践、贴近思政课进一步打下良好的基础。二是扩大了高校思政课第一课堂引入情景剧教学法的育人广度。情景剧不但是高校思政课第一课堂的教学成果，同时也能通过教学资源、教学案例、优秀剧目展示，让更多的高校学生通过表演、观看情景剧，进行自我教学活动反思，发挥该教学法的育人效果。

4. 做好情景剧教学成果的积累

在高校思政课第一课堂中引入情景剧教学法，所使用的情景剧剧本是很好的教学资源和教学案例。高校思政课教材体系呈现的是基本的理论知识，但是情景剧折射出来的是充分结合大学生自身特点的、思政学科的、鲜活的社会现实情境与历史情境。因此，高校学生表演的情景剧剧目是贴近大学生的、有效的教学资源与教学案例。高校思政课课堂引入情景剧，情景剧的排演、展示等环节依赖于多媒体技术，但是，高校思政课教师切忌将思政课第一课堂的课堂教学变为视频观赏课。教师根据教学内容和情景剧剧情需要，要在情景剧合适的关键环节选择暂停，带领学生就剧情透露出来的对某一问题进行深入思考与分析，充分发挥情景剧在高校思政课第一课堂中的教学功能。高校思政课教师可按照课程、剧本做好高校思政课情景剧资源库建设，力求将情景剧覆盖至各门课程，在思政课的教学中、校际交流中发挥了积极的作用，这是毋庸置疑的宝贵教学资源。

第五节　创新思想政治理论课的教学模式

一、翻转课堂教学模式

(一) 翻转课堂教学模式的定义

翻转课堂，也称"颠倒课堂"，是指重新调整课堂内外的时间，将学习的决定权从教师转移给学生的课堂。首先在美国出现的翻转课堂教学模式，短时间内，在全世界范围内得到强烈反响和广泛实践。近几年，在中国教育领域，翻转课堂的教学理念也被陆续运用于课堂，实践证明，翻转课堂在课堂上的运用，教学效果得到提升，一方面加强了学生的学习兴趣，另一方面提高了学生的学习能力。如何将翻转课堂教学模式与中国教育现状结合，更好地发挥好这一新型模式的作用，是亟待研究的课题。笔者认为，将翻转课堂理念植入高校思想政治理论课堂中，以期改变目前高校思想政治理论课堂枯燥乏力的现状。

（二）翻转课堂的特色分析

（1）学习模式灵活。翻转课堂允许多样化的学习模式的存在，教师对教学空间安排重新调整，创建自组学习、分组学习、实践调研、综合考评等环节。在教师创造出这些灵活多样的学习空间里，学生根据自己的时间合理选择学习时间。同时，教师根据学生的期望安排教学进度，选择考核学生的方式。

（2）课堂角色的转变。传统课堂上，教师是向学生传授知识的权威专家，是"神圣"不可侵犯的，教师所说的就是"圣旨"，学生只是被动接受知识的学习者。而在翻转课堂上，这一角色被转换，由传统课堂上的教师为中心变为以学生为中心，在学习中，更注重发挥学生的探究式学习能力，学习的内容和深度更丰富、深刻，学生的积极性更高。

（3）学习内容的变化。实行翻转课堂教学模式，教师需要明确哪些内容须在课堂上讲解，哪些材料需学生在课前进行自学，教师的主要任务是要明确如何运用翻转课堂的理念帮助学生更好地学习知识，通过采用多种教学方式，使得课堂教学时间能够得到最大效度的利用。

（三）高校思想政治理论课翻转课堂教学模式的构建对策

将翻转课堂教学模式植入高校思想政治理论课，以期改变目前高校思想政治理论课的现状。如何更有效地让学生知识内化，分清教师角色、学生角色，制定学习环境、学习内容等，都是构建高校思想政治理论课翻转课堂教学模式的关键所在。

（1）明确教师角色。翻转课堂，即颠倒的课堂，意味着传统课堂的师生关系被颠倒，传统的教学模式是灌输式的，学生是被动的接受者，教师向学生发出命令，学生完成命令，教师是课堂的主体，教师根据书本内容进行备课、讲课、布置作业、批改作业，这是千篇一律的教师工作的全部，在这种教学模式下，教师是知识的权威发言人。翻转课堂对比传统课堂，翻转了教师与学生的角色，教师变成了知识的设计者、疑问解惑者、学习的引领者。高校思想政治课教师课前制作课程视频，在制作视频的过程中，也和学生一样需要思考教学内容，成为学生的同伴，在课堂上，教师摇身一变成为课堂的导师。

（2）明确学生角色。传统的高校思政课堂，学生是知识的被动接受者，实行翻转课堂教学，学生由被动变为主动，主动在课后学习微课视频，带着观看视频的疑问，在课堂上与老师讨论、交流，学生变成课堂的主体。

（3）教学视频的制作。教学视频是微课教学中的核心，制作出良好的视频，意味着微课成功了一半，视频也是学生进行知识内化的源泉，因此，设计优良的视频成为广大高校思想政治课教师制作微课所追求的目标。制作微课视频要注意以下三点：第一，视频要短小精悍。视频的时间控制在5~8分钟，不得超过10分钟，因为学生集中注意力的时间是有限的，过长的视频不但达不到传递知识的目标，很有可能导致学生对观看视频不感兴趣的后果。第二，内容浓缩。要把高校思想政治理论课程分化为多个知识单元，由于课程内容较多，不能面面俱到，制作成微课视频的知识点必须浓缩，不能泛泛而谈，重点将传统课堂中学生不容易理解的知识点制作成微课视频，帮助学生解惑。第三，视频要有吸引力。在互联网发达的时代，各类视频充斥着大学生的视野，微课视频也是视频，一定要有吸引力才能引起学生的注意。高校思想政治理论知识本身理论性强，制作出学生喜爱的思想政治理论课微课视频较难，制作出的视频在向学生传授知识点的同时，引用学生感兴趣的广告、人物、图片、热点，以期达到吸引学生的目的。

4. 课堂教学活动设计。在高校传统思政课堂中，通常惯例是"课上"知识传授和"课下"知识内化，翻转课堂，则将这一活动进行互换，变为"课下"知识传授和"课上"知识内化。学生要在课前学习微课视频，课堂上与老师、同学讨论学习视频中遇到的难题，在交流中期望激发出新的火花，教师注重引导学生积极发言，而非给出固定答案。

（四）高校思想政治理论课翻转课堂教学模式的重要载体——微课教学

近年来，高校思想政治理论课战略地位愈加凸显。然而，"公共课难上，思想政治课更难上"是高校思想政治理论课教学工作者的普遍看法。具体表现在：一是思想政治课理论性、政治性强，学习起来有一定难度；二是目前高校思想政治理论课的教学方式大多仍然是以教师讲授为主的传统教学方式，教学效果不好；三是大学生素质良莠不齐，普遍对公共课尤其是思想政治理论课存在较强的厌学情绪。

教育信息化大背景下，近年来，我国学校开始引进微课。微课是一个舶来品，是伴随教育信息化发展到 Web2.0 出现的一种全新的资源类型与课程表现形式，是在借鉴西方微课实践基础上的一种本土化创新。它以视频为主要载体，记录教师在课堂内外教育教学过程中，围绕某个知识点（重点、难点、疑点）或教学环节而开展的教与学活动的全过程。视频呈现简短完整、数字化、网络化、个性化学习这些关键词，是微课的核心要素，微课的出现，给传统的教学模式带来了新的体验和挑战。如何将高校思想政治理论课采用微课教学，解决传统的灌输式课堂教学模式带来的弊端，增强教学实效性，是亟待解决的问题。

1. 微课的特点

（1）教学视频短小精悍。微课的一个显著特点就是短小精悍。"微课"可以称为"课例片段"或"微课例"。传统的课堂是 45 分钟的教学内容，而微课视频一般控制在 5~10 分钟。每一个视频都针对一个特定的问题展开讲解，有较强的针对性；视频的长度控制在学生注意力能比较集中的时间范围内，符合学生身心发展特征。

（2）资源容量较小。与微课视频及配套辅助资源的总容量一般在几十兆，视频格式是支持网络在线播放的流媒体格式（如 rm、wmv、flv 等），师生可流畅地在线观摩课例，查看教案、课件等辅助资源，也可灵活方便地将其下载保存到终端设备（如笔记本电脑、手机、MP4 等）上实现移动学习、"泛在学习"，非常适合于教师的观摩、评课、反思和研究。

（3）教学内容聚焦突出。相对于传统课堂，微课的问题聚集、主题突出，主要是为了突出课堂教学中某个学科知识点（重点、难点、疑点）的教学，或是反映课堂中某个教学环节、教学主题的教学活动，相对于传统 45 分钟课堂要完成的复杂众多的教学内容，微课的内容更加精简，因此，又可以称为"微课堂"。

（4）资源构成"情景化"。微课选取的教学内容要求主题突出、指向明确、相对完整。它以教学视频片段为主线统整教学设计（包括教案或学案）、课堂教学时使用到的多媒体素材和课件、教师课后的教学反思、学生的反馈意见及学科专家的文字点评等相关教学资源，构成了一个主题鲜明、类型多样、结构紧凑的"主题单元资源包"，营造了一个真实的"微教学资源环境"。这使得微课资源具有视频教学案例的特征。

（5）课程反馈及时、针对性强。由于在较短的时间内集中开展"无生上课"活动，参加者能及时听到他人对自己教学行为的评价，获得反馈信息。较之传统的听课、评课活动，具有即时性。由于是课前的组内"预演"，人人参与，互相学习，互相帮助，共同提高，在一定程度上，减轻了教师的心理压力，不用担心教学的"失败"，不用顾虑评价会"得罪人"，较之常态的评课就会更加客观。

2. 微课在思想政治课中的运用现状

初步运用于实际教学。目前，微课已经慢慢走入了中国教育界。根据"中国微课网""微课网在线教育"等几家权威网站数据显示，全国各地教师制作的微课数量大，思想政治课微课占了一定的比例。中国微课网举办的"第一届中国微课大赛"共收到 12 万份教学案例，其中政治微课作品 620 例，且每例作品的点击率较高，个别甚至达到了 3000 次以上。可见，微课已得到教育界的关注，部分思想政治课教学者也初步将微课运用于课堂。

教学效果良好。笔者从事思想政治工作教学已有 14 年，深感传统的教学方式的弊端，并不断尝试课程教学改革，并于 2015 年 1 月参加了湖南省首届微课大赛，参赛作品是《社会主义初级阶段的科学含义和主要特征》，并在 2015 年上学期的教学中运用了微课教学，效果良好。从微课播放效果和反馈之中，可以发现，学生对微课这一崭新的教学方式兴趣较浓，能在课堂上积极表达自己的观点，学生与教师在课堂上一起讨论学习过程中遇到的问题，学习成效显著。微课的出现，给传统教学模式课堂上学生打瞌睡、讲话现象带来了焕然一新的面貌。

存在的不足。在收集网站上微课资源时，不难发现，部分教师对微课的理解存在偏差和出入，他们设计的微课仅仅是在时间和规格上较传统课堂有所缩短，有的直接把课堂教学过程录制成视频，截取其中的片段作为微课。视频内容基本是名师面对镜头的类似"百家讲坛"般的自我陈述，更多地强调知识重点、难点的讲解，与传统课堂本质上无差别。这就导致微课陷入了空有其名而无其实的尴尬境地。

同时，人们对新鲜事物的接受总有一个过程，微课也不例外，还有相当一部分教师对微课存在一定的抵触情绪，因为他们已经习惯了传统的教学方法，突然要改变教学方式，有点难以接受。此外，高校的思想政治课本来就不受学生的"青睐"，他们认为思想政治课是可有可无的课程，如果还要学生在课余时间花时间去学习微课，很多学生表示不理解，不愿意去接受。

（五）高校思想政治理论课翻转课堂教学模式构建的保障机制

争取学校政策支持。思想政治理论课一般在大学课堂中的地位一直不高，部分高校思想政治理论课竟然出现学校"砍课时"、教师没课上的局面，更不用说要学校拿钱出来进行教学改革。因此，要在高校思想政治理论课开展翻转课堂模式教学，首先要获取学校政策上支持，学校出台相应制度，支持翻转课堂在思政课中的应用，从人力、财力上给予支持，以解除高校思想政治理论课翻转课堂教学模式改革的后顾之忧。

转变教师教学观念。在不少高校思政课教师心中，教师是课堂的主体，这是千百年流传下来的真理，这种主体地位不可动摇，这是阻碍教学改革的较大阻力之一。要在高校思政课中推广翻转课堂教学模式，必须改变这一传统观念，教育的目的是让学生学到更多的知识，而不是维护某些教师认为的不可动摇的课堂主体形象。国内外推行翻转课堂教学模式的学校证明，使用翻转课堂教学，可以有效地提高学生学习能力，提高教学效果。

提高学生的学习能力。实施翻转课堂教学模式，可以提高学生主动学习和自主学习的能力。传统的高校思政课堂没有课前自学这一环节，实施翻转课堂教学模式，课前观看微课视频，这是学生主动学习。在观看视频的过程中，学生会遇到一些不能解决的难题，有的可以通过反复观看视频来解决，这就锻炼了学生自学的能力。问题解决了，课堂时间就是给老师和学生自主讨论、交流的时间，课堂再也不是以前的死气沉沉的课堂，彻底改变以往被动的学习状态。通常情况下，高校院校学生自主学习能力较本科生差，即便在正常的课堂对思政课的学习兴趣不大，这就需要我们根据传统课堂存在的问题，翻转学习模式、学习内容，以便达到翻转学生的兴趣。

多元化的评价体系。建立科学合理的高校思政课翻转课堂教学评价体系，不断完善现有的教学模式，这是提高教学质量的有力保障机制。第一，评价对象多元化。评价对象不仅包括学生，还包括对教师的评价。一方面对学生知识理解与否进行评价，检查学生是否在课前观看视频，学生课后进行试题测试结果如何。另一方面对教师制作出的课程微视频是否吸引学生、是否能激发学生的兴趣，教学模式的设计是否符合高校学生的特点，课堂讨论安排是否合理，课后测试题设计能否达到检测学生的目的等进行评价。第二，参评人员多样化。评价不能仅限于一个团队，参评人员必须多样化。例如，学生对自己、教师、课程设计等进行评价；教师对学生、对课程设计的效果进行评价，同时，教师的范围应扩大化，扩大到同行教师、兄弟院校教师等领域，同行教师、不同课程的教师均可参与高校思想政治理论课翻转课堂教学测评。第三，评价指标的多样化。评价指标必须涵盖对整个教学过程的评价。指标的设计包括微课视频、教学设计、课中讨论、课后测试等。

二、线上线下混合式教学模式

"互联网+"时代的到来，传统的教师"一言堂"的教学模式已满足不了新时代高校思政课的需求，线上线下混合式教学模式随之兴起。目前，线上线下教学模式被广泛运用于各门功课中。这种新兴的教学模式打破了传统的课堂教学的局限性，教学不再是课堂教学的单一模式，将线上互联网教学与线下课堂教学有机融合，实现了教学模式的创新。

（一）线上线下混合式教学模式的含义

线上线下混合式教学模式，顾名思义，包含线上教学模式和线下教学模式两种。线上教学主要指教师借助现代化技术、利用网络媒介进行的教学活动，"互联网"是教育的载体，思政教师从丰富的网络平台资源中挑选出与所教思政课课程相关的资源，让学生课前在网上进行学习；线下教学，简单来说就是课堂教学，教师与学生面对面的教学，与线上教学是不同的教学方式。线下教学依赖于课堂和教师，教师通过采用丰富的教学方法以及学生喜闻乐见的教学手段让课堂教学变得更生动、使教学更具有亲和力和魅力，打造活力思政课堂。线上线下混合式教学模式是依托互联网平台、利用先进的网络技术，将教学课堂延伸到虚拟的网络空间，将线上互联网的网络学习和线下课堂教学有机结合起来，以期达到提高教学质量的目的。高校思政课本身理论性较强，学习起来难度较大，学生兴趣不浓，采用线上线下混合式教学模式，可以有效改善这种弊端。

（二）高校思政课引入线上线下混合式教学模式的意义

一是提升"00后"大学生思政课获得感的需要。新时代高校思政课面对的授课对象是"00后"，"00后"有着鲜明的时代特点。他们普遍对思政课的获得感不高，互联网已成为"00后"大学生生活中必不可少的一部分，他们通过互联网获取所想要的一切。他们的学习、生活、娱乐等都与互联网有着不可分割的联系。高校思政课教师如果采用互联网教学，无疑会提高大学生对思政课的喜爱程度。事实上，目前在一些高校思政课利用互联网线上教学，学生的喜爱程度大大提高。因此，面对"00后"大学生，思政教师如何利用现代化的信息技术、互联网平台来激活思政课堂，提高学生的吸引力与注意力，拉近教师与学生之间的距离，提升"00后"大学生对思政课的获得感，是高校思政课教学改革的重要内容，线上线下混合式教学模式的出现，恰好可解决这一问题，实现此目标。

二是顺应新时代，提升思政课的吸引力的需要。新时代背景下，想要获得教育的主动权，必须掌握好现代化信息技术，利用好互联网这个工具。互联网突破了课堂、课本和学校的界限对思政教师和大学生带来了很多机遇。"互联网+"对思政课教学内容和教学方法上的改变是巨大的，它的出现，改变了高校思政课的教学环境，也是适应新时代社会环境变化的需要，它要求教师使用最新的多媒体技术教学，改变传统的教学方式，只有这样，才能顺应新时代的要求，提升思政课的吸引力。

三是有利于充分发挥学生的主体性作用。传统的高校思政课的授课模式是教师在台上从头讲到尾，学生在台下机械地听，被动地接受知识，学生的课堂参与热情不高，主体性没有得到发挥。采用线上线下相结合的混合式教学模式，学生主动学习教师布置的线上课程，记录学习中遇到的重难点直至消化、吸收，未弄懂的地方带到线下课堂与教师、学生一起讨论交流，学生的主动性、积极性、创造性得到充分发挥，有效促进学生学习方式和教师教学方式的改变。

四是有利于拓展思政课教学空间。传统的高校思政课的主角是教师，而且局限于课堂教学，学生课前、课后到底学到了什么？学习效果如何？学习效果很难监测。这种线上线下相结合的混合式教学模式打破了传统的思政课局限于课堂教学的僵局，将思政课的课堂教学延伸到了课前和课后。学生在课前进行线上思政课资源的学习，初步实现了知识的构建；课中即线下学习时，学生与教师展开充分的交流，对教材知识点进一步消化、吸收；课后，学生完成教师布置的作业，并将作业上传至课程平台；教师根据学生提交的作业以及在线上提出的课中疑惑进行线上答疑解惑、反馈评价。这种线上线下混合式教学模式打破了时间和空间的限制，关注学生的发展，相对于传统的思政课堂更具优势。

五是有利于提升思政教师综合素质。高校思政课教学改革的决定因素很多，思政教师是其中的关键因素。线上线下相结合的混合式教学模式，把传统的思政课堂的一部分搬到互联网上，成为学生自学的一种学习资源，这就需要思政教师掌握多种技术来进行教学设计和进行教学。因此，高校思政教师首先要提升多媒体技术使用技能，掌握新时代的信息化教学能力，同时还需转变角色，由知识的灌输者、传授者转变为学生主动学习的促进者、帮助者。这就要求高校思政课教师必须加强自身素质的提升，与时俱进，并将传统教学模式与现代化教学模式实行优势互补，以求达到最佳教学效果。

（三）线上线下混合式教学模式的特点

第一，教学内容生活化。线上线下相结合的混合式教学模式，从教材内容出发，将教材知识点与学生的学习生活结合起来，与社会热点问题结合起来，打破了思政教材知识体系的笼统性与局限性，关注学生的关注点和兴趣点，将思政课程的内容体系进行重构，使教材内容生活化，教学内容更贴近学生的现实需求和生活实际。

第二，教学形式多样化。在教学形式上，突破传统陈旧单一的教学模式，将教师课堂面授和网络教学相结合，教学形式从单一到多样化转变，实现教学模式和教学过程的多样化。

第三，教学手段信息化。在教学手段上，采用最新的多媒体信息技术教学，同时也不摒弃之前的传统教学手段，实现传统教学手段和新媒体技术的有机融合，实现了两种教学手段的互补。

第四，教学评价方面。传统的思政课考核评价方式是单一的，注重结果考核，线上线下相结合的考核方式不再是之前的单一的考核方式，将过程考核与结果考核统一起来，注重考核方式科学化、多元化。

（四）高校思政课引入线上线下混合式教学模式的原则

第一，坚持学生主体教学原则。混合式教学模式中，学生是教学的主角，无论是线上网上自学还是线下教师面授教学，学生都占据着主要的角色。线上网络学时，要求学生自主掌握自学技巧，自主学习网上的课程资源；线下面授教学时，学生的主体性也必须体现。需要注意的是，混合式教学相比传统的教学方式，更加注重学生与同学和教师进行交流与分享，主张学生在教师引导下进行自主学习。在面授课堂中，教师要尊重学生的意愿，灵活选择适合新时代特点大学生的教学方式，科学设置课程交流平台，学生与学生、学生与教师之间可以在平台上展开充分交流。不但可以增强学生"线上"学习的兴趣，而且学生在"线下"还可继续与教师进行交流。

第二，坚持协作原则。课堂教学，说简单点其实是教师与学生之间的合作协同，包括教师与学生之间、学生与学生之间的协作，同时还包括学生和周围环境之间的适应、协同。线上授课，需要学生按照教师布置的任务进行自主学习；线下面授课时，需要学生积极主动听教师的课，积极回答教师在课堂上的提问，参与课堂活动。通过这种良性的互动，产生较好的协同合作氛围，同时还培养了学生的团结协作能力，有利于教师与学生之间的感情升华，形成一种良好的思政课的氛围。通过协作交流，以利于学生之间协作分享，培养学生的合作意识，利于师生、生生之间情感升华。

第三，坚持因地制宜原则。高校与高校之间思政课的教学现状有所差异，尤其是本科与高校院校之间的教学现状差距较大，这就需要思政教师根据所在学校实际情况、因地制宜，不能"一刀切"，也不能打肿脸充胖子。既要充分利用和发挥信息化教学手段的优势，又不能放弃传统教学手段，实现将传统教学手段与现代化的多媒体教学技术有机融合，以更好地服务于思政课教育教学需要。

第四，坚持交融原则。线上线下混合式教学模式是一个整体，两者之间需要有较好的衔接。线上教学不能是孤立的教学状态，必须和教材内容相联系，还必须为线下教学做好铺垫。同时，线下教学需要教师对线上学生遇到的问题进行解答，线下教学实质上是线上教学的一种延续，线下教学内容也需要与线上教学保持一致。线上与线下只有真正做到优势互补相互融合，才能形成教学合力，达成有效的教学目标。

（五）高校思政课线上线下混合式教学模式的结构

高校思政课采用线上线下混合式教学模式，这种教学模式需要有丰富的线上教学资源，还需要有线下授课环境，需要线上线下同步进行，主要从以下几个方面进行。

1. 线上教学

完善线上教学资源。实施线上教学最重要的载体便是网络平台上丰富的课程资源。对此，思政教师要筛选和设计好课程资源，完善线上思政课课程。首先，思政教师进行课前的准备和布置教学内容，将教学内容设计为若干个知识点，对学生进行分组，布置小组学习任务。各小组在领取学习任务之后，按照教师的安排完成指定任务。在此期间，老师在督促学生按时完成线上学习任务，要关注学生完成任务的质量和速度，同时还要引导学生朝着正确的方向学习，对遇到的问题进行归纳、整理，留到线下课堂教学与教师一起完成。最佳的线上教学是和接下来的线下教学联系在一起的，是帮助教师将线上教学平稳调整至线下教学课堂。高校思政课线上教学特别重要的一点是需要教师根据知识点内容和课程实际情况录制教学视频，可以以微课或者以慕课的形式呈现教学视频，将学生要掌握的知识点内容碎片化为一个个的小知识点，围绕重难点，为最终突破重难点设计小视频。在准备教学小视频时，要注意体现教材内容的规范性、逻辑性，同时视频内容还要有整合，也要有分解，既能突出重难点，又能全面覆盖教材的知识点，突出思政学科的特点。线上教学视频一般结合学生学习习惯和知识点的情况录制微课视频，这也是知识点"碎片化"的要求。一般情况下，传统 2 课时的课堂可以分解为 4~5 个微课视频，每个视频时间在 8~15 分钟。需要注意的是，视频不能由教师从头讲到尾，必须包含与视频内容相关的图片、动画、历史原片等，还可引用与学生实际相贴近的教学案例或其他内容，形成动静结合、图文并茂的画面效果，视频内容还应体现学术性、科学性、趣味性、时代性。线上教学一个重要的特点便是如果学生一次没看懂教学视频，可以重复观看，观看时间由学生自主选择，以达到巩固所学知识点的要求。

随堂测试。学生线上学习情况如何，一般进行线上随堂测试。即在每个教学视频下面增添随堂测试题，测试题一般由 6~10 道客观题构成，可以是"单选""多选""填空""判断"，教师要求学生在观看完每个教学视频后完成对应的测试题，并且要达成合格的分数线，未合格者可以重新观看，再重新做测试题。学生通过做测试题，得知自己还在哪些方面是弱点，了解自己对各个知识点的掌握情况。测试题的目的不是考试，而是让学生了解自己观看微视频后的自学效果，目的是让自己充分掌握教材知识点。

课程论坛。线上教学可设置方便教师与学生、学生与学生之间进行交流的课程论坛，学生可在论坛讨论区发帖开展关于课程学习的讨论。例如，观看教学视频时遇到的问题、理解某个知识点存在的疑惑、设置讨论平台在平台上发帖，学生与学生之间也可开展充分交流。教师根据学生的讨论情况对学生们进行答疑解惑，并注重引导学生分析问题、解决问题。同时，教师要注意引导教学内容的方向，确保学生在讨论区发帖内容不能太偏离思政教师体系，必须与国家统编的思政教材精神保持高度一致。严禁在讨论区或者微信群、QQ 群发布有悖意识形态、思想性、导向性的言语或者图片。

2. 线下教学

线下教学又称教师与学生的见面课，见面课不同于传统的思政教学课堂，但也并不是意味着完全摒弃传统的思政教学课堂，指的是教师在继承传统思政课的优点的基础上，采用学生喜闻乐见的教学方式如课堂讨论、课堂辩论、头脑风暴等教学方式，达到帮助学生进一步消化、吸收教材知识点的目的。需要注意的是，线下教学绝对不是对线上教学的重复，不是照本宣科，更不是天马行空脱离教材，而是对线上教学的进一步延伸和拓展，深化教学目标，使教学更有深度和针对性。

线下教学内容主要来自教材的重难点、学生关注的焦点、学生线上学习存在的疑惑点、国内外的时事热点等，根据以上教学内容教师进行线下教学设计，在线下教学中，教师与学生之间开展互动交流，因此，线下学习是动态的，需要教师做好精心准备，在兼顾学生的专业特点、性格特点等开展备课，对可能在线下授课的场景中出现的问题进行预演，确定讨论主题和授课专题。

在线下课堂教学中，教师首先抽查之前学过的内容，了解学生在线上学习的任务完成情况，先对已学内容展开巩固抽查，结合线下任务的完成情况解决学生线上学习过程中遇到的难题，以此来综合考查学生知识学习的掌握情况。开展线下教学主要是为了完善课堂教学中存在的不足和缺陷，提升课堂教学质量。在线下教学中，要组建学习小组，设计具有启发性的问题，有针对性地进行线下教学。可以采用多种教学方式，学生可以充当学习小组中"小老师"角色，成绩优异的学生给成绩稍微差一点的学生开展知识讲解，交流学习心得和学习经验，这种互动式的学习可以让学生之间取长补短，弥补自身的不足，以达到最佳的学习效果。

3. 加强线上线下互动交流

实行线上线下教学模式，最关键的一环就是如何将两种教学途径实现无缝对接、有机融合起来，形成一种全新的教学模式，这是混合式教学模式的优点。在传统的思政课课堂教学中，如何将教材的重难点、逻辑结构等问题对学生进行深度讲解，是一大难点；如何对这些知识进行有趣、有效传达，也成为困扰思政教师的难点。这时，引入线上教学就非常有必要。思政教师可以借助图文并茂、生动形象的视频线上平台资源，将枯燥的理论知识呈现在学生面前，吸引学生的注意力，创造出与教材内容相贴切的教学情境，调动学生的积极性与学习思政理论课的兴趣。特别是在新时代背景下，社会需要的是综合能力强的高素质技能人才，因此，以往只注重培养大学生专业技能的教学显然不适合新时代社会发展的需求，对思政课进行教学的创新是大势所趋。线上线下混合式的教学模式适合新时代的需要，这种教学模式中的线上教学，可以培养学生自主学习能力，大多数情况下，教师是把教学任务布置下去，教师只需要提供一定的知识信息，引导学生完成教学任务。在自学过程中，每一名学生都起着重要的作用，也必须发挥着重要作用。学生在完成任务后，教师也能通过线上平台对学生进行指导和指点，帮助学生解决问题。同时，线下的教学也很重要，线下教学是对线上教学的一种重要补充，教师一般针对某一知识点，开展诸如课堂讨论、课堂辩论等活动，学生之间可开展充分的交流，教师起着引导作用。这种互动方式不仅营造了浓郁的学习氛围，更重要的是能培养学生的探究意识，学生在互动交流过程中还能取长补短，实现事前预期的学习目标。

4. 课程考核

采用线上线下混合式教学模式的课程考核方式和之前的传统思政课的考核方式不太一样，更注重过程考核。线上教学主要考核学生教学视频观看的比例、测试题是否做完、课程论坛参与程度等，这些成绩的给定在线平台自动测算完成，更加注重平时成绩的所占比例，体现课程考核的导向作用。线下成绩主要根据面授课程时学生参与课堂程度，如是否记录线上学习遇到的问题，是否积极参与课堂讨论、是否按时出勤等，这种考核和传统的思政课的考核有一定的相似之处。一般线上教学的考核占平时成绩的60%左右，线下教学的考核占平时成绩的40%左右。此外，根据教育部的相关规定，高校思政课的期末考核方式为闭卷考试，因教学评估、教学资料的备案的需要，所以教师根据需要组织学生进行全校统一的期末闭卷考试，题型不宜复杂，一般采用"选择""判断""简答"3 种题型即可，可占整门课程的 30% 左右。故此，线上线下混合式教学方式更注重过程考核，旨在综合考查学生的学习习惯、行为方式等。

三、专题式教学模式

（一）专题式教学模式的定义

专题式教学模式是高校思政课教学改革的一项重要举措，在很多高校思政课堂得到广泛应用，并取得了较好的教学成效。专题式教学，是指在分析思政教材知识体系的基础上，依据教材教学大纲的要求，根据学生的学习特点，打乱传统的教材章节，按照知识体系的内在逻辑联系等关系对教材内容进行整合，形成相对独立的系列专题，由某一个或者某几个思政教师专门针对相应的专题（一般根据教师的专业背景、兴趣爱好确定）进行精心备课、授课，在教师的共同努力下完成该门思政课程教学任务的教学模式。

（二）高校思政课开展专题式教学的必要性

1. 开展专题式教学有助于实现从教材体系向教学体系的转变

关于高校思政课的教学改革，教育部在 2005 年颁布了一个方案，但是高等学校采取"一刀切"的方式，思政教材是一模一样的，只是门数不一样而已。高校现在用的最新版思政教材即现行的 2018 版教材，相比之前的 2015 版来说，理论性强、时代跨度大，内容更丰富，以《毛泽东思想和中国特色社会主义理论体系概论》为例，这本教材的内容扩充性极强，被教师称为讲这门课的教师必须要懂中华民族"上下五千年"的政治、经济、历史、文化等。修订后的教材语言高度凝练，相比之前的教材，表述更加准确、科学，更权威。如何将理论性超强的思政课把理论讲透彻、讲清楚，如何突出重点，这对思政课教师来说是一个很大的考验。如何实现思政课的"教材体系"向"教学体系"转变，是一门艺术，需要思政教师掌握较高水平的讲课艺术。开展专题式教学，有助于实现高校思政课教学从教材体系向教学体系的转变。

2. 开展专题式教学有助于学生的成长成才

随着中国日益走近世界舞台中央，西方敌对势力虎视眈眈地盯着中国，有意无意挑衅中国的情况日益明显，我国意识形态领域的斗争也越来越严峻。高校思政课担负着培养能扛起中华民族伟大复兴的新时代人才的重任，为建设中国特色社会主义培养合格建设者和可靠接班人。面对西方敌对势力对中国不断发起的挑衅，我们一定要抓好思政课这个主阵地，切实上好大学生的思政课，通过开展专题式教学，帮助大学生了解中国的历史、现在与未来，特别是了解中国当代所处的国际环境、中国的国情、党情、社情，帮助大学生坚定政治立场，让正处在人生"拔节孕穗期"的大学生，形成稳定的世界观、人生观、价值观，听党话、跟党走，积极做"两个维护"与"四个自信"的践行者。

3. 开展专题式教学有助于整合教材内容

高校思政课教师对新版思政课教材体系最大的感受便是内容多、课时少。高校的思政课教师都普遍有这种感受。如果按照其他课程面面俱到地进行教学，那么整个教学任务就难以按时完成，教学战线会拉得很长。思政教师为了按时完成教学任务，教学就会变得如蜻蜓点水般那样浅尝辄止，教材的重难点自然就难以讲解到位。如何做到既能按时完成教学内容又能不拖延时间？专题式教学能解决这个矛盾。通过实施专题式教学，教师有选择性地选择教学内容，整合知识点，教师对教学内容进行提炼与整合，使专题教学内容变得少而精，突出重难点，使教师能较好地处理好精讲与略讲的关系，从而使学生能在有限的课堂教学中把握所学课程的核心和精髓。

开展专题式教学还能解决教学内容重复交叉问题。思政课从小学起就已经开设，所以高校思政课教材内容和小学思政课教学内容存在某些重复问题。高校思政理论课教材内容，与中学思想政治课教学内容有些重复，而且本科生四门思政课的教学内容也有相互交叉重复的问题。如果把每门思政课的所有知识点都从头到尾讲解一遍，不可避免会出现教学内容的交叉、重复的问题，如果重复施教，不但不能取得预期效果，反而还会引起学生的不满或者反感，也就是产生许多消极影响。在高校思政课开展专题式教学，在很大程度上帮助教师丢弃一些学生已经学过或者掌握的内容，突出重点、难点，有利于真正达到锻炼学生综合素养的目的。

4. 开展专题式教学有助于提高高校教师的教学水平

根据调查数据显示，部分高校思政教师并非是具有马克思主义背景的教师，他们有些是从学校从事学生管理工作的岗位转到思政教学岗位，缺乏思想政治教育专业的扎实功底，因此，这部分教师对思政课教材的全局掌控能力不够，较难对学生进行启发式的引导，特别是在理论学习这方面，思政课堂氛围可能会较好，但学生缺乏理性思维能力和创新能力。采用专题式教学，思政教师根据自己的专业背景、兴趣爱好，从整门课程的专题中挑选 1~2 个专题，精心备课，搜集各方面的素材，将这个专题讲透彻、讲精彩，这样一来，有助于提高思政教师的教学水平。

(三) 高校思政课开展专题式教学模式要处理好两种关系

1. 继承传统与改革创新的关系

任何教学改革都不是和传统方式进行决裂，都是对传统教学方式的一种扬弃，在高校思政课第一课堂实行专题式教学改革也是如此。专题教学实行专题设计是对原有的传统教学方式的一种突破，集中力量攻破各教学重难点。改革是为了让教学效果更突出，是为了达到原定的教学目的。传统的灌输式的教学方式越来越不受师生的欢迎，然而，这种授课方式也不是完全不可行，教师要继承其有益的一面，"灌输"式的教学方式还是需要，只是这种"灌输"并非狭义上的"灌输"，需要教师灵活运用各种教学方法向学生讲理论、分析案例收集多方面的材料，来回答学生的提问、讨论、疑惑，加强教师与学生之间的沟通，使学生弄懂理论。

2. 教师主导与学生主体的关系

近些年，在高校进行的思政课教学改革，从整体上看都改变了传统的教师"一言堂"的教学模式，变"教师主体"为"教师主导、学生主体"的课堂。要想真正推动思政课教学改革，必须大大提升学生的主动学习的积极性，教师变为课堂的配角，把课堂还给学生，真正发挥学生的主人翁作用，真正体现以学生为中心。当然，以学生为中心的课堂并非让课堂成为无人管的放任自流的课堂，思政教师应起着主导作用，在专题设计中的重点、难点须由教师把握，在课堂教学中引导学生的课堂讨论、辩论活动环节，引导或者纠正学生在课堂上可能出现的过激言论或行为。

(四) 高校思政课开展专题式教学模式存在的困境

1. 集体备课缺乏创新性

集体备课方式是新时代高校思政课教学改革中的重要举措，特别是在专题式教学改革中，集体备课的作用尤其明显。在专题式教学中，多名教师共同担任一门思政课的教学，其中一个专题有一名或者几名教师集体备课，从专题设计到教案、课件的定稿，每名老师承担相应的任务，共同实现某一个专题的教学任务，这为整合教学资源提供了可能性。但在实际的操作过程中，集体备课的效果可能达不到预期目标。虽然有些高校在布置专题教学任务时分工较细致，由教学团队负责人下达专题教学备课任务，专题负责人认领专题教学备课任务并细化每一名教师的工作，这种层层分工看似细致周到，但在完成过程中却大打折扣。每一名思政教师的专业功底、对待工作的态度不完全一样，有些教师比较认真、专业基础扎实，但有一部分教师不仅专业基础不扎实，对待专题负责人分配的任务还敷衍了事；专题负责人同样也存在参差不齐的情况，一些专题负责人往往为了交差随便提交资料。此外，当一门课程的所有专题教学的教学资料都制作完成时，有些授课教师就把这些资料当成救命稻草，从年头讲到年尾，一字不差、一字不漏，更别说有自己的创新和思考，这样，思政课教学就成为另一种形式的"照本宣科"，长此以往，集体备课就有可能成为一些高校思政课教师安于现状、不求创新的罪魁祸首。

2. 专题设计缺乏科学性

专题设计是否科学合理是专题教学模式是否能在高校思政课堂正常运行的关键点。如前所述，思政课专题教学必须打破已有的教材体现的限制，必须结合学生的实际特点，在分析教材知识点体系内部逻辑的基础上进行专题设计，实现教材体系向教学体系的转化。但是实际操作中却存在这样的问题：一种做法是专题设计过分迎合学生口味导致偏离课程教学指南和教学大纲。部分高校没有从整体上把握教材知识体系，随意增删内容，甚至还删除教材的重难点内容，专题设计缺乏严肃性、权威性和科学性。另一种做法是专题设计就是原有教材体系的翻版。只是打乱教材原有知识结构的顺序，有的只是把教材中的"章"改为"专题"而已。因此，这种专题教学设计不是真正意义上的专题设计，无法突出教材体系中的重难点，也无法实现教材体系向教学体系的转化，教学改革只是停留在表面，是"换汤不换药"的假改革。

3. 各专题之间缺乏整体性

很多高校狭隘地去理解专题教学，认为这种教学只需要做好每一个专题教学设计就行，往往注重专题的独立性，缺乏考虑各专题之间的逻辑性、整体性。特别是在《毛泽东思想和中国特色社会主义理论体系概论》这门课程教学过程中，有些学校为了方便各专题教师教学，有些班级还没学毛泽东思想，就开始学习新时代中国特色社会主义思想，学生学习起来云里雾里，自然达不到专题教学的实际效果。虽然我们一直强调高校思政课的主要目的不是向学生传授知识，主要是引导学生树立马克思主义的世界观、方法论，但这并不意味着思政课教师给学生传授的知识可以是片段式的零星的知识。理论结构的完整性，理论论证的严密性，是马克思主义理论的科学性的主要体现，如果教师只是将一些零星的知识传授给学生，学生必然无法真正信服马克思主义理论的科学性和正确性。专题教学通常是多位教师轮流在一个班级授课，学生可以避免对某一位老师产生审美疲劳，可以学习到不同特点的老师的教学风格，可以学习到多种思维方式。但也存在有些学生反映教师换得太频繁，刚刚适应一位老师的教学风格，马上又要去适应另一位老师的教学风格，画风转变太快，学生有点措手不及。同时，每个教师授课有差异性，有的教师能严格按照教学进度按时安排完成自己承担的专题教学任务，但有些教师根本完不成所安排的教学专题，这就可能造成教师"欠账"的情况，从而影响学生从逻辑上、整体上把握教材体系结构。

4. 课程考核缺乏实效性

根据笔者所调查的数据显示，目前大部分高校思政课的考核方式按照"平时成绩+期末成绩+实践成绩"构成，平时成绩占了较大的比重。但由于是专题教学，前一个专题教学教师的打分很大程度上影响着下一个专题教学教师的打分，甚至出现上一个专题教师打分不按时，中间专题教学教师打分脱节的情况，因此，最后学生这门课的成绩落在了上最后一个专题教师的头上，平时考核流于形式，最后学生的成绩主要由期末考试而定，自然体现不了思政课的教学考核要注重过程的特点。最后一个专题教师短短几个课时的教学，不能全面把握学生整个学期的学习情况，考核很显然存在不科学、不合理的现象。

（五）高校思政课开展专题式教学模式的实施路径

高校思政课引入专题式教学模式进行教学，主要从教师做好精心准备、严密组织和科学考评这三方面实施。

1. 精心准备

前期调研是基础。没有调研就没有发言权。同样，作为一种新型的教学模式，在具体实施之前要做好充分的调研，主要从校外调研和校内调研两方面进行。校外调研主要是到其他高校学习交流，了解兄弟院校在开展专题式教学方面所取得的成功经验教训，取其精华、去其糟粕，对可能在教学过程中出现的各种问题做好准备，避免走弯路。校内调研主要从教师和学生两方面进行。一是对思政课教师的专业背景、知识结构、教师的兴趣等方面开展调研；二是对学生的知识储备、思想动态、关注的焦点做调研。除此之外，教师还要收集近段时间国内外时事热点、理论难点等问题，充分了解各门思政课存在的交叉重复的地方，实行思政课所有教师集体研讨，根据实际情况，确认课程之间重复的知识具体应该由哪门课程来承担教学等。在以上调研结果的基础上，确定专题教学内容及教师的教学分工。

专题设计是关键。高校思政课引入专题式教学模式，教师需做好顶层设计。首先，教师要全面分析教材，吃透教材。思政教师应在全面领悟教育部颁发的课程教学指南、教学大纲的基础上，分析教材，全面吃透教材的知识点，厘清知识点内部的逻辑关系，把握教材的重难点，做好每一专题的精心设计工作。教师在设计专题时，一方面不能脱离教材，但又要高于教材，设计一些与大学生学习、生活相贴切的内容，使思政课既有一定的理论高度，又有一定的生活温度，即有一定的趣味性和生活性，从而激发学生的学习兴趣。另一方面，教师要把理论讲透彻。高校思政课的理论性很强，但是教师不能避开这些理论不讲，思政教师自己必须先吃透理论，再向学生讲透理论。在此基础上，教师还应引导学生理论联系实际，用学到的理论知识解决学习和生活中遇到的问题，学以致用。其次，突出重点，注重专题的逻辑关系。每个专题虽然是独立的，但是整门课程的所有专题必须遵循一条主线，专题设计要以教材重点知识点为基准，围绕重难点进行纵横推进，最后将各专题解决的问题串联起来就是一个有机的统一整体，做到专题设计既体现独立性，又体现整体性。

专题设计是整个思政课实施专题式教学的核心。专题设计要遵循科学合理原则。首先，实施专题式教学，只是改变教学形式，教学内容还是未变，还是依据思政教材体系进行。因此，教师在进行专题设计时要对教材体系内容进行整合，以教材为依据，不篡改教材的知识结构，要高于教材但又不能脱离教材，切忌遗漏教材的重点知识内容，确保将完整的教材内容呈现在学生面前，"短斤少两"现象不能出现。其次，要将教材知识体系的重难点、学生关注的焦点、社会的时事热点结合起来进行专题设计，教师要吃透教材内容，把握知识体系中内在逻辑，既体现独立性，又体现整体性，保证在设计专题式教学时做到专题内容之间联系紧密、各个专题之间逻辑上严谨，避免在具体教学过程中出现内容矛盾、知识打架等情况。

专题分工是重点。在实施专题分工时，本着以人为本的原则，以教师的专业背景、兴趣爱好作为专题分工的重要依据。每一片树叶都是独一无二的，所以每一名思政教师都是独一无二的。"术业有专攻"，这就要求专题的分工必须将教师的专业放在第一位。根据每位思政课教师不同的专业背景和研究专长，细分教学专题，并对每个专题教学的具体任务和要求做好布置，每位思政教师根据自己的实际情况选择并且充分准备和高效完成自己分配的教学专题，争取每位老师最后拿出来的都是自己精心准备和设计好的专题设计、专题教案和专题课件。准备好以上材料后，思政教师在各自的教学团队精心打磨每个专题，如进行一次又一次的试讲，以保证呈现在师生面前的教学专题各个都是"精品"。

2. 严密组织专题式教学

在高校思政课第一课堂采用专题式教学，需要从全方位进行创新，如从教学内容到教学方法的创新，从课内教学到课外教学的创新等。高校思政课的教学改革本身也需要把目光集中到各个方面、各个领域。为了杜绝思政课教学改革流于形式，使得专题教学的效果更好，可以将专题教学与"大班授课小班研讨"的模式结合起来。例如，教师可以设置一些与该专题教学内容相关的主题研讨，由学生课前收集资料，也可分组收集主题研讨资料，课堂上分小组进行研讨，在弄懂主题研讨问题的基础上，也就弄懂了所学专题的内容。在此教学过程中，各小组长对小组成员的表现进行记录，作为教师核算平时成绩的重要依据。

接下来便是将准备好的专题在各班级进行教学。专题教学还应考虑不同专业、不同班级学生的特点，注意因材施教。根据具有不同专业背景的学生的不同特点，要选取不同的教学案例，注意文、理科学生对于不同的知识点，尤其是理论层面的理解不一样。同时，教师还应关注国内外时势的变化，在教学内容上，将党和国家最新的方针政策、决策部署引入专题教学中来，让思政课鲜活起来。采用专题式教学模式，同样也可运用到之前所提到的新媒体新技术，教师在在线平台上与学生之间开展交流，教师检查学生的在线学习情况、作业完成情况等，体现"教师主导、学生主体"的特点，丰富教学手段，巩固教学效果。

在思政课堂上引入专题式教学，不是以往传统思政课堂的重复，必须注重方法创新。教师在课堂上可采用之前提到的分组合作、课堂辩论等教学方法，引导学生主动探索、主动思考、主动参与，让学生成为思政课堂的主体，学生由课堂的"听众"变为课堂的"讲师"。

3. 规范思政课教师集体备课

在高校思政课第一课堂实行专题式教学，不是某一个或某几个思政教师想出来的办法，需要思政教师集体备课完成。集体备课特别要注意以下几个方面：集体备课一定要务实、高效。正如前面所说，高校思政课需要教师具备"上下五千年"的知识储备，这就需要思政教师具备深厚的理论功底和庞大的知识储备，可以由几个专业知识背景相近的教师集体备课完成某一个或某几个专题备课，精心做好这一个或几个专题的备课，真做、实做好集体备课工作。在实际过程中，教学团队负责人要做好合理分工，安排好各自的任务，定期监督集体备课效果，避免某些教师在集体备课过程中存在推诿拖沓、应付、交差了事的现象发生。同时，在集体备课时，思政教师要发挥好自己的特色优势，用自己的人格魅力感染学生，增加社会生活中不断出现的鲜活案例，发挥集体备课的真正作用。

4. 精准考评

对思政课专题式教学进行精准考评是推进思政课专题式教学改革的重要环节。专题式教学效果好不好，迫切需要多元评价方式来评价。新时代背景下，多媒体技术被广泛运用，在高校思政课堂引入专题式教学模式还需要进行课堂的管理和评价，这也是评价授课方式是否科学合理的重要观测点。教师可根据教学班级和该班学生的实际情况管理，力求管理方法多样、评价多元。对于学生的出勤情况，可采用超星学习通的签到功能，还可利用雨课堂的签到功能，实行多媒体管理技术。此外，高校思政课应注重过程考核，将学生平时在课堂上的表现情况作为考核的重点，占比在60%~70%，从课堂考勤、课中回答问题情况、课堂参与讨论情况、课后作业等方面进行综合考核。教师可以采用多媒体学习软件，设置相关的问题和案例，对学生的作业完成情况进行考核。

可构建多元评价方式来进行评价。只有构建起全过程、全方位、立体化的多元评价体系，才能真正检验出采用的教学模式是否科学，可从教师和学生两方面加强评价。具体来说，一是完善对教师的评价。因为教师是实施专题式教学的主导人，加大对教师进行教学改革的激励机制，如在年度评优、职称评审方面加大对教师进行教学改革的权重，这样对教师致力于教学改革的热情有百利而无一弊。二是改革评价学生的手段。把学生自评、学生互评和教师评价结合起来，贯穿于专题式教学模式的始终，注重过程性评价，即注重学生在专题式教学中的各方面表现，优化对学生的成绩评价，要注意把教师评价、学生的相互评价和自我评价等方式有机地贯穿于专题教学的始终。在专题教学活动过程中，应注重对学生的过程性评价，这样便于及时发现学生在专题式教学中出现的问题，及时给予引导，提高教学效果。

第五章　当代高校思想政治教育
队伍建设创新

当代高校思想政治教育队伍是大学生思想政治教育过程中的关键所在，要不断提高马克思主义理论素养，提高科研能力和教学水平，做坚定的马克思主义者，做教书育人的表率。本章即针对当代高校思想政治教育队伍建设的创新进行一定的阐述。

第一节　高校思想政治教育队伍的内涵

一、大学生思想政治教育队伍的构成

大学生思想政治工作队伍是由专职、兼职人员共同组成。专职人员主要来源于本校教师和干部，兼职人员主要通过组织动员一些教师和高年级大学生、研究生来担任。专兼结合的大学生思想政治教育队伍基本结构，是我国高校思想政治教育队伍建设的优良传统。

学校党政干部和共青团干部是大学生思想政治教育的领导者和管理队伍。高等学校实行党委领导下的校长负责制，党委统一领导大学生思想政治教育，对学生思想状况和思想政治教育工作状况进行分析，制订总体规划，进行全面部署和安排。校长对大学生德智体美劳全面发展负责，统筹思想政治教育与教学、科研、社会实践的关系，对思想政治教育工作进行检查评估。学校党政领导干部包括专职从事和负责大学生思想政治教育的干部，也包括学校各级党政领导和各级职能部门干部。专职从事和负责大学生思想政治教育的干部包括学校分管大学生思想政治教育工作的党委副书记、学生工作部

（处）从事大学生思想政治工作的干部、院（系）党委（总支）负责大学生思想政治教育的副书记和学校各级共青团干部。党政干部和共青团干部是对大学生思想政治教育进行宏观上的规划、组织和协调，以保证大学生思想政治教育的正确方向。

高校思想政治理论课教师承担着对大学生进行系统的马克思主义理论教育的任务，是马克思主义理论和党的路线、方针、政策的宣讲者，社会主义意识形态和精神文明的传播者。高校哲学社会科学教师是学科的建设者和课程的实施者，是教学科研的组织者和管理者，也是校园文化的营造者和建设者，提高他们的素质对大学生的健康成长、对坚持和巩固马克思主义在意识形态领域指导地位，建立具有中国特色、中国风格、中国气派的哲学社会科学体系至关重要。

辅导员和班主任是高等学校教师队伍的重要组成部分，是高等学校从事德育工作、开展大学生思想政治教育的骨干力量，也是大学生健康成长的指导者和引路人。加强辅导员和班主任队伍建设，是加强和改进大学生思想政治教育及维护高校稳定的重要组织保证和长效机制，对于全面贯彻党的教育方针、把大学生思想政治教育的各项任务落到实处，具有十分重要的意义。要从战略和全局的高度，充分认识新形势下加强辅导员和班主任队伍建设的特殊重要性和紧迫性。

广大教职员工都负有对大学生进行思想政治教育的重要责任。要制定并完善有关规定和政策，明确职责任务和考核办法，形成教书育人、管理育人、服务育人的良好氛围和工作格局。教师要提高师德和业务水平，爱岗敬业、教书育人、为人师表，以良好的思想政治素质和道德风范影响和教育学生。学校管理工作要体现育人导向，把严格日常管理与引导大学生遵纪守法、养成良好行为习惯结合起来。后勤服务人员要努力搞好后勤保障工作，为大学生办实事、办好事，使大学生在优质服务中受到感染和教育。

二、大学生思想政治教育队伍的特点

大学生思想政治教育队伍建设旨在加强和改进大学生思想政治教育，具有明确的目的性、较强的综合性、突出的专业性和深刻的实践性等特点。

（一）明确的目的性

作为承担大学生思想政治教育主要力量的大学生思想政治教育队伍，其队伍建设的主要目的就是要促进大学生思想政治水平的提高，培养德育为先、德智体美劳全面发展的中国特色社会主义事业的合格建设者和可靠接班人。大学生思想政治教育队伍建设紧紧围绕这一目的展开，只有通过队伍建设，才能切实提高队伍成员的素质、能力和工作效率，更有效地教育和影响大学生，解决部分大学生中存在的政治信仰迷茫、理想信念模糊、价值取向扭曲、诚信意识薄弱、社会责任感缺乏、艰苦奋斗精神淡化、团结协作观念较差、心理素质欠佳等问题，从而提升大学生的政治素养、思想水平和心理素质，促进大学生全面发展，为中国特色社会主义事业培养坚实的后备力量。

（二）较强的综合性

就大学生思想政治教育三支队伍，即学校党政干部和共青团干部、思想政治教育理论课教师和哲学社会科学课教师、辅导员和班主任而言，开展大学生思想政治教育工作，任何一支队伍单兵作战都是不科学的，不能达到思想政治教育的综合效果。因此，大学生思想政治教育队伍建设的综合性首先就是指三支主体队伍职能的综合性。在队伍建设的过程中，要充分考虑到各队伍的优势和不足，进行资源合理优化配置，促进三支队伍相互配合、相互作用，形成大学生思想政治教育的强大合力。此外，大学生思想政治教育队伍建设的综合性表现在队伍建设所依托学科理论的综合性上。队伍建设要在马克思主义指导下以思想政治教育为核心学科依托，但是仅仅掌握思想政治教育学科的理论是远远不能适应大学生思想政治教育的发展和需要的，这就要求综合其他相关学科，如教育学、心理学、政治学、社会学、伦理学、管理学、组织行为学的相关理论，综合进行。

（三）突出的专业性

大学生思想政治教育队伍建设的专业性主要表现在队伍成员的政治素养和角色定位方面。一方面，队伍成员具有较高的政治素养。高校思想政治教育队伍承担着宣传马克思主义理论和党的路线、方针、政策，传播社会主义意识形态和精神文明，用马克思主义中国化的最新理论成果武装大学生、用优秀文化培育大学生的主要任务。这就要求他们必须具有坚定正确的政治方向，必须有坚定的理想信念。另一方面，队伍成员具有明确的角色定位。三支主体队伍中，学校党政干部和共青团干部是负责领导、组织、协调的宏观把握工作的；思想政治理论课教师和哲学社会科学课教师是负责对基本理论、知识的传递和培养的，是一种显性教育；而辅导员和班主任主要负责日常的思想政治教育工作，在对学生活动的组织中、生活的关怀中、就业的指导中开展工作，产生一种潜移默化的影响。明确角色定位，才能明确工作职责范围，做到术业有专攻。

（四）深刻的实践性

实践的观点是马克思主义首要的和基本的观点，实践是认识的基础，是认识的来源，实践是检验认识正确与否的唯一标准。大学生思想政治教育队伍建设是在深刻的实践基础上进行的活动。首先，队伍建设来源于实践。正是由于大学生思想政治教育实践的不断发展，与之相适应才产生了大学生思想政治教育队伍建设。其次，队伍建设服务于实践。大学生思想政治教育队伍建设的直接目的就是更好地服务于大学生思想政治教育的实践，从而增强教育的实效性，切实提高大学生的思想政治水平。再次，队伍建设接受实践的检验。大学生思想政治教育队伍理论建设的成效如何，不是由队伍成员主观来评判的，最终还是要由思想政治教育的实践来检验。最后，大学生思想政治教育队伍活动本身就是一种实践。党政团干部的决策实施工作是实践，思想政治理论和哲学社会科学课教师的教学活动也是实践，而辅导员和班主任作为日常思想政治教育的骨干，经常与学生沟通交流，开展各类活动，他们的工作更是一种实践。

三、大学生思想政治教育队伍建设的基本内容

（一）思想建设

大学生思想政治教育队伍思想素质的水平影响大学生思想政治教育的实际效果。其思想建设的重点是坚持科学的指导思想，加强理论学习和社会实

践，通过外部灌输和自我修养，提升思想水平。坚持以习近平中国特色社会主义理论为指导，坚定中国特色社会主义制度自信、道路自信和理论自信，坚定社会主义办学方向，坚决拥护中国共产党的领导，坚持以人为本，在工作中做到"育人为本，德育为先"。

（二）组织建设

组织机构健全、配备人员充足、结构合理的队伍是做好工作的基础和前提。大学生思想政治教育队伍组织建设要按照专职为主、专兼结合、数量充足、相对稳定、合理流动、团结高效的原则，做好各类人员的选聘、培养和管理工作，对人才资源进行合理有效的配置，充分发挥党政干部和共青团干部的组织、协调和领导作用，保证大学生思想政治教育队伍后继有人，保持队伍的延续性。

（三）业务建设

业务素质是思想政治教育者有效开展思想政治教育工作的基本条件。这支队伍是否具备精湛的业务能力，是高校思想政治教育能否有效开展的关键因素。业务建设主要是要加强对队伍成员的培养培训，采用脱产学习、岗位轮换、出国学习考察、挂职锻炼、参加社会实践活动等形式，切实提高队伍成员的实际水平和工作能力，提高他们的语言表达能力、处理危机能力、随机应变能力、教学科研能力等。

（四）作风建设

大学生思想政治教育队伍要坚持解放思想、实事求是、理论联系实际，本着贴近实际、贴近生活、贴近学生的原则，经过有组织的教育、培养、锻炼、管理和加强自身的修养，使整个大学生思想政治教育队伍在日常的工作、学习和生活中，形成正确的思想作风、积极向上的学风、扎实的工作作风和良好的生活作风。

（五）制度建设

制度建设是带有根本性、全局性、稳定性和长期性的问题，要制定和完善适应大学生思想政治教育队伍建设和发展的各项法律法规、方针政策和规章制度体系，全面规范和指导大学生思想政治教育队伍建设工作，使大学生思想政治教育队伍的选拔、培训、管理、激励和保障等建设工作有法可依、有章可循，形成长效机制，实现大学生思想政治教育队伍建设工作的制度化、规范化和科学化。

第二节　当代高校思想政治教育队伍建设的现状

近年来，党和国家高度重视大学生思想政治教育队伍建设工作，从队伍构成、定位、分工、政策保障及培养培训等方面探索创新队伍建设的新格局，推动了大学生思想政治教育队伍建设的稳步发展。

一、明确了队伍的构成、定位和分工

中央明确指出，学校党政干部和共青团干部、思想政治理论课和哲学社会科学课教师、辅导员和班主任是大学思想政治教育队伍的主体。还明确规定了三部分主体的具体分工：学校党政干部和共青团干部负责学生思想政治教育的组织、协调、实施；学校党委要统一领导大学生思想政治教育工作，经常分析大学生思想状况和思想政治教育工作状况，制订思想政治教育的总体规划，对学生思想政治教育工作进行全面部署和安排；校长要对大学生德智体美劳全面发展负责，把思想政治教育与教学科研社会服务工作结合起来，同时部署、同时检查、同时评估；学校各部门要明确各自职责，密切协作，切实完成相应任务；学校基层党、团组织要认真履行学生思想政治教育职责，把加强和改进大学生思想政治教育工作落到实处。这些规定使高校党政干部和共青团干部在大学生思想政治教育工作中的定位更加清晰、职责更加明确。

高等学校思想政治理论课教师是马克思主义理论和党的路线方针政策的宣讲者、社会主义意识形态和精神文明的传播者，要不断提高马克思主义理论素养，提高科研能力和教学水平，做坚定的马克思主义者，做教书育人的表率，做大学生健康成长的指导者和引路人。高等学校哲学社会科学课负有思想政治教育的重要职责，哲学社会科学课教师和思想政治理论课教师一起

被纳入大学生思想政治教育队伍主体之中，要求他们根据学科和课程的内容、特点，负责对大学生进行思想理论教育、思想品德教育和人文素质教育。对思想政治理论课教师的定位，从 20 世纪 80 年代"是塑造学生思想灵魂的工程师，是宣传科学共产主义的战士"发展为"党的理论、路线、方针、政策的宣讲者，大学生健康成长的指导者和引路人"，对其角色定位更加准确全面。目前，高校思想政治理论课教师队伍教师准入资格的高要求，如必须具有硕士学位、必须是共产党员等条件，表明高校思想政治理论课教师队伍素质要求有越来越严格的趋势。而将哲学社会科学队伍纳入大学生思想政治教育主体，不仅扩大了队伍、充实了力量，也进一步提升了高校思想政治教育队伍的层次和水平。

辅导员和班主任是大学生思想政治教育队伍的主体，是大学生思想政治教育的骨干力量。辅导员按照党委的部署有针对性地开展思想政治教育活动，班主任负有在思想、学习和生活等方面指导学生的职责。辅导员是高等学校教师队伍和管理队伍的重要组成部分，具有教师和干部的双重身份；辅导员是开展大学生思想政治教育的骨干力量，是大学生思想政治教育和管理工作的组织者、实施者和指导者；辅导员应该努力成为大学生的人生导师和健康成长的知心朋友，并从思想政治教育、道德品质培养、助学帮困、就业指导、校园稳定等八个方面履行自己的工作职责。辅导员和班主任的角色定位，不仅适应了大学生全面发展的要求，也有利于提高辅导员和班主任的社会地位，树立良好的职业形象，增强其职业归属感和事业成就感。

总之，大学生思想政治教育队伍的构成、定位和分工的明确，为队伍建设的科学化和有序化奠定了基础。

二、完善了队伍建设的政策保障

保持思想政治教育队伍的稳定和发展，需要明确政策、落实待遇。各高校要按师生比不低于 1∶200 的比例设置本、专科一线专职辅导员，每个系的每个年级设专职辅导员，每个班级都要配备一名兼职班主任。职称和待遇方面，除了继续完善思想政治教育队伍的专业职务系列外，还要将辅导员和班主任的岗位津贴等纳入学校内部分配体系统筹考虑，确保辅导员和班主任的实际收入与本校专任教师的平均收入水平相当。对辅导员实行"双重管理"，保证辅导员"双线晋升"，可按照助教、讲师、副教授、教授来评聘思想政治教育学科或其他相关学科的专业技术职务。辅导员作为后备干部，还可以被选拔、调派从事校内的管理工作或者被推荐至地方组织部门。辅导员的配备比例和辅导员的编制、职称评定、职务晋升、岗位津贴、办公条件、通信经费等方面要做更加细致的规定。

三、加强了队伍的培训

（一）对辅导员队伍的培训

2005 年，教育部下发了《关于加强高等学校辅导员班主任队伍建设的意见》。提出要大力加强辅导员和班主任队伍的培养培训工作，切实为辅导员和班主任工作及其发展提供保障。2013 年 5 月，教育部下发了《普通高等学校辅导员培训规划（2013—2017 年)》，对辅导员培训工作做出了统筹安排。

（二）对思想政治理论课教师的培训

近年来，国家通过全员培训、骨干研修、在职攻读学位、国内考察、国外研修、以项目选人和选人给项目等多种途径进行思想政治理论课教师的培训，建设一支"让党放心、让学生满意"的高校思想政治理论课教师队伍。努力造就数百名政治坚定、理论功底扎实、善于联系实际、具有较高教学水平和科研能力的领军人物、中青年学术带头人；培养数千名思想政治理论素质高、业务精湛、具有发展潜力的教学一线骨干教师，以及数万名坚持正确方向、师德高尚、业务熟练、结构合理的专业化教师，为加强和改进大学生思想政治教育，培养德智体美劳全面发展的中国特色社会主义事业合格建设者和可靠接班人做出贡献。

第三节 加强高校思想政治教育队伍建设创新的策略

一、促进队伍建设的专业化和职业化

大学生思想政治教育队伍应由精干的专职人员和兼职人员组成，其中以专职人员为主、兼职人员为辅，构建合理的专兼队伍结构。正是由于党和政府坚持专兼结合的原则，才使得高校思想政治教育队伍不断发展壮大，结构不断优化，也才使得全员育人、全过程育人、全方位育人的工作思路在实际工作中得到贯彻落实。

在专兼结合的大学生思想政治教育队伍基本结构中，专职思想政治教育工作者是骨干力量。要实现思想政治教育工作的专业化和科学化，必须以专职人员为骨干，并且通过专业化和职业化建设，培养和造就一批思想政治教育的专家。专业化致力于队伍成员内在素质的提升，职业化立足于外在的资格认证和职业要求。思想政治教育队伍的专业化建设，有助于提高队伍整体素质，使其掌握相关的专业知识和工作能力，确保有充足的时间和精力进行本职工作，提高思想政治教育工作实效。职业化是专业化发展的动力和保障，职业化使其具备崇高的职业理想，掌握过硬的职业技能，树立良好的职业形象，提升社会认同。个人职业取得发展，能够使他们安心本职工作，有助于队伍稳定和健康发展。

我们可以采取以下措施促进大学生思想政治教育队伍建设的专业化和职业化。

（一）培养培训

其一，培训的内容主要包括对大学生思想政治教育队伍成员的思想政治素养的培训、思想政治教育专业理论知识的培训，以及社会学、心理学、教育学等相关专业知识的培训和相关能力素质的培训，重点是对队伍成员政治素养的培训。还应该进行对大学生思想政治教育队伍工作方式方法创新的培训，引导他们树立运用新方法的意识，培育他们合理采用新方法的技能。其二，培训的形式可以采取岗前培训、日常培训、专题培训、学历培训和骨干培训等形式，要突出学历培训和骨干培训。学历培训一般是指对已经从事工作的队伍人员进行统一规划和安排，选送他们去攻读硕士学位或者博士学位，学成归来再继续回到原岗位参加工作，培育思想政治教育方面的专家和学者。骨干培训是指为了保证队伍的稳定性，选择一些表现突出的骨干力量进行社会实践、挂职锻炼及国内外的各种培训，培育一批教育能手。其三，完善培训保障机制。要重视精品教材和课程建设，积极吸收国内外优秀研究成果和实践经验，逐步建立科学合理、绩效突出，以理论学习、技能训练和案例教学为重点的培训教材和课程体系；要继续建立健全思想政治教育队伍人才培养基地，保障大学生思想政治教育者定期系统培训的实现；建立对培训结果相应的考核制度，培训最终的目的是要提高队伍成员的素质，不能简单上课、开会就算结束，在培训结束以后要检验培训实际效果。可以把队伍成员的培训作为其评优评奖、待遇和职称变化的一个标准，以激发他们参加培训的自觉性和积极性。

（二）以辅导员队伍建设为重点

作为大学生思想政治教育队伍之一的辅导员队伍，是大学生思想政治教育的骨干力量，保证辅导员队伍建设的专业化和职业化，必将促进整个队伍专业化和职业化的发展，保持队伍稳定。其一，设立辅导员专业。促进大学生思想政治教育队伍建设的专业化，不仅要继续深化原有学科专业发展，而且要适应新的实践需求，创建辅导员专业，促进辅导员学科发展。教育部可以结合当前大学生思想政治教育工作的实际需要和辅导员队伍建设未来发展需求，将辅导员学科作为思想政治教育的一个分支学科，在原来思想政治教育专业二级学科的基础上，创建能培养具备高水平理论素养和实践能力的高校辅导员专业，进行统一的招生培养，为专业化的辅导员队伍建设提供坚实的后备力量。辅导员专业的设立，将更有针对性、实质性地提升辅导员队伍的专业化和职业化水平，为辅导员队伍工作的开展提供强大的专业学科支撑和组织保证。其二，做好合理分流。未来辅导员队伍如果不能做到合理分流，必将影响这支队伍工作的积极性和创造力，高校应建立多个职业发展渠道，允许不同的人有不同的发展方向，让专职辅导员看到自己的职业前景。一方面，培养一部分科研能力突出、具备敏锐科研思维能力的辅导员成为思想政治教育专家；鼓励一部分善于管理学生事务、善于疏解学生心理问题、能够创新性地开展大学生主题教育活动的辅导员，继续从事辅导员工作，把辅导员工作当作自己的终身职业来对待。另一方面，一部分具备行政管理能力的辅导员，可以推荐其在学校机关部门工作，发挥其行政管理能力。这样各展其能，让他们在工作中获得最大的积极性和成就感，就能更科学、更有效、更全面地引导辅导员的工作，有利于形成辅导员队伍的长效发展机制。总之，让辅导员这个角色成为人才成长和发展的平台，更让辅导员成为一种职业，促进整个队伍建设的稳定性。

二、促进队伍建设的制度化和规范化

（一）建立健全选聘机制

首先，扩大人数规模，按照国家相关文件的要求来配备思想政治教育人员。思想政治理论课专任教师要总体上按不低于师生 1∶400 的比例配备，专职辅导员和学生按 1∶200 甚至更高的比例来配备，保证每个院系、班级都有相应数量的专职辅导员。要以优厚的待遇和人文关怀为招聘条件，最大限度和最广范围地吸引有意愿者积极加入队伍中来。其次，规范选拔标准，按照政治强、业务精、纪律严、作风正的要求，坚持专兼结合的原则进行选拔。政治强是指队伍成员要具备的首要素质就是政治素质，必须有坚定的政治信念，拥护党的领导，这就要求队伍成员最好是中国共产党党员。业务精是指必须掌握开展思想政治教育工作的相关专业知识和能力素质，如语言表达能力、危机处理能力、应变能力等。纪律严是指大学生思想政治教育队伍要遵守严格的制度规范，有严明的工作纪律，以此来规范自身行为。作风正是要求队伍成员具有实事求是的作风、密切联系学生的作风、民主公正的作风，树立良好的形象。最后，完善选拔程序，包括笔试、面试、试用等环节。以辅导员的选拔为例，笔试的内容包括与大学生思想政治教育队伍相关知识的运用程度。面试主要是对应聘者的能力进行考查，测试他们职业能力、应对突发事件的能力、心理承受能力及语言表达能力。然后对拟录取者进行试用，根据其实际表现及学生反映进行综合评判，试用期间实行双向选择和淘汰机制。

（二）建立健全考核机制

由于大学生思想政治教育工作的复杂性和特殊性，学校必须制定出一套符合实际、行之有效的考核机制来进行考核。从考核主体来看，应该全面考虑多方面的因素。其主体包括学生、队伍成员自己、同事及上级部门，对队伍成员进行学生评议、个人自评、院系考核、职能部门考核和同级互评，然后综合所有考核人员意见，得出最后考核成绩。从考核内容来说，包括对队伍成员的素质考评，即考查他们的政治、思想、作风、道德等素质；能力考核，即实际分析问题和解决问题的能力，组织协调、教学及科研能力；工作绩效，即考核队伍成员的工作数量、出勤、学生实际思想水平情况等。从考核的方法来说，首先，应该坚持定性与定量相结合的方法，根据队伍成员的实际工作特点，对其素质和能力方面进行定性考核、对工作业绩等进行定量考核，要尽量把考核标准量化转化为可以直接或者明确反映其工作业绩的具有可操作性的标准。其次，要坚持过程考核和结果考核相结合，结果考核主要考查队伍成员岗位职责完成情况和工作业绩，过程考核主要是看队伍成员平时的工作状态和表现，是一个动态的过程。最后，要将考核结果与奖惩相结合，对优秀的队伍成员进行表扬奖励，对于考核不合格的应予以批评、提醒，严重不合格者要考虑调离工作岗位或者解聘。

（三）建立健全动力机制

动力机制即激励机制，建立健全的激励机制能够有效提升队伍成员工作的积极性和主动性，营造公平和谐的工作环境。首先，要帮助大学生思想政治教育队伍成员认识和评价自身工作的价值，对所从事的工作产生认同感，能从工作上得到满足和成就，这是解决动力不足问题的关键。其次，要将物质激励与精神激励结合起来。物质激励就是要为大学生思想政治教育队伍成员提供良好的工作环境，提高工作水平和福利待遇，对超负荷的工作要给予补贴，对表现突出的人员进行物质嘉奖。精神激励要通过表彰，授予荣誉称号，提供培训、晋升机会，解决个人发展问题来进行，主要是对队伍成员尊重、成就和自我价值的满足。再次，坚持正激励和负激励并重，对表现优秀的人员要给予及时的奖励，对消极怠工、工作不佳的人员要进行警告，必要时进行一定的惩罚。这就需要健全淘汰机制，对于不能胜任工作的人员及违反纪律、犯错误的人员予以警告、记过、辞退等。最后，国家、学校要有适当的政策倾斜，为队伍建设提供一定的环境保障和制度支撑。相关部门要在教育资源、硬件设施和资金供给方面给予队伍建设大力支持和一定的政策倾斜。就辅导员队伍建设而言，要继续完善教育部人文社会科学研究项目、辅导员专项课题及高校哲学社会科学辅导员专项研究，设立辅导员科研基金、规范科研项目管理、完善科研条件保障机制等。

三、增进交流合作以实现主渠道和主阵地的有机统一

大学生思想政治教育包括思想政治理论教育和日常思想政治教育两个重要方面。思想政治教育理论课是大学生思想政治教育的主渠道，思想政治理论课教师是主要教育主体，而日常思想政治教育是大学生思想政治教育的主阵地。大学生日常思想政治工作主要是指师生交流、职业生涯规划指导、学术活动、社会实践活动、心理健康教育咨询、学生社团活动、党团活动、校园网络等教育形式和途径。日常思想政治教育主要是由党政干部和共青团干部、辅导员和班主任开展的思想政治教育活动，辅导员是日常思想政治教育主阵地上的基层指挥员。主渠道和主阵地是相互配合、相互补充的，两者有机统一于思想政治教育实践中。首先，思想政治教育理论课具有明确的教学目标、系统的教学内容和完整的教学计划，日常思想政治教育可以按照大学生成长成才的规律安排教育内容，构建起完整的日常思想政治教育体系，在内容的选择上要围绕理论课讲授内容进行，实现双方在内容上的衔接。在工作的方式方法上，思想政治理论课教学在讲授和灌输的基础上，也要借鉴一些日常思想政治教育的形式，如利用网络教学、带领学生参加社会实践活动等，以激发学生兴趣，提高课堂教学质量。这都需要思想政治理论课教师与其他两支队伍尤其是辅导员队伍进行有效沟通和配合，形成思想政治教育的

强大合力。其次，要为合力育人搭建平台，成立课题研究小组，共同组建课题研究团队。课题小组通过"实践—理论—实践"的良性循环模式，形成合力，提升大学生思想政治教育效果。最后，进行必要的岗位轮换，学校党政干部、共青团干部的工作不应仅仅停留在发通知、发文件、开会、考核这些层面上，必要时可以深入学生工作第一线，担任学生的兼职辅导员、班主任或者兼职学生党支部、团支部书记等。而优秀辅导员和班主任则可以兼职教授大学生思想政治理论课，同样，思想政治理论课和哲学社会科学课教师也可兼职做学生的班主任和辅导员。需要注意的是，大学生思想政治教育队伍相互配合，形成合力，要建立在明确队伍职责的基础上，并不是职能的混乱和无序。各主体队伍首先要明确自身职责，才能真正达到职能的互补与合作。

四、全面提高队伍素质

思想政治教育工作者素质，是指思想政治教育工作人员必须具备的思想、政治、品德、知识、能力、心理等各方面基本条件的总和。大学生思想政治教育队伍成员"都要坚持正确的政治方向，加强思想道德修养，增强社会责任感，成为大学生健康成长的指导者和引路人。在事关政治原则、政治立场和政治方向问题上不能与党中央保持一致的，不得从事大学生思想政治教育工作"。《中共中央中宣部、教育部关于进一步加强高等学校思想政治理论课教师队伍建设的意见》指出，思想政治理论课教师要坚持正确的政治方向、理论功底扎实、善于联系实际，成为一支政治坚定、业务精湛、师德高尚、结构合理的教师队伍。

高校学生思想政治教育工作者应该具备以下基本素质：政治素质，即在事关政治原则、政治立场和政治方向的问题上与党中央保持一致，具有较高的政治理论水平、政策水平和优良的政治品质；思想素质，即具有辩证唯物主义和历史唯物主义世界观、正确的人生观、优良的思想方法和工作作风；道德素质，即具有无私奉献精神、高度负责精神、民主平等精神、以身作则的品格，在道德人格心灵境界和情操等方面成为学生的楷模；法律素质，即具有现代的明确的法律意识和理性精神，了解掌握基本的法律常识，并能在工作和实践中依法办事；智能素质，即具有扎实系统的理论知识、文化知识和专业知识，以及运用于工作实际的各种技能和艺术；心理素质，即具有广泛的兴趣、优良的性格、真诚的情感和良好的自制力等；创新素质，主要包括竞争和创新意识、独立性和创造性思维、开拓和创新能力等。

第六章　当代高校思想政治教育的智能创新发展

智能媒体时代作用于大学生，大学生的学习生活离不开网络、手机、微博、微信、公众号、APP 客户端，这是一个不容忽视的客观现实。我们要推动高校思想政治教育传统优势同智能媒体时代信息技术的高度融合，增强思政课的时代感。本章即针对智能媒体时代高校思政课程改革与创新进行分析。

第一节　融媒体时代高校思政课程的改革与创新

一、融媒体与高校思政课

伴随着"新媒体"到"全媒体"再到"融媒体"一路成长起来的大学生，他们思维活跃，见多识广，虽性格迥异但个性张扬、崇尚自我，对新事物接受能力强，探索欲、求知欲和表现欲都强于以往的大学生。因此，即使思政课教师课上有意回避融媒体而仅仅局限于书本，学生也会在课下自主地融入各种媒介之中。与其避犹不及，不如积极利用；与其被动应对，不如主动适应。在作为教育对象的学生们"人人融媒"的形势下，高校思想政治理论课教师、思想政治工作者无论是主动还是被动，都必须将融媒体融入自身教育教学工作中。我们如果不利用好融媒体进行思想政治理论课教育，学生们就容易被融媒体中的消极、负面内容所影响，被一些背离核心价值观的舆论或者西方有政治意图的言论所左右。

融媒体环境下，传播无处不在，思想教育无处不在，面对到处是媒体的"高度融合"氛围，思想政治教育工作不能"堵"，而应该"疏"，思政课教师应将融媒体环境纳入思政课教学中，因势利导，发挥融媒体的长处，守住思想政治教育底线。

二、融媒体时代高校思政课改革创新的必要性

（一）借鉴经济领域"供给侧结构性改革"思路

党的十九大报告中将"深化供给侧结构性改革"作为"贯彻新发展理念"的具体举措，报告提出推动互联网、大数据、人工智能的发展，并提出加快建设创新型国家，建设网络强国、数字中国的目标。新修订的《中国共产党章程（修正案）》也将推进供给侧结构性改革写入党章。"供给侧结构性改革"从中央高层的经济治理思路重大调整发展为经济领域解决问题的一种思路，进而发展为解决文化、教育以及其他领域体制、机制问题的一种逻辑思维方式。

习近平总书记在党的二十大报告中强调，"高质量发展是全面建设社会主义现代化国家的首要任务。发展是党执政兴国的第一要务。没有坚实的物质技术基础，就不可能全面建成社会主义现代化强国。"我国经济已转向高质量发展阶段，经济社会发展必须以推动高质量发展为主题。推进供给侧结构性改革是我国经济发展进入新常态的必然选择，是经济发展新常态下我国宏观经济管理必须确立的战略思路。高校思想政治教育要深入学习贯彻党的二十大精神，学习推进供给侧结构性改革，推动我国思想政治教育的创新发展。

（二）高校思政课改革创新及其必要性

有关"供给侧结构性改革"的思想给我们提供了马克思主义的改革方法和化解体制性、机制性问题的思路。思政课关系着高校立德树人的根本，党中央历来重视高校思政课的教学。高校思想政治工作关系高校培养什么样的人、如何培养人以及为谁培养人这个根本问题。这就决定了高校思政课教学的供给侧的特殊地位，要求思政课教学必须具备强大的说服力和引领力，达到真正地改造学生的思想主观世界的实效性。[1]

---

[1]　杨新莹．融媒体环境下高校思政课改革创新研究［M］．北京：经济日报出版社，2021：157．

"供给侧结构性改革"是要调整不合理的经济结构，实现劳力、土地、资本、创新四大要素的最优配置，提升我国经济增长的质量和数量。这不仅是经济领域的一个改革措施，也是破旧立新的一种思路。如果用一个公式来描述人们口头上所说的"供给侧结构性改革"，那就是"供给侧+结构性+改革"。其含义是：用改革的办法推进结构调整，减少无效和低端供给，扩大有效和中高端供给，增强供给结构对需求变化的适应性和灵活性，提高全要素生产率，使供给体系更好适应需求结构变化。这恰恰和目前高校思政课供给现状和改革方向不谋而合。现实中，高校思政课也存在结构不合理的现象，并没有达到最优配置，"供给重复、产能过剩""无效供给"和在融媒体时代"供需失衡"、供给对需求适应性差等问题表现明显，亟待解决。

1. 思政课教学"供给重复、产能过剩"，"低端供给"和"无效供给"现象存在

从我国消费品供给结构来看，长期存在着传统的中低端消费品过剩，而高品质的消费品却供给不足的现象。在思政课教学领域，也存在非常相似的状况。一直以来，我国思政课教学"供给侧"层面存在"思政课教学结构重复，产能过剩"的问题。2014 年《教育部关于全面深化课程改革落实立德树人根本任务的意见》认为，当前课程改革中存在着"高校和中小学课程改革从总体上看，整体规划、协同推进不够""部分学科内容交叉重复""课程教材的系统性、适宜性不强"等现象。

"思政教学结构重复"体现在我国在校学生从初中起就接触政治课，高中政治是目前高中结业"会考"的科目，大学更是要系统学习思想政治理论"四门课"。当然，如果从初中政治一直贯穿到大学思政课教学能够在讲授内容、授课形式、理论深度等方面有所衔接，不同阶段又有不同阶段的特征而区别化明显，则是一种比较理想的思政课学习"递进化"状态。但是，目前，思政课的课堂教学从中学到大学其实存在很多重复的地方，中学阶段，特别是高中时学文科的学生所学的政治课知识，甚至完全可以应付于大学思政课考试"不挂科"。这是因为从中学到大学，思政课内容存在内容重复、形式相似的问题，甚至一些十几、二十年前的案例反复出现在高中政治和大学思政课课本当中，这不能不说是一种低端、重复供给。一些内容的反复出现，对学生的吸引力自然大大减弱，学生不感兴趣，就极大程度地削弱了学生们对思政课的"获得感"，使学生觉得毫无新鲜感甚至学的东西以前都学过，这就难以激发学习兴趣，随之出现偌大一个一二百人容量的思政课教室缺勤严重的现象，看似老师辛辛苦苦讲课，实际上鲜有同学真正听进去，就算听了，也难以从主观能动性上产生兴趣，并不是"真心喜爱"，没有共鸣的被动接受，更难说"终生受益"和"毕生难忘"了。从这个角度来说，目前高校思政课供给存在无效供给的情况，也造成了"思政课产能过剩"问题。

2. 融媒体时代，思政课教学"供需失衡"

思政课教学"供需失衡"的问题也是一直存在的，这严重影响了思政课"育人"效果。从供给方层面来看，国内各级各类高校都有开设思想政治理论课，也在探索教学质量的提升，但是大多数高校是以"教材体系"为主，缺乏问题导向，几千名本科生学习同一本教材，主要靠教师讲授教材，难免有"照本宣科"之嫌疑，也并没有重视作为"需求侧"的学生的实际需求以及个性差异，没有回应学生生活中关切的实际问题，造成学生不喜欢甚至反感、抵触上思政课。长期以来，高校思政课给人以形式刻板、气氛沉闷，学生们没精打采，教师长篇大论的印象也从一个侧面反映了这个问题。特别是在现今融媒体时代，各路互联网、移动互联网以及纸质媒体上承载的各类信息"融"于一个刚刚成年的大学生的头脑中，大学生随时随地接触到各类最新的消息，看到、听到各种观点和评论，产生各种见解、疑惑或问题，甚至有些见解、观点、问题是和思政课堂讲授截然相左的，学生自然期待思政课对这些观点和问题有所关切。如果思政课完全忽视这些"需求侧的需求"，不看问题和需求，只谈理论和道理，思政课"供给"效果就会大打折扣。这样讲授思政课的高校其实并不在少数。

另外，我国思政课在教学的方式方法上也存在"供给不足"的情况。2015年《中共中央宣传部、教育部关于印发〈普通高校思想政治理论课建设体系创新计划〉的通知》中指出，思想政治理论课建设自身也还存在许多困难和不足，其中就包括"改革创新的手段不多""有效整合全社会资源的力度不够"的问题。这在当前融媒体信息环境下表现得更加明显。比如，大多数高校目前不能做到有效整合思政课和专业课的结合方式和结合点，现实中大量存在思政课和专业课"两张皮"的现象。

高校思政课作为传播马克思主义的观点、立场、方法，传授习近平新时代中国特色社会主义思想理论，帮助大学生树立正确的理想、信念和人生观、价值观，传播社会主义核心价值观和社会主义法治思想的主阵地，可以说从来不缺乏正确的思想、理论和观点。思政课缺乏的是一种有"亲和力"和"时代感"而又"接地气"的，被学生所接受和热爱的话语、交流与授课方式。也就是说，较之内容的匮乏，形式上的"供给不足"更为明显。一般来讲，话语方式主要有灌输宣讲式、聊天交流式和内心独白式三种。就前两种而言，也有学者将其称为官方话语方式与民间话语方式，或者理性话语方式与感性话语方式。灌输宣讲话语方式也是官方话语方式、理性话语方式，具有沉稳庄重的特点，直接进行理论传输，话语途径往往采取最正式的课堂、讲堂、主流官方媒体等途径。传统的思政课教学的话语方式就是这种灌输宣讲式的，教师在课堂上以一种很严肃、很正式的方式传授已经形成定论的、成熟的理论，这种宣讲方式十分依赖理论本身的权威性。聊天交流式话语方式也就是民间话语方式、感性话语方式，随着融媒体的发展而具有越来越大的空间和冲击力，这种话语方式因为更加照顾到个体的体验和感受，简单易参与，传播方式也更加"接地气"而被大众迅速接受，其认同度从当今自媒体的盛行就可见一斑，也受到网络和移动互联网主要使用人群的大学生和年轻人的喜爱。而这种聊天交流式民间话语方式正是当前思政课教学方式"供给"上所缺乏的。

3. 融媒体时代，高校思政课"亲和力"受到挑战

高校思政课改革创新也是融媒体环境下提升思政课"亲和力"的必然要求。所谓"亲和力"，是指个人、组织或者言论、思想在人群心理上具有较少的距离感，使群体乐于接受、主动接受，进而具备一定的影响力。思政课的"亲和力"，是指思政课在学生群体中主动接受度高，学生发自内心喜欢并愿意亲近思政课，并且认同思政课所传授的理论、思想并愿意将其自觉内化于心、外化于行。想要在融媒体环境下，在大学生并不缺乏信息获取渠道、思政课堂和教师不再具有信息垄断性的今天，真正达到提升思政课"亲和力"的目标，就要在"提供什么样的思政课"这一问题上下功夫，从"需求侧"的学生愿意接受、乐于接受怎样的思政课入手，提供学生喜爱的思政课，做到既不能一味迎合学生而使思政课"变了味"，又使学生真心喜欢、真心愿意来到课堂。所以，从提升思政课"亲和力"的角度，必须改革思政课"供给侧"。

4. 融媒体时代，思政课"供"和"需"主体情感疏离、缺乏共情

思政课教学"供给侧"的主体主要是思政课教师，而"需"的主体自然是大学生。现实中，思政课教师由于课程的特殊性，思政课往往是面向全校学生的必修课，师生配比基数一般都比较大，所以，思政课往往采取"大班授课"的模式，即4~6个自然班合成一个一两百甚至更多人的大班，一起上思政课。这就导致思政课在师生关系和情感互动上区别于小班教学的专业课，一个思政课教师不可能一个学期密切联系和关注几百个学生，现实中思政课教师和学生近乎"失联"的情况成为常态，除了课堂上的"你讲我听"，课下和课后几乎行同路人。理论传授的"高冷"加上现实中师生课下主动或者被动的"失联"，思政课教师既难以掌握学生的需求，也没有办法及时对融媒体时代学生获取的各路良莠不齐的信息进行分析和指导。而作为20岁上下的大学生，理性思维并不成熟，大多比较感性化。在大多数人的学生时代，都有过因为喜爱一个老师而喜欢一门课的经历。当前接受思政课教育的大学生在情感上和思政课教师缺乏亲近感，这种距离感直接影响他们对思政课的接受和认同。作为"供给侧"主体的教师和"需求侧"主体的学生之间的情感疏离、缺乏共情的现状，使思政课的实效性大打折扣。

综上四点，进行思政课改革创新是必需的。高校和思政课教师应在思政课教学上找准问题，对症下药，进行高校思政课改革创新。

三、融媒体背景下进行高校思政课改革创新的方法与对策

供给的质量越好就越受需求者欢迎，这是供给侧结构性改革的一般原理。

在思政课改革中，提高供给水平，要从提升供给主体素质、提高供给内容质量和加强供给的形式多样化三个方面入手。

（一）从供给主体方面，提升供给主体的素质

努力成为先进思想文化的传播者、党执政的坚定支持者，为学生点亮理想的灯，照亮前行的路，是时代赋予教师的神圣使命与职责。加强思政课供给质量，应当从建立和培育一支高水平的教师队伍入手，提高教师素质、责任和担当。思政课教师有别于一般的专业课教师，政治素质是其首要的素质，思政课的极强的政治性和其"思想育人"的属性要求其主讲讲师要对其讲授的理论"真学""真懂""真信""真用"，还要"真热爱"，而不能是自己本身就将信将疑、模棱两可，更不能仅将其当成是一份例行公事的工作，讲讲就算了，讲完即完成任务。这除了要提升思政课教师的思想素质和业务素质外，还要加强其责任心和担当意识，将对学生的政治教育和思想育人作为自己的责任。复旦大学思政课教师陈果的讲课视频近几年一直在网络上广为流传，她在课上的很多话语温暖人心、充满正能量，复旦大学的学生评价她是一位"能够给学生思想启迪、慰藉心灵"的教师。陈果老师说，"作为思政课教师，要真正了解学生，了解他们当下的困惑、问题、快乐和悲伤，创造一个能够打开学生心扉的思政课"。

融媒体环境下，提升思政课教师的素质，不仅仅包括师德素养、业务素质，还包括媒介素质。提高融媒体时代思政课教师的媒介素质，首先要提升教师融媒体使用的能力。有些思政课教师只把精力放在课本上的理论教学和科研上，对数字化智能通信手段的使用持排斥的态度，认为只要掌握基本的联络功能即可，不愿花费时间和精力去了解诸如微博上的热搜内容、公众号广为转载的热门文章、移动互联网上的热门新闻、学生们爱用的热门软件、APP的使用以及其他学生们在融媒体环境中热衷的内容。要知道，思政课课堂理论传授仅仅起到让学生"了解"的作用，真正让学生对思政课传播的内容"认同"，需要从学生的课下融媒体体验上下功夫。教师只有了解了学生在融媒体环境中的真实体验，知道学生对哪些信息是相信的，对哪些是怀疑的，对哪些是具有疑惑的，对哪些是情感上认同的或是情感上不愿接受的，

才能利用思政课这一主阵地，有的放矢，将所讲授的理论联系实际，去解答学生每天在融媒体中遇到的问题或疑惑，回应学生在融媒体中的关切所在。而达到这一目标，仅仅依靠教师对课本和理论的烂熟于心是不够的，还要提升和加强教师的媒介信息获取能力和融媒体使用能力。可以断言，未来思政课教师的融媒体使用能力，就像法学教师的法律检索能力一样，是一种最为基本的教学工具性的能力。

（二）在供给内容方面，加强思政课内容结构调整

在经济领域"供给侧结构性改革"是以去产能、去库存、去杠杆、降成本、补短板为核心内容。在思政课教学领域，也要"盘活存量，优化增量"。

1. 盘活思政课教学"存量部分"，避免重复供给

所谓"存量部分"，就是先不考虑增加或减少新的内容、手段的情况下，改革思政课中现有部分。"盘活存量"首先就是要整合中学到大学思政课教学中大量的重复部分，要"盘活"这部分内容，就要在理论深度上下大功夫。比如，高中政治和大学《思想道德修养与法律基础》都有"社会主义核心价值观"的模块，如果仅从核心价值观的二十四个字、十二个词来看，这部分是重复的。但是，我们所要考虑的是学生随着年龄的增长，随着从中学到大学的跨越，随着全面融入"融媒体"新时代的环境变化，其认知也发生了极大的变化。因此，同样的"富强、民主、文明、和谐""自由、平等、公正、法治""爱国、敬业、诚信、友善"内容，可以讲授的理论深度以及内涵是不一样的，可以举的具体案例也是不一样的，这就是思政课教学领域的"盘活存量"，避免重复供给。

"盘活存量"还应当优化思政课教材体系。首先，要注重一个学生从中学到大学不同阶段政治课和思政课的衔接。中学和大学思政课教材中的重复的部分除非承接的必要，简单介绍或者一带而过即可，要减少重复，突出内容、案例在深度、广度、角度上的区别。其次，思政课教材的编写还应当考虑到融媒体环境下现代大学生的"微+图"的阅读方式。大学生每天沉浸在各类图文并茂、注重体验的融媒体环境中，习惯了微博、微信朋友圈那种简短、碎片化的文字和"有图有真相"的阅读方式，其阅读习惯是摒弃晦涩难

懂的大段理论文字式的，而更倾向于直观体验式的。但是，目前高校思政课"四门课"的全国统一教材，几乎见不到图片，整本都是大段的文字。因此，思政课教材的改革，如果能够将大段的理论文字适度精简化，而增加一些有说服力的图片，不仅对教材使用人群的大学生更有吸引力，而且"图片化"的教材更能拉近课程和学生的距离，符合融媒体时代大学生的阅读习惯。

"盘活存量"还应尝试思政课和专业课的有效整合。2018年1月9日央视《焦点访谈》介绍了上海外国语大学从2014年开始进行的在外语学生中双语思政课创新改革，解决了专业教学和思政教学"两张皮"的现象，对当代"90后"大学生国际化有余、本土化不足的现状进行了有益的思政课教育探索。另外，上海一些高校还开展了思政课与某些专业课结合打造的"思政选修课"，都是有益的尝试。这些上海高校形成了以思政课四门必修课为核心、数十门"中国系列"思政课选修课为骨干、300余门综合素养课为支撑、1000余门专业课为辐射的"课程思政"育人同心圆，形成从"思政课程"到"课程思政"圈层效应。深挖不同专业课的"思政要素"，探寻思政课与专业课的有效融合是思政课改革创新所应考虑的。

2024年，辽宁科技学院《有机化学》课程思政教学改革，在教学中融入课程思政并不是单独增加几节课讲述思政内容，也不是在课程教学中增设几项教学活动，而是教师深入挖掘教材及教学内容的德育元素，基于课程内容潜在的育人资源，如化学史、化学家的故事、社会热点事件等，把思政引导和价值观塑造融教学中，以专业知识为载体传递思政价值，于润物细无声中将思政教育带进课堂，既做到"教书"又做到"育人"，让学生感受到课程的独特魅力，提高学习兴趣和积极性，有助于将学生培养成志存高远、德才兼备的青年人才。

2. 优化思政课教学"增量部分"，增加新颖的内容和形式

首先，要完成从教材体系到教学体系的转化，加强教学内容的供给。

在融媒体环境下，如果思政课仅仅是扣住教材，照本宣科，而不关注融媒体对大学生的影响和大学生的思想状况，只是采取和传统的思政课教学并无区别的方式，那么由教学实效检验的供给质量就大打折扣。所以，要在教学中适度增加教材以外的东西，完成从教材体系到教学体系的转化。这方面的增量包括从融媒体各种传媒形态中，每天数以百万计的案例、事例中甄选适合思政课教学的课堂探讨，适合在校大学生研讨分析的，并且加工进行教学设计，设定问题，进行类似"翻转课堂"的课堂研讨。这就是从教材到教学的"增量部分"。毕竟，在融媒体环境下提高思政课的实效性，仅仅有一本理论深厚甚至有些晦涩枯燥的教材是远远不够的。

融媒体环境下还可以增加"微课"供给。结合融媒体中的热点事件和言论，教师随时随地哪怕几分钟的时间，就可以就一个问题录一个简短的微视频，视频中可以有事件、有评述，阐明观点，对学生进行并非长篇大论的大道理灌输，而是三言两语的精准指导，做到形式上学生接受度高，学生愿意且方便观看"微课"，而且觉得思政课的学习方式"时尚有趣"，紧贴自己的融媒体体验习惯，进而会带着兴趣参与进来。

其次，应增加体验式教学方法的运用，实现教学模式供给的优化。

在融媒体环境下，运用体验式教学方法，可以借鉴美国教育家戴尔在1946年的"经验之塔"理论。这一理论的主要内容是说，学习或者经验的积累，是分为三个层次的，这三个层次好比一个金字塔：第一个层次是最底端基础的，是"做"的层次，包括做、设计和表演；第二个层次是居于金字塔中端的，是"观察的经验"，包括观摩示范、见习旅行、参观展览、影视、录音广播等；第三个层次是位于金字塔顶端的，是"抽象的经验"，包括视觉符号和语言符号。传统的思政课在很大程度上是直接进行第三个层次，也就是抽象经验的传授。我们在课上利用教师的宣讲、说课，宣传一些既定的理论，其实就是通过抽象的语言符号进行抽象的经验，即理论的传授。这是金字塔顶端的层次，按照"经验之塔"理论，这个层次是应当建立在已经完成了"做"和"观察"两个层次基础上的。而我们传统的思政课教学，直接忽略了前两个阶段，"不接地气"地跃进至"经验之塔"的最高层次，这实际上是缺乏基础的。融媒体大大扩展了在思政课上实现第一层次（"做"的层次）的教学和第二层次（"观察"层次）教学的方式方法和手段，比如，将融媒体中热门案例作为剧本进行角色扮演或者学生自编自导自演微电影、融媒体环境中"有图有真相"的图片、照片、视频的体验等，在第一层次、第二层次充分体验的情况下的理论传授，有铺垫、有基础，不会使学生不理解而感觉到纯粹的理论堆砌或者"空中楼阁"，使思政课有虚有实、有棱有角、有情有义、有滋有味。

最后，融媒体环境下还应完善考核方式供给的合理化。

如前所述，我们要在融媒体环境下进行高校思政课改革创新不仅仅需要改革教材、教学，提高教师的素质，还需要改革思政课的考试方式。我们探讨改变思政课话语方式，在融媒体环境下加强思政课体验式教学，相应地，在考试方式上，就应当更加注重过程性考核，而不单单像过去那样只看结果的"一张考卷定一切"。

"过程性评价"的概念是由美国芝加哥大学的哲学家斯克利芬提出的。过程评价的价值取向是注重目标和过程的结合，而不单单只看结果。思政课过程性考核评价体系可以避免以往的大学生不重视上思政课或者不重视思政课的平时表现，教师也就照本宣科，然后期末背背理论、刷刷习题就可以高分通过，师生"皆大欢喜"，但是思政课实效性并未真正提升、立德树人的目标并未真正达到的局面。"过程性评价"使得师生都会在思政课的教学过程上下功夫，而思政课这种课程，又恰恰是通过过程育人的课程。

思政课"过程性评价"的方式和标准可以多种多样。以天津科技大学为例。在融媒体环境下改革思政课过程评价体系是运用了一种助教软件公众号，让学生通过移动互联网加入公众号中教师预先设定好的班级里，以姓名和学号注册。教师每节课可以通过软件开启签到系统让学生签到，以便考核出勤成绩；教师可以利用软件随机提问，使得学生们不能再有不举手就"事不关己"的态度；教师可以不定期在课堂上用软件发布结合刚刚进行的教学环节的小测验，让学生用手机答题参与课堂测验；教师还可以课下发布课后作业和小组活动，布置课后学生需要用手机做的作业和小组题目……这些环节都会计入占总成绩六成以上的平时成绩中，使手机从学生上思政课"低头的工具"，变成了"抬头的利器"，思政课教师也不再为了课堂上有限的时间还要"和手机抢学生"而绞尽脑汁。

（三）在供给形式方面，加强思政课教学形式和话语体系调整

如前所述，当前思政课在教学的方式方法上，缺乏一种"聊天交流式"的、照顾到学生情感体验的"感性的"、民间的话语方式的供给。思政课要想在"亲和力"上赢得学生，就应该从他们喜爱的话语方式上入手，摒弃"有深度的理论传授就要高高在上"的观念，秉持一种包容的心态。原教育部部长陈宝生说，学生在听"死理论"时，没有温度、没有触感、没有质量，这样的课学生不愿意听。复旦大学的陈果老师说过，"要和学生保持平视，去了解他们的内心"。思政课应当在不削弱其政治性的前提下，在必要的理论宣讲之外，将学生喜爱的、"接地气"的民间交流式话语方式引入思政课体验式学习的环节中，达成官方宣讲式话语方式和民间交流式话语方式的教学交融。

这种传播话语方式的调整，也是与党中央精神亲民传播方式，与新时代中国特色社会主义理论传播方式是一致的。最近几年，习总书记在新年贺词中运用了"蛮拼的""点赞""朋友圈""世界那么大"等百姓化且在网民中流行的语言，也在一些官方文件中用到了"望得见山、看得见水、记得住乡愁"这样感性化的语句，一些官方媒体纷纷刊登，标志着这些流行又亲民的语言方式进入了主流官方和领导人的话语体系。

领导人的这种话语方式的转变，是思政课改革中值得学习和借鉴的。在融媒体各种媒介广泛融合作用于大学生的今天，思政课教学的方式方法，也应当学习党中央和领导人的这种话语方式，放下理论传授"高大上"的身段，主动包容和吸收民间的传播方式，如学生喜欢的"短视频"或者"微表达"的方式，用一些学生愿意听、喜欢听、听得懂的方式，做到形式上更有说服力，内容上紧扣主题，不削弱其政治性。学生们只有接受了思政课的表达方式，才更能接受背后的价值观，才能更好地把党的主张和大学生的思想政治教育结合起来。

总之，融媒体是一把双刃剑，既丰富了大学生们的认知，又拷问高校思政课教学。在融媒体蓬勃发展的新时代，高校思政课教学必须融于融媒体大环境中，进行改革与创新，顺应时代发展的需要，提升学生们对思政课的

"获得感"，让思政课不仅是一堂课，更是学生随时随地感受到的"精神指引"，培养出既朝气蓬勃顺应新事物发展的，又有政治底线的，新时代的"中国梦"的缔造者和"中国故事"的讲述人。

第二节　虚拟仿真技术在高校思政课程中的运用

红色文化与虚拟仿真技术的融合，打造全新的高校思政课教学路径。本节对高校思政课红色文化 VR 教学背景、高校思政课红色文化 VR 教学模式、高校思政课红色文化 VR 展览馆系统进行论述。

一、高校思政课红色文化 VR 教学背景

（一）红色文化融入高校思政课的作用

教育信息化时代，智能手机已经成为高校大学生不可缺少的一部分。红色文化包括战争遗址、革命先烈纪念馆、博物馆、伟人故居、烈士公园等场所，通过 VR 技术①开发的这些红色资源产品，可让观者产生身临其境之感，增强作品的感染力。VR 红色文化项目通过手机及 VR 眼镜都可以浏览资源，简单便捷。例如，由国家发展和改革委员会、中共中央宣传部、中央军委政治工作部等部门主办的庆祝中华人民共和国成立 70 周年大型成就展"伟大历程辉煌成就" VR 作品，浏览人数过亿，很多高校都组织学生集中观看。三维立体的效果展示和声情并茂的解说，让亿万中国人了解了祖国发展的伟大历程，获得了高度好评。

VR 技术在教育领域应用越来越广泛，其技术的趣味性和交互性同红色文化相融合，给学生带来了无限乐趣。VR 技术与红色文化融合顺应社会发展，满足了高校大学生的需求，具有很强的时代感和先进性，对高校思政课

---

① VR 技术，即虚拟现实技术（英文名称：Virtual Reality，缩写为 VR）。虚拟现实技术囊括计算机、电子信息、仿真技术，其基本实现方式是以计算机技术为主，利用并综合三维图形技术、多媒体技术、仿真技术、显示技术、伺服技术等多种高科技的最新发展成果，借助计算机等设备产生一个逼真的三维视觉、触觉、嗅觉等多种感官体验的虚拟世界，从而使处于虚拟世界中的人产生一种身临其境的感觉。

教育信息化建设有很大的促进作用。VR 红色项目，既可突破时间和空间的限制，同时又有强烈的互动性，带给了学生强烈的游戏体验感，提高了学生的学习兴趣，显著提升了思政课教育工作成效。

通过课堂教学传承和弘扬红色文化，是抓好高校思政课教育工作新的突破点。它打破了传统的"思政课程"教学模式，实现了向"课程思政"转变，即将传统的红色文化融入课程思想建设体系中，将"家国情怀"通过课堂教学，灌输到学生心灵之中，在润物无声中增强大学生对红色文化价值认同。由于红色文化特性不同，教师应结合不同的课程融入不同的知识内容。

红色文化内容丰富多彩，表现方式多种多样，能彰显出中国共产党人的不畏艰险、勇于牺牲、艰苦奋斗、无私奉献精神气质。不管什么样的专业课程，都可以将这些红色精神融入课堂中，真正将红色文化与思政课教育结合起来，实现高校"三全育人"，培养品德高尚的社会主义建设者和接班人。

随着 5G 的普及和应用，5G 可以全面应用让虚拟仿真（VR）技术变成真正的生产力，可以在课堂上的应用也会越来越广泛。课堂中融入的红色故事，学生可以通过网络"VR 红色纪念馆"和"国家虚拟仿真平台"等资源，结合 VR 眼镜身临其境地体验革命事迹，立体直观的红色文化可以让学生印象更加深刻。VR 技术在高校专业领域的应用解决了教学过程中遇到的难题，融入 VR 技术的教学课堂，体现了课堂的信息化、趣味性，让课堂教学变得更加丰富多彩。

（二）红色文化资源开发

红色文化是在革命战争年代，由中国共产党人、先进分子和人民群众共同创造并极具中国特色的先进文化，蕴含着丰富的革命精神和厚重的历史文化内涵。利用红色文化基地将红色文化的教育功能充分发挥出来，充分利用红色文化的同时，还要号召全社会的力量对红色文化进行保护，促进红色文化教育的开展。

1. 加强保护红色文化

文化遗产是国家的文化基因、文化积淀和文化密码，蕴含着中华民族特有的精神价值、思维方式、想象力，体现了中华民族的生命力和创造力，是民族智慧的结晶。加强文化遗产保护是建设社会主义先进文化、贯彻落实科学发展观和构建社会主义和谐社会的必然要求。加强文化遗产保护是发挥文化遗产教育功能的前提，政府在文化遗产保护工作中承担主导角色，公众参与能够保证文化遗产保护工作的顺利开展。

（1）引导全民树立保护红色文化的意识。很多革命资源都是不可再生的，而且对于国家和社会都弥足珍贵，主要包括革命遗址遗迹、烈士陵园、陈列馆、纪念馆、展览馆、红色文学和标语等。中国共产党带领人民所创造的红色文化是中国特色社会主义文化体系的重要组成部分，保护好红色文化就是保护好中华民族文化，只有这样，才能充分发挥红色文化资源在爱国主义教育、革命传统教育、党风廉政教育中的作用。既要通过开展各项措施保护有形文化，如文物搜集、采访见证者和实地考察等方式；又要保护无形的红色文化，很多红色文化资源具有巨大的价值，但是仍然处于未开发状态或者还未来得及发现，比如档案馆里的红色资料、坊间的红色文物和艺术品等。相关工作人员要努力寻找和搜集未被保护的红色遗迹遗址，加以保护和合理利用，还要建立健全管理保护开发，利用红色文化资源的工作机制，加强顶层规划设计，加强协作配合，全力打造红色文化资源品牌。利用媒体进行红色文化的宣传工作，如利用报纸、杂志、电视、广播和网络新媒体等，还可以举办讲座进行红色文化普及，对表现优秀的个人、社会团体和单位进行精神或物质奖励，提高公民保护红色文化的意识，建立全民保护的社会氛围，充分发挥红色文化的教育作用。

（2）构建政府主导和公众参与双管齐下的保护格局。政府在红色文化保护中起主导作用，应投入更多的人力、物力和财力，制定科学有效的政策。但是对于政府重视不够或者无暇顾及的领域，还需要公益团体、公司企业和基金会等社会力量予以补充，形成政府和公众共同保护红色文化的氛围，这样红色文化的真实性、完整性才能得以保留，同时形成红色文化的保护环境有利于红色文化的开发与保护工作共同进行。红色文化具有数量多和分布广的特点，这大大提升了红色文化的保护难度，所以，必须集全社会的力量共同保护，政府要重视红色文化保护工作，要引导我国公民去了解和认识保护红色文化的重要性，鼓励社会力量集资募捐。只有广大群众参与到红色文化保护工作中来，红色文化保护工作才会顺利地开展。要建立政府主导和全民积极参与的保护格局，弘扬和发展红色文化，充分发挥红色文化的教育作用。

2. 整合红色文化

红色文化为社会主义先进文化建设、社会主义核心价值观的培育和践行提供了精神高地和价值支撑。实现红色文化教育价值，需要整合红色文化，打破行政区划，将以往单一分散式的开发改为集约型、整合式开发，实现"红绿""红古"结合，加强区域合作，最大限度地发挥红色文化的教育优势。

实现红色文化与民俗文化相结合。绍兴和井冈山地区不仅有丰富的红色文化，还有良好的生态环境，但是不是所有的红色革命地区都有这样良好的环境，有些革命老区经济水平不高。因此，红色文化要与当地的风土人情和民族风情结合起来共同发展。民族文化是非官方的，通过口头、风俗、行为和物质等方式进行传播。民俗文化不仅是文化意识，还是生活中必不可少的组成部分，能够成为高层次的文化。民俗文化中既有精华也有糟粕，精华部分有利于社会的发展，能够成为高层次的文化。文化是民族的血脉，是人民的精神家园。如今，我国重视文化的发展，将红色文化与民俗文化相结合，有利于构建雅俗共享的文化格局，呈现出和而不同的文化氛围，有利于红色旅游的开发，能够吸引更多的游客，起到很好的宣传作用，从而发挥出红色文化的教育作用。瑞金是著名的红色故都、共和国摇篮、中央苏区时期党中央驻地，然而，瑞金缺乏良好的生态活环境，绿色生态没有得到很好的发展。瑞金主要以客家人为主，客家文化底蕴深厚，传统客家建筑与当地的风土人情是丰富的旅游资源，瑞金将红色文化与本地的客家文化相结合，大力发展旅游产业，吸引了国内外大批游客前来参观游玩。

整合区域红色文化区域联合是通过跨地区、跨领域和跨行业的方式整合红色文化。红色文化区域整合有利于发挥红色文化教育功能，有利于红色旅游的发展与繁荣。

（1）政府起主导作用，利用宏观调控打破行政区域范围的限制，促进融合发展。地方政府要积极主动地将各方的利益分配好，做到公平公正，每个领域都得到发展的机会，保证市场的公平竞争，严厉打击市场壁垒的现象，促进各方的合作，以防过度竞争和盲目发展。

（2）进行科学合理的规划，以大市场和大旅游的发展理念指导红色文化的发展。国家红色文化作为一个有机的整体，而地方的红色文化以分支的形式发展。对不同层级的红色文化要统一筹划，保证红色文化旅游产品良性地发展。

3. 创新红色文化开发模式

引入光、声和电等新技术增加红色文化展览馆的展示方式。传统的展览方式主要是静态的橱柜展示，如今，要增加动静结合的展示方式。通过模拟情境，让人们参与进来，创新红色文化活动项目，人们在体验自然美景和红色遗址时，还能有精神层次的感悟，在游览中学习红色文化知识，思考红色精神。

红色文化场馆基地要创新展示形式。烈士陵园、纪念馆和博物馆向人们展现了革命历史，但是简单的观看方式无法让参观者快速进入情境，所以我们要将历史与现实结合起来，通过科技手段让参观者能够更直观地感受，从而激发他们的情感。光、声、点、影视、场景模拟、电脑写真和动漫就是非常好的方法，打破了以往单一的静态展示方式，以图文和影像的形式将革命历史再现，直接展现给参观者，具有非常强的冲击力，能够使参观者在情感上找到共鸣，使红色文化具有极强的感染力，能够吸引更多的参观者前来参观游览，培养参观者的爱国情怀，让参观者充分认识和学习革命历史和革命精神，感受"真实"的革命人物和革命事迹，充分发挥红色文化的教育功能。井冈山革命博物馆首个提出"红色经典、现代表述"的理念，采用三维造型艺术、舞美技术和声光电、多媒体等技术，以现代的陈展语言来表述红色历史。《井冈山革命斗争全景画》用艺术形式真实反映了三湾改编、井冈山会师、黄洋界保卫战等重大历史场景，直观形象生动地展示了五百里井冈绿色风光和井冈山革命斗争的伟大实践，使红色陈列物从"平面化"变得富有"立体感"。通江县红四方面军总指挥部旧址纪念馆，是全国爱国主义教育示范基地，其旧址是全国重点文物保护单位。

通过情景模拟、亲身体验等形式提高。游客在参观红色景区时，通过切身体验感受红色文化，学习红色精神，内化于心、外化于行。参观者只有进入红色景区用心参观，才能体会到背后的故事和精神，不仅能学到知识还能提高道德素质。青年朋友主要通过课本或者书籍了解革命先辈为了民族独立、人民解放抛头颅、洒热血，通过参观红色景区，身临其境地感受革命先辈的事迹和红色文化，让青年对革命历史有更深刻的认识，促进青年们深入思考，有利于激发青年的爱国情怀。参观者参观旅游景点的事物、了解革命历史事迹，以直接的方式获得红色文化体验。这种体验式的红色教育有利于激发人们的学习热情，让人们积极主动地参与到红色教育中，通过陈列的文化、革命先辈的雕像、革命历史资料回忆革命历史，让历史在大脑中再现，参观者会倾注更多的情感，学习革命先辈的精神，深刻地理解红色文化的内涵，帮助青年人坚定理想信念。延安是中国革命的出发点和落脚点，党中央和毛主席等老一辈革命家在这里生活战斗了十三个春秋，领导了抗日战争和解放战争，具有丰富的红色旅游资源。在旅游参观过程中，游客们可以看到当年毛主席住过的窑洞，感受老一辈革命家的艰苦，游客还可穿上红军军装，参加重走长征路的活动，充分感受老一辈革命者为了民族独立、人民解放付出的艰辛。除了体验红色文化，还可以体验延安的风土人情，比如听信天游、品尝当地美食等。游客通过各种活动感受历史、感受人文，能够激发他们的参与和学习热情，充分发挥红色文化的教育功能。

打造红色旅游景区优质文艺品牌。在多样多元文化背景下，要使红色文化"化人"的功能有效发挥，就要打造文化品牌，实现红色文化产品占领市场，能够成功到达消费者手中并被他们接受。各级革命博物馆、陈列馆、纪念馆、革命烈士陵园、展览馆等单位要围绕文化育人的中心任务，挖掘自身潜力，创作出富有自身特点的图书、影视剧等精品。重庆红岩连线推出了越剧《红色浪漫》，儿童剧《小萝卜头》，话剧《天下为公》，京剧《江姐》《张露萍》等以红岩革命历史为主题内容、反映红岩精神的红色经典作品，已初步形成以红岩系列展览、红岩报告、红岩系列展演、红岩系列出版物、红岩文化室、红岩网站等为特色的品牌、项目、产品，使人们在直观生动的观赏中接受文化的熏陶、心灵的净化以及人生的启迪。

4. 思政教育红色文化开发

开发，即利用原有的事物拓展延伸，将潜在的事物挖掘出来。目前学界将资源开发理论运用到思政教育过程中加以定义，主要有以下三种观点。

（1）思政教育资源开发，是指一定的社会、阶级和政党根据思政教育的需要，对潜在的思政教育资源进行挖掘，使之成为现实资源，或对现有的思政教育资源的未知功能进行挖掘，充分发挥其潜能，从而有效地服务于思政教育的动态过程。

（2）现代思政教育精神资源开发，主要指思政教育主体根据现代思政教育需要，对现有或潜在的思政教育精神资源进行深度挖掘、重新发掘或优化组合，使现代思政教育精神资源能够有效地发挥出思政教育的价值，能够增强现代思政教育的效果。

（3）思政教育传统文化资源开发，是指思政教育主体，根据思政教育的理论与实践需要，对已有的传统文化资源进行深度挖掘或进行新资源的发现和认识，再通过资源的整合、优化、利用，充分发挥传统文化资源的潜在价值，从而服务于一定的思政教育目的，促进思政教育有效性提高的过程。

因此，思政教育红色文化开发是指思政教育主体根据思政教育运行的需要，采取一定的开发方法对已有的、分散的或者潜在的思政教育红色文化进行挖掘、整合和优化，以提升思政教育红色文化数量、质量和效益，实现思政教育目标的动态过程。

5. 结合现代技术促进思政教育红色文化创新开发

以革命文化为内容开展情感教育。红色文化的开发任重而道远。在运用红色文化资源时，首先应关注是否将相关的情感注入到了教育中，如抑扬顿挫的声音、富有感情的讲述，再加上慷慨激昂的肢体语言，能进一步引导学生的学习热情。通过被教育者在实践过程中的情感释放，根据其情绪体验、思维观念、心理需求完善相关的教学方式，进而使红色文化教育深入人心，成为温度与深度并存的教育方式。所以在教育过程中应充分体现红色文化的魅力与感召力，深入地探寻红色文化的开发方式，从而在教育中收获更多真正的感情表达。在教育过程中融入革命历史，通过还原史实以及讲述红色故事感染被教育者，在教育过程中与被教育者深入探讨历史故事所蕴含的爱国情怀。

注重内涵的挖掘，进而展示资源的真实性。可以鼓励受教育者踊跃参与到丰富的实践活动中，在教育的客观条件下完成自我主观意识的构建，进而提升其辨识能力和思想觉悟，形成良好的思想品质。受教育者往往对可接触的、日常真实事物有着深刻的印象。所以应充分挖掘红色文化教育的内涵，进而全面展示资源本真的内容，这样才能用史实打动人。

（1）构建相关数据库，整理史实的系统数据。目前，全国有着诸多的红色文化教育基地，但却存在分布不均的问题，这就需要建立有关地域、时期，甚至是姓氏、种族区分的资源库，将这些内容以特定的分类标准进行入库登记，进而构建各种类型的红色文化教育资源的大数据，为各种学习者学习红色文化提供丰富的资源。

（2）完善陈展模式，还原历史的真实性。陈列文物于橱窗中、图片配上文字，这些是传统的陈列模式，但是为了进一步还原历史发生时的真实性与体验感，动画立体式的视频以及短片成为讲述红色故事的新颖方式，除了这种方式也可以采用邀请革命先辈讲述当时的红色历史或是品尝红军饭、着军装、重走红军路等方式重温红色故事，深切体验当时的生活、战斗以及工作，提升红色教育的真实性与体验感。

（3）在思政教育课程中切实体现红色文化。红色文化得以宣扬离不开思政教育课堂，课堂内容通过切切实实的革命遗址，讲述革命事迹以及英雄的故事，战争影像视频的播放也可以使人们在红色电影中切身体会到战争带来的痛苦，这些方式均为大家呈现了真实的历史，也使红色文化的内涵与底蕴得到进一步的传播，从而激发受教育者对思政教育红色文化的兴趣，进一步提升思政教育的有效性。

（三）红色文化与 VR 的融合

VR 技术应用于红色文化的弘扬与传承中，突破了红色文化的文本性，增强了交互性，将革命历史真实地还原在体验者眼前；让视听达到沉浸，让体验者亲身参与，产生比传统媒介/模式更强烈、真实、持久的情感，让红色文化直达人心，更好地感染体验者。可以说，技术在我们的日常生活中发挥着建设性的作用，它们有助于塑形我们的行动和体验。

通过 VR 相关技术的辅助，可以促进我们构建红色文化的记忆，重点是通过相关历史的体验去了解对应的历史事实，而其中最重要的是记忆体验。记忆体验的主体是每个个体，集体记忆虽常被提起，但其实是每个个体记忆组建了集体记忆。历史是对人的解释以及理解，每个人作为主体，其个体记忆在历史长河中，是集体记忆之源。

红色文化的相关记忆离不开历史。在一定程度上，红色记忆对于国家的发展、民族的进步以及相关历史的真实情况和精神的定格是非常重要的。在权利逻辑下，红色文化的记忆主体、衡量记忆内容的权力者以及历史的缔造者是同一人。所以欲通过数字技术来进一步形成红色记忆，便需要认可广大人民群众的主体地位。因此，人们的社交活动在红色文化记忆的形成过程中是不可缺少的。

个体是虚拟仿真的主要体验者，主要有三种：战争的亲身经历者、战争的非完全亲身经历者以及战争的非亲身经历者（但一般是指与战争的亲身经历者有血亲关系或是同一年代之人）。这三种个体在目睹了虚拟仿真技术下的相关内容后，感受虽各不相同，但都产生了激烈的心灵碰撞，在这种立体的、多元的形式下所产生的记忆更为深刻。

个体在体验了虚拟仿真技术带来的集体记忆的文化记忆之后，其相关的知识、本领以及各种能力，经过沉淀，最终转化为自身、亲人或是其他人继续传播相关的知识、本领以及各种能力的资源。这也说明，一些人虽没有经历战争年代，也没有对战争的记忆，但是通过虚拟仿真技术可以产生相关的记忆，在经历过后可以在社交以及家庭交往中叙述战争年代的精神与故事，从而使红色文化精神被传承和发扬。

红色文化的传播，以及相关记忆的构建，其终极目标是实现中华民族的深入发展，其传播个体及主体的发展和选择是重点。社会和集体的记忆制约着个体记忆的形成；人是长期生活在集体和社会中的，所以个体记忆是在集体和社会的范畴内形成的，同时其记忆的形成也是在两者的引导下进行的。社会、集体和个体的记忆相互协同与制约着，这也是 VR 技术背景下红色文化记忆在形成过程中需要注意的地方，它不仅会使人们产生更直观的印象，还促进了社会、集体以及个人三种记忆通约性下的有效发展。

二、高校思政课红色文化 VR 教学模式

当前思政课第二课堂教学面临着内容、形式等多方面的困境。要想有效提升思政第二课堂的教学效果，也必须从内容和形式两个方面着手。以井冈山红色文化为例，挖掘井冈山红色文化中的育人元素，辅之以 VR 技术，能够有效提升思政第二课堂的实效性。

（一）坚持"内容为王"，挖掘红色文化

井冈山革命根据地作为中国共产党创建的第一个农村革命根据地，距今已有 90 余年的历史。其发展历史作为中国共产党史和中国革命史的重要组成部分，具有重要的育人价值和意义。在井冈山革命根据地创建和建设的过程中，涌现出的英雄人物和英雄事迹对于思政理论课的教学内容可以起到很好的补充作用。根据思政课教学目标和教学要点，选取井冈山红色文化当中与之契合的内容，进行教学内容的重组。

（二）VR 技术在思政第二课堂中的具体运用

VR 技术在思政第二课堂的教学中能够发挥出"穿越时空"的巨大功效，对于理论性较强的思政课是一个很好的补充。例如，"VR 八角楼软件 1.0"以井冈山茅坪村领导旧居为原型，按照 1∶1 的比例对八角楼进行真实还原，再现了井冈山时期革命同志艰苦奋斗的生活场景。过去思政课教学过程中，主要通过图片、影视作品等资料的展示以及教师的讲解来帮助学生了解八角楼的历史。现在，通过"VR 八角楼软件 1.0"，学生不用去井冈山，也可以通过 VR 设备"亲眼看到"八角楼的真实"面貌"。

"VR 井冈山会师教学软件"以井冈山会师这一历史事件为主要内容，选取比较合适的内容制作成"只打挨户团，不打灶头勇""三大纪律、六项注意"和"齐聚文星阁"三个关卡。通过影音资料对关卡背景进行介绍，帮助

学生了解关卡所对应的历史事件；通过关卡内的游戏设定，调动学生的学习积极性。学生要完成最终的通关，必须回答相应的问题。这些问题既包括对于软件中各关卡背景的内容，也包括教师讲解的内容，只有认真观看每个关卡前的影音资料，并且认真学习教师所讲解的内容，才能完成最终的答题调整。

学生在 VR 软件中的体验过程可以通过硬件将其进行实时投放，观看区的所有学生能够同时观看。充分利用学生的利益点和挑战点，使其自觉将学习内容内化吸收为自己的知识。利用 VR 技术对于学生的强大吸引力，融合红色文化的育人因素，可以有效提升思政第二课堂的实效性。[①]

三、高校思政课红色文化 VR 展览馆系统

（一）红色文化 VR 展览馆的建设意义

1. 传承优秀红色文化内涵的重要载体

红色文化展览馆搜集不同的红色资源，整合后将其陈列，向参观者展示。红色展览馆其实是红色文化传播的有效载体，陈列的红色资源包括真实的历史资料、革命先烈的雕塑、物品和真实事迹，这些能够产生良好的视觉效果，对参观者有很好的教育作用，有利于红色教育的开展和红色文化的传播。各种历史资料、文献和物品展现在参观者面前，参观者能够回忆起与这些相关的事迹和场景，参观者甚至有身临其境的感觉，激发了参观者的爱国情怀和民族归属感。所以，红色文化展览馆不仅是陈列着历史资料、文献和物品等红色资源，更展示了革命精神，向人们传递了红色文化，有利于革命精神的传承和发扬。

2. 红色文化建设的重要阵地

红色文化展览馆通过与有关部门共同合作，一起组织红色旅游活动，展览真实的历史资料、人物事迹和相关物品等。先搜集相关革命资料，再进行整理分类，不断完善，最终形成系统性文件，使展览的内容更翔实、更丰富，

---

① 姜瑞林、王红向，李志伟. 虚拟仿真技术与高校思政课教学改革的深度融合研究［M］. 长春：吉林大学出版社，2022：171.

· 191 ·

找到合适的机会并利用合适的方式将这些红色资料呈现到人民面前，可以充分发挥红色资料的教育和警示作用，让人们感受到革命先辈们为了驱除外敌、民族独立、人民解放抛头颅、洒热血，从而培养人们的爱国情怀、奋斗精神和担当意识。

3. 进行爱国主义教育的重要手段

红色文化展览馆陈列历史资料对人们有很强的教育意义和警示作用，人们通过学习历史接受爱国主义教育，通过学习历史对自己起到警醒的作用，同时，人们学习红色文化有利于社会主义核心价值观的建立。党员干部通过参观红色文化展览馆，学习先辈们吃苦耐劳、勇往直前、永不服输、开拓奋进、无私奉献、艰苦创业的精神，以党员的身份严格要求自己，树立正确的权力观，树立为人民服务的信念；青少年参观红色文化展览馆，让青少年走出校园、走出课堂，通过参观馆内一张张弥足珍贵的照片，一个个精心布置的场景，锈迹斑斑的兵器以及惊心动魄的视频场景，真实再现了革命先辈为了国家解放抛头颅、洒热血的伟大斗争历程，让青少年深切感受到革命先烈们浓厚的爱国情怀和英勇顽强的牺牲精神，有利于青少年树立正确的历史观、价值观和人生观。

（二）红色文化展览馆，促进红色文化发展策略

1. 依托党的理论作为思想主线，明确 VR 技术的核心要求

高校党建必须要做好红色文化展览馆的相关工作。社会主义先进文化的重要组成部分就是党史文化。学习党史文化能够筑牢有民族特质的文化观，有利于增强党员干部的宗旨意识、执行意识和大局意识，有利于党风廉政建设的开展，督促党员干部做到廉洁自律。所以，红色文化展览馆要以党的理论为主要内容，VR 技术等高科技手段也要为其服务。以 VR 技术促进红色文化发展要把握好党的理论和高科技的关系，这样才能做好相关工作。多媒体技术是情境创设的必备技术，要采用真实的图片和视频，参观者往往会被这些真实的图片和视频打动，从而使其有强烈感受。

2. 深度挖掘红色文化内涵，提升红色文化活态化水平

时代在进步，社会在发展，红色文化内涵要与时俱进，赋予红色文化与时代相适应的文化精神。红色文化具有极强的创造力，我们要努力将其充分发挥出来，将红色文化、革命历史与当地的现实相结合，让人们知道红色文化离我们近在咫尺，并不是虚无缥缈的，让人们能真真切切地感受到红色文化的存在，同时还要将红色文化与文化创意相融合，创造出能够体现红色文化和革命历史的文化作品。

3. 借助新媒体开展宣传

现在的年轻人主要获取信息的方式就是互联网，所以红色文化也要借助新媒体进行宣传，红色文化借助网络可以走进千家万户，人们点点鼠标就能获得优秀红色文化的相关信息。可以采用渗透式的宣传方式，因为年龄不同，获取信息的方式就不同，老人偏向电视、报纸或者宣传页；中年人更喜欢与红色文化相关的演讲、讲座等内容，青少年普遍从微博、微信等手机软件中获取信息，所以要进行全方位的宣传，借助每种媒体形式宣传红色文化，以满足不同年龄段人的不同需求。

4. 通过创新吸引更多的人学习红色文化

红色文化展览馆要顺应时代的发展，走出传统展览的舒适区，通过创新展出形式吸引更多的年轻人来参观学习，因为传统单一的陈列式展出形式对现在的年轻人毫无吸引力，青少年即使参观学习，也是走马观花式地应付，学习效果极差。所以，红色文化展览馆可以引进裸眼 3D、数字博物馆、全息投影和虚拟仿真等高科技手段，将当时革命场景展现在参观者眼前，让参观者身临其境，提高广大参观者的参观质量。红色文化展览馆的工作人员要及时与参观者进行互动，及时了解他们的参观感受，并得到反馈信息，实现双向互动，同时也应为今后的服务调整和完善做准备。

第三节　人工智能与高校思政课程的融合发展

实践教学是高校思政课教育教学的重要环节，是释放高校思政课实践育人功能的重要路径，也是高校思政课实现立德树人教育目标的重要举措。在人工智能环境下，高校思政课实践教学面临新情况、新问题与新机遇，也面临新的发展。

一、人工智能环境下高校思政课实践教学的机遇与挑战

高校思政课促进大学生综合素质的提高，帮助大学生树立正确的价值观和情感态度。高校思政课实践教学应结合实际情况，充分调动大学生听、写、看、做的能力，让学生内化理论知识，增强对知识的理解。

（一）高校思政课实践教学的特征

高校思政课实践教学有如下特征。

第一，参与性。高校思政课实践教学是教育意义的角度下教育主体认识和改造自然、自我和社会的过程。这个过程必须有教育主体的参与，并且能够自觉践行理论知识与观念，将思政理论知识转化为思想认识和价值信仰，在实践中促进人的全面发展和社会的全面进步。

第二，社会性。高校思政课实践教学的主体是人，人是社会的人，所以其参与的实践教学活动必然具有社会性。思政课实践教学的社会性是指学生的实践教学活动必须是在社会生活中展开的，这要求学生积极主动地了解和体验生活，探索思政教育的核心价值。学生在社会生活中与他人之间形成一定的社会关系，并且在认识社会的同时不断改造和完善社会。

第三，教育性。思政课实践教学的根本目的是实现理论与实践相结合，让学生通过实践加深对思政理论知识的理解，增强社会认知度，在实践中形成正确的世界观、人生观和价值观。如果实践教学缺乏思政教育的功能，那么它只是社会实践活动，而不是严格意义上的思政课实践教学。

第四，组织性。思政课实践教学活动通常是有计划、有组织的活动，实践教学活动目标的制定、实施和评估是一种组织行为。思政课实践教学活动作为一种较为特殊的教学活动，其要求比理论知识学习更高，需要将理论课程内容通过实践形式完整地反映出来，这要求思政课教师必须具备较高的组织能力、较强的掌控能力和较深的理解能力。

（二）高校思政课实践教学中存在的问题

高校思政课实践教学存在的问题主要有如下几个方面。

1. 实践教学的教学观念与教学手段落后且单一

由于长期受到传统教育理念的影响，无论是上级教育部门还是高校的领导干部，相较于理论教学，对思政课实践教学的认知水平和重视程度不高，在不同程度上影响着教师和学生对实践教学开展的积极性。高校思政课实践教学改革工作虽已在全国范围内得到推广和实施，但实践教学形式较为单一，加之未能充分发挥人工智能技术的优势，导致实践教学改革成效不高。当前高校思政课实践教学没有渗透到学生的日常生活和社会活动中，对学生内心思想意识的指导性作用没有得到充分体现。

2. 实践教学受到时空的限制

从时间角度来说，高校的思政课教学和实践教学时间比例不平衡，实践教学课时为理论课程的三分之一，而实践教学很难在有限的课时中高效完成。在实际教学活动的开展中，实践教学很容易受到客观因素的影响而无法有序开展，致使实践教学逐渐演变为室内实践教学演示，教学活动流于表面形式，无法真正发挥作用。从空间角度来说，实践教学需要紧密结合实际生活，促使学生深入社会生活去感知和体验。但实践教学基地建设经费缺乏，资金投入力度不足，导致实践教学活动无法有效落实到实处。

3. 实践教学评估体系不合理

实践教学评估是衡量教学工作成效、促进教学工作开展的主要途径。高校思政课实践教学评估体系落后，难以适应时代发展要求，造成教师的惰性教学，不利于后续实践教学活动的开展。当前高校思政课实践教学评估存在以下问题：一是评估主体单一；二是评估标准缺乏系统性；三是评估内容缺乏全面性。只有解决这三个方面的问题，才能建立更加科学合理的实践教学评估体系，推动思政课实践教学的发展。

4. 实践教学保障机制缺乏

高校思政课实践教学目标的实现，需要实践教学内部起保障作用的各要素之间，通过相互联系、相互作用、相互制约构建起科学、有效的运转方式和外部条件，确保高校思政课实践教学这项系统工程步入稳定、长效、良性的运行轨道，保证其全面协调可持续发展，以便迎接各种新的挑战，增强高校思政课实践教学的科学性。

由于高校思政课实践教学理念、教学时间和空间等都发生了深刻的变化，在高校现实的思政课实践教学中，涉及的课内实践与课外实践、集中实践与分散实践、平时实践与假期实践，均受到组织形式、实践规则、经费支持等因素制约。这些因素具有不同的层次，既各成体系，又按一定的方式结合为一个整体，彼此之间相互适应、相互制约，它们的功能及组合方式，决定着整个实践教学潜在的和现实的功能与效益。思政课实践教学有效运作需要高效的保障机制，但多数高校在这方面存在着制度不健全、措施不得力、机制不科学等问题。

（三）人工智能环境对于高校思政课实践教学的价值

随着学生认识社会事物和观察社会问题的范围和角度不断扩大，迫切需要教师引领学生更加广泛、深刻、直接地与社会接触联系。人工智能技术的智能化和人性化满足了增强大学生思政教学实效性的现实需要。在思政课实践教学中合理运用人工智能技术，可以为学生提供丰富的课外学习资源，满足当代大学生的性格特点和学习需求，促进师生之间的有效互动和交流。人工智能环境对于高校思政课实践教学的具体价值如下。

1. 使高校思政课实践教学内容更具时代性

高校的思政课实践教学中最棘手和难以解决的问题是理论和时代之间的距离问题。教材中的理论深奥、抽象，相对不变，现实社会生活烦琐、具象，千变万化，二者之间存在一定程度的差异和距离，这使学生对理论的接受、认可以及理解都存在一定的难度。人工智能平台具有信息量大、涵盖面广、内容丰富、时效性强和易于接受等特点，较容易引起人们对其所聚焦的社会热点、重点和疑点等问题的强烈关注，无疑为改变传统思政理论内容单调和陈旧现状提供了良好的机遇。在实践教学中，结合教学需要设计好实践的内容和主题，运用人工智能技术，教师可以实现在最短的时间内将相关信息"一网打尽"，将社会多样化的现实素材加入活动之中，不出教室也能拉近社会与课堂的距离，在引导学生了解社会群体的不同视角、不同观点之中，丰富他们的阅历，开阔他们的视野，拓展他们的思维空间，培养他们对社会问题多视角思考和独立判断的能力。可见，通过人工智能工具丰富教学内容、拓展教学形式，教材的理论更具时代性，更容易被学生接纳、认可、内化。

2. 使高校思政课实践教学活动更具应用性

专业教学的实践活动教会学生"如何做事"，思政课实践教学教会学生"如何做人"，集社会实践、校园实践、课堂实践"三合一"的实践教学模式成为众多高校思政课改革的主要方向。尤其是立足校园，摒弃单纯的理论传授，调动全员学生积极、多次地参与并加深对思政理论问题的理解，达到育德、育心、育人的实践效果，成为运作高校思政课实践教学的基本要求。在实践教学过程中，需要借助人工智能工具才能更好地拓展实践空间、提高实践效率、实现实践效果。大学校园中以"95后"为主导的大学生生活水平明显提高，绝大部分学生都拥有手机、电脑等新媒体产品。智能媒体的普及，改变并重塑了大学校园的日常生活形态，也改变并重塑了大学生获取知识的传统形态。高校思政课实践教学顺应时代潮流，充分发挥智能媒体蕴含大量信息、资料及其使用的灵活性、便捷性等优势，激发学生积极运用手中拥有的智能工具自主选择所需的信息和知识，更容易从中选取实践活动的素材，营造模拟、讨论、体验和参与社会的有效情境，在活动后将实践成果用多媒体形式展示，更利于内化抽象的理论，提高综合素质。

3. 使高校思政课实践教学更具实效性

人工智能技术改变了传统课堂实践、校内实践、社会实践的单一状态，为学生提供了更多丰富多彩的实践模式，使得实践更具有吸引力和感染力，从而更易使学生愉快地接受各种正面信息并乐于内化为自己的思想和行为。人工智能平台的开放性和互动性，也使师生之间的互动、反馈和交流更为便利，并利于调动师生教与学的参与程度和积极性，利于实现教学活动由灌输型向引导型转变。

例如，千策科技研发的"思政研读活动实践平台"以当前高校开展的思政研读实践活动为基础，将研读资源与实践活动流程有效结合，支持线上研读、线下研读和自由研读三种实践模式，实现了研读资源的线上阅读、线上互动交流和实践活动的全流程管理。平台提供了全面系统的思政研读资源，可支持教师任务研读和学生自由研读实践需要，在任务研读模式下不仅能满足在线研读需求，而且还实现了对学生线下研读实践活动的线上管理。平台还引入了思政研读六大能力的考核，改善了传统思政课研读类实践的不足，增强了趣味性。

（四）人工智能环境下高校思政课实践教学的机遇

积极合理地运用人工智能技术，本着"以人为本"的原则在思政课教学实践过程中构建双主体教学理念。所谓主体性，指的是"人作为社会活动主体的本质属性，具有自主性、主动性和创造性等基本特征"。人工智能技术的发展为高校思政课实践教学改革创新提供契机，具体包括以下两个方面。

第一，高校传统思政课实践教学改革手段得到了丰富和创新。长期以来，高校思政课实践教学多局限在课堂教学中，多以讲座或讨论、辩论等辅助教学活动的形式开展，而在人工智能技术的帮助下，虚拟仿真实践平台、智能图书馆等强势崛起，凭借计算机视觉、机器学习、自然语言处理、语音识别等技术，可以实现实践教学模式的革新。例如，学生可通过 VR 技术操控计算机、手机，以实时互动等方式创造革命历史的真实场景，在直观、生动、逼真的图形、动画、三维场景构造的虚拟环境中感受历史，体验红色文化资源蕴含的中国共产党革命精神。教师也能通过人工智能工具了解学生的最新动态，加强师生间的交流，给学生下达最新的实践教学任务，这样，信息传播效率更为突出，便于后续教学活动的开展。

第二，人工智能技术的应用打破了实践教学的时空地域限制。人工智能平台最大的特点就是可以打破时空地域的限制，实现信息的快速、大范围传播。人工智能平台可以让每一名学生都亲自参与其中，充分表达自己的看法，和他人进行更加密切的沟通和交流，增强师生间的互动，推动高校思政课的创新和发展。例如，运用 VR 虚拟仿真技术实现红色景点线上沉浸式和漫游式深入体验的红色景点参观平台。通过此平台在线上参观红色景点，降低了实地参观的时间、费用、风险等成本，极大地提升了参观的互动性、趣味性和实效性；打破了目前参观红色景点的地域限制，弥补目前参观资源种类单一的不足，提高学生思政课学习兴趣和获得感。①

二、人工智能环境下高校思政课实践教学的探索

人工智能环境下的高校思政课实践教学如何开展、如何取得好的效果，是一个值得深入探讨的问题。

（一）人工智能环境下高校思政课实践教学的特征及必要性

在人工智能环境下，以人工智能技术为依托开展高校思政课实践教学，不失为一个好的选择。

1. 人工智能环境下高校思政课实践教学的特征

人工智能环境下高校思政课实践教学的特征有以下三个方面。

（1）时效性和广泛性。在人工智能环境下的实践教学中，学生所获得的不仅仅是与教材相关的内容，更重要的是可以通过思政课实践教学网络平台、实践教学专属智能 APP 等，获得更丰富、更广泛的实践素材。这样，原来以课外活动为主要方式的实践教学将以更加生动和立体化的方式呈现在学生面前，更易于激发学生参与实践教学的积极性、主动性和创造性。同时，思政课教师可以随时根据实践教学目标，及时整合、更新和完善各种实践教学资源，从而使思政课实践教学的内容能够与时俱进，更具有时效性和广泛性。

（2）开放性和互动性。由于互联网具有共享性和虚拟性，与人工智能平台相融合的思政课实践教学将过去传统的任课教师与学生之间的交流变成了教学团队与学生的即时互动，交流从面对面的方式转向线上与线下相结合的立体方式。在实践教学过程中，教师可以借助人工智能工具随时随地与学生展开教学活动，从而拓展了实践教学的时间和空间，使其更具有开放性；学生也可在人工智能平台上完成实践报告、撰写新的体验，并与其他学生进行即时讨论，使得学生的实践活动更具互动性。此外，智能辅导等技术的应用，能够利用计算机模拟教师的辅导角色，或者模拟教师辅导角色的一部分，以实现在基本不需要教师干预的条件下，为学生提供即时和定制的指导与反馈。

---

① 徐菁忆．人工智能时代提升思想政治理论课教学质量的研究［M］．天津：天津大学出版社，2021：149.

教师的时间精力有限，很难实现对不同学生的疑难点进行深入传授和解答，智能辅导的优势则在于能对每位学生进行一对一的训练和答疑解惑，实现了师生之间"点对点"的互动交流，使大学生群体能够广泛地参与到话题讨论、经验交流及知识竞答等网络实践活动中。在这种大学生群体广泛参与的网络交流和互动过程中，学生之间、师生之间能够产生各种思想的碰撞，而这种碰撞过程无疑也是教学相长的过程。

（3）主体性和参与性。与传统思政课的实践教学相比，在人工智能环境下的实践教学中，学生的主体性得到了极大的拓展，突出地反映在通过思政课实践教学专属智能平台参与网络实践互动活动和利用实践教学平台进行和完成社会实践时，所表现出的自主性、主观能动性和创造性等方面。混合现实技术、机器人、脑科学等技术的应用为学生提供了一个具有个性化的互动环境和学生思想的自由交流和碰撞的空间。对于思政课专属的智能平台所发布的信息和讨论话题，学生可以根据自己的价值观进行判断选择，自由地发表自己的思想观点，真正实现了畅所欲言，充分体现了学生的主体性。这种根据自身意志进行取舍和创造的主体性，又极大地激发了学生主动参与实践活动的兴趣和热情，从而能够有效提高学生对思政课的兴趣，化解反感、抵触的情绪，彰显新时代高校思政课的独特魅力。

2. 人工智能环境下实践教学的必要性

人工智能环境下实践教学的必要性有以下三个方面。

第一，高校思政课实践教学面临的现实困境是构建人工智能环境下实践教学模式的现实依据。实践教学是增强思政课教学实效性的一个重要方式，思政课的实践教学模式和具体实施方案，在不同高校之间存在很大差异。在思政课的实践活动中，大多数高校普遍采取的是参观考察、研讨交流、社会调查等方式。这些方式在一定程度上增强了思政课的教学效果，成为课堂教学的重要辅助，但也存在很多难题和矛盾。比如，学生人数众多导致实践教学活动组织难度较大，实践教学基地社会资源承载能力有限，学生参与实践教学的主观意愿和积极性不高，实践教学精准化程度不高、教学效果不明显，等等。因此，要解决这些现实问题，就需要结合大学生的心理特点及学习特点，对实践教学模式进行有效创新。采用互动式、开放式、个性化和人性化等新的教育方法，无疑是高校实践教学模式的一种有益探索和尝试。

第二，利用和发挥人工智能技术实现资源共享和即时沟通成为思政课实践教学模式创新和发展的必然趋势。由于人工智能环境下实践教学模式不受环境和时空的限制，学生通过思政课实践教学智能平台，随时可以参与到实践教学活动中来，从而使实践教学的参与度大大提高。另外，通过人工智能平台实现视频、音频及图文等实践教学资源共享，有助于解决思政课实践教学中经费不足、学生人身安全保障措施缺乏及实践基地教学资源有限等现实问题。此外，在人工智能环境下的实践教学模式中，学生处于主体地位，可以按照教师布置的相关实践任务，自主地选择自己感兴趣的话题参与实践教学活动，深化对理论知识的理解与思考，从而有效地调动学生学习的积极性、主动性和创造性。

第三，人工智能工具的广泛应用为思政课实践教学模式的创新提供了现实条件。近年来，由于受到师资力量不足等因素影响，实践教学大部分仅仅局限在室内。即使是在课外的实践教学中，也往往是教师布置实践活动，学生被动地根据教师提出的教学目标和要求进行实践活动。这种单向的教学方式容易忽视学生的主体地位，教学效果不佳，严重影响育人效果。人工智能工具深刻改变了人们的生活、社交、娱乐方式，特别是教育和学习方式。将人工智能与高校思政课相融合，将原来的单向教学转变为师生之间双向互动教学模式，在实践教学活动中，学生可以随时和教师进行沟通，及时处理实践过程中遇到的问题，及时分享自己的心得体悟；教师也能够根据学生反馈的问题对实践目标和实践内容进行调整。这种双向教学模式会使整个思政课实践教学过程由封闭走向开放、由单一走向多元。

（二）人工智能环境下高校思政课实践教学方式的转换

人工智能环境对高校思政课实践教学提出了新的要求，思政课实践教学方式理应增强人工智能环境下的自觉转换，坚守思政课使命、适应大学生实际。

1. 实践教学过程从现场体验走向虚实联通

思政课实践教学与课堂教学最重要的区别在于体验，通过空间转移、情景转换，让大学生离开原有的教室，来到重大事件发生原址，进行现场体验、现场教学。体验教学具有许多优点，由图片、雕塑、遗址、实物构成的生动场景，更能抓住学生的兴奋点，可以使静止、平面的历史转化为鲜活、立体的形象，增强思政课实践教学的针对性和实效性。但体验的教学方式往往受到地域、资金、安全等实际问题的限制，使得实践教学在很多环节难以有效实施，造成理论与实践脱节，成为长期以来困扰高校思政课教学的突出问题。在人工智能环境下，思政课实践教学过程可以尝试从现场体验向虚实联通进行转换。

第一，充分利用人工智能平台所提供的教学资源。例如，在"概论"课的实践教学中，可以采取网上案例分析的形式，组织学生观看，引导学生进行案例分析，通过以案说法，让学生更加认同中国特色社会主义的道路、理论、制度和文化，提高学生的参与度，增强教学的实效性。

第二，促使教师在加强理论素养的同时灵活运用各种多媒体技术。例如，可以采用微课与翻转课堂相结合的方式，思政课教师利用虚拟助手向学生发布微课资源，然后由学生自主学习，通过小组合作的方式进一步分析运用微课知识点，最终设计并开展一堂由学生主导的翻转课堂，提高学生对新媒体的运用水平、对现实问题的思考能力和对实践教学的全程体验感悟。

第三，正确理解与处理虚实两者的关系。虚拟实践教学为师生教学、交流、评价提供了一个虚拟的环境，以弥补现场体验存在的不足。调研分析表明，在人工智能环境下，大学生最喜欢的信息获取方式仍然是实地参观。虚拟实践教学和现场体验实践教学这两种实践教学过程既不能相互排斥，也不能简单相加，而是要相辅相成，综合运用。

2. 实践教学资源从固定基地走向开放平台

以往的思政课实践教学通过实践教学资源集中的实践基地来完成，各高校通过政—校、校—企等多种合作机制建立了多种类别的实践基地，既有爱国主义传统教育基地，又有就业创业类实践基地等。许多高校重视思政课实践教学基地建设，促进多层次实践教学基地的丰富和发展，借助定点基地开展实践教学活动，产生了较为丰富的调研成果。但实践教学的基地化运作也存在诸多问题，既要受制于学时地域、资金资源、人身安全等诸多因素，又要受限于基地的功能职能、接待能力、运作方式，所以大学生在基地的实践教学往往因人数限制严格，时间控制严格，无法普遍持久深入地开展。

在人工智能环境下，一方面，对于当代大学生来说，人工智能平台已经成为获取信息的主要渠道和重要工具，深刻影响着大学生的思想和行为；另一方面，对于实践教学资源来说，利用人工智能技术不仅可以将各基地的教学资源转移到人工智能平台，而且可以将世界各地各种可用于实践教学的资源链接到人工智能平台。人工智能平台的开放性不仅使实践教学资源为本校学生共有共享，而且为全国大学生的思政课实践教学提供了丰富的资源；不仅弥补了基地化实践教学的资源不足，而且增加了高校思政课实践教学开展的频度、深度和广度。

在人工智能环境下，高校可以通过开设实践教学网站、利用公共媒介资源、发展专门新人工智能平台等形式来实现实践教学资源的转换。其一，开设实践教学网站。近年来，高校不断加强信息化建设，逐步升级校园硬件设备，在此基础上创建专门针对思政课的实践教学网站，可以更好地支持多媒体、音频、影像资料的上传和下载，实现师生共享教学资源，进行师生线上互动。其二，利用公共媒介资源。由于新媒介的不断普及，各领域都积极发展新媒介平台，创建自有网站。许多应用类网站，如线上社会调研网站，为学生的研究工作提供了发布、搜集、分析问卷调查的工具。在人工智能环境下，公共媒介资源的内容日益完善、获取更加便捷，有利于实践教学资源的获取、汇总、分析和利用。其三，发展专门人工智能平台。例如，在物联网、云计算技术的推动下，探索建立云数据库，以智慧图书馆服务模式，实现红色场馆的全媒体阅读。各高校的实践教学还可以通过专门的人工智能平台实现校内协同、校际协同、区域协同。

人工智能环境下的思政课实践教学资源是由固定基地向开放平台的转换，不是取消固定基地，而是更加重视实践基地的发展与创新。实践基地教学资源不仅能被更好地开发利用，而且能进一步提高实践基地的声誉。既要充分认识到信息化、数字化的实践教学资源有利于打破学生获取信息的时间差、容量差，有利于学生在实践教学活动中增长知识才干、锤炼意志品质，也要充分意识到人工智能平台上教学资源的科学性、真实性、合法性能否得到保障，在不断丰富和发展人工智能平台的实践教学资源过程中，加强对人工智能平台的引导和监管。

3. 实践教学评价从教师主导走向师生分享

传统思政课实践教学一直由教师主导对学生的评价考核，主要依据是学生在实践完成后上交的社会实践活动登记表、社会实践调研报告以及感悟心得等相关材料，由思政课教师对这些材料进行评阅考核、计算绩点、给予学分。这样做，往往使教师的评价与学生的实践状况有较大出入，而学生也会轻视最重要的实践教学过程，只重视实践报告的写作提交，以获得比较高的分数。

人工智能环境下实践教学评价应从教师主导向师生分享转换，教师可以充分运用人工智能手段对学生进行实时有效的指导，对实践教学活动进行持续的改进，引导学生个人之间、团队之间互学互鉴，形成过程化考核机制。实践教学活动结束后，学生可以充分利用虚拟的人工智能平台，以报告、音频、视频等多媒体方式上传实践教学活动的成果，并进行交流互评、分享体验，以实现相互激励，共同进步。这样能够充分发挥学生在教学实践活动中的主体地位，充分发挥学生参与实践教学活动的积极性、能动性。人工智能环境下实践教学评价从教师主导向师生分享转换，也意味着强化了学生对实践教学指导教师的评价环节。与思政课课堂教学主要由专职教师承担不同，思政课的实践教学还有许多学生辅导员、校外实践导师以及其他学科的专业教师参与，在对教师指导的管理上有较大的难度。在人工智能环境下，学生可以通过手机 APP 对教师的指导工作进行即时的评价反馈，也可以通过各种调查、投票等方式构成大数据分析，及时反映各类教师的指导情况，以便持续改进教师对实践教学的指导。

人工智能环境下实践教学评价从教师主导向师生分享转换，不是忽视教师的教学评价作用。思政课教师对实践教学活动的评价，主要体现在政治立场的引领指导、实践方案的精心设计、分享环节的点评总结，等等。其中，大学生最信任的信息获取方式仍然是教师的讲解。教师点评是实践教学中的一个重要环节，对于增强教学实效性、增强教学感染力与说服力起着重要作用。显然，这种分享式的评价方式比单纯根据评分标准批阅实践报告，对思政课教师的判断能力、表达水平、理论素养、语言艺术要求更高，也说明了思政课的理论教学与实践教学的融合度较之以往更高、更深入。这就要求思政课教师自觉把握人工智能环境下话语体系形式的多元化，且更加注重多种形式的交叉性、综合性运用这一特点，努力在教学实践中创新话语体系、转换话语方式、提升传播质量、赢得话语权，增强思政课实践教学的实际效果。

（三）运用人工智能技术创新高校思政课实践教学的思路

运用人工智能技术创新高校思政课实践教学的思路有以下几个方面。

1. 人工智能技术丰富思政课实践教学素材

理论是实践教学的源和本，在思政课实践教学中，要想在有限的时空中让理论活起来，需要在结合课程内容的基础上，丰富教学素材。因此，可以借助相关智能设备，如手机、录音笔、电脑等，将教师和学生观察和记录到的身边社会万象，浓缩成可以展示的教学材料，带进课堂并融入课堂，使课本的理论知识变得更贴近社会、贴近生活、贴近学生，而不再是事不关己、高高挂起的抽象理论。也可以让学生利用手机及电脑等寻找新闻或话题，走上台进行 10 分钟的讲演或展示，从中学会看新闻、看时事，提高分析材料、分析时事的能力以及实现思维表达能力的实践效果。还可以组织学生利用智能图书馆，阅读与思政课教学主题相关的古今中外的书籍或对现实社会深度剖析的书籍，让学生对其进行深入的阅读和分析，形成自己对某些书籍、某些问题的独特想法和见解。还可以利用人工智能平台搜寻教学案例，让学生在了解国际时事、社会热点问题发生、发展的基本过程中，感知社会生活的多姿多彩、是非曲直，学会运用所学理论审社会、生活之"美""丑"，消解思想困惑、提高运用理论解决实际问题的能力。

2. 人工智能技术扩展思政课实践教学形式

思政课实践教学可借助人工智能技术对声音、图像和文字等传播方式的整合，营造声色俱全、图文并茂、轻松愉悦的教育情境，让学生获得从"平面"到"立体"、从"单色"到"多色"的集视觉、听觉、感觉到行动的多样多维实践体验。比如，在课堂的实践教学环节中，可以根据教学内容，利用人工智能平台选取适合的视频资料，播放诸如《跨过鸭绿江》《觉醒年代》《辉煌中国》等专题影片、政论片及经典影视作品，让学生在赏析中直观体验历史或现实情境，从中感受、领悟社会，接受正能量。而在社会实践环节中，基于大学生是人工智能产品使用最活跃的群体的现实，可以组织学生在有限的时空中动起来，比如，引导学生通过智能调查软件制作调查报告，了解关于社会中民众关心的收入分配、生态环境、就业等民生问题的现状、存在的问题、政府的对策等，以从中了解国情、了解社会，增强大学生辩证思考现实问题的能力，增强道路自信、理论自信、制度自信和文化自信；或调查道德失范现象，鼓励学生提高道德品质；等等。还可以支持学生利用人工智能技术为师生提供快递自提、勤工助学、场地预约、失物招领等智能服务，切实为师生的生活学习提供便利，培养学生成为知行合一、对社会有用的人才。

3. 人工智能技术创设思政课实践教学育人平台

在思政课实践教学中，教师要善于利用人工智能技术，将成功校友、国内外专家等的专题讲座、报告以及学生非全员性的社会实践活动、争创文明班级及文明宿舍活动、参与校园服务活动及其他志愿服务活动，通过构思和设计，精心搭配声音、影像、图片、文字，搬上人工智能平台，构建智能媒体会议、网上心理咨询室等，以拓展学习时空。在活动过程中激发学生的创造力、培养学生的协作精神，并给学生带来阶段性的成就感，提升实践教学的教育效果。在思政课实践教学中，还可以加强人工智能技术工具的使用，实现不受时间、地域限制，相对自由和真实的网上双向或多向交流、交往、互动等，从中了解校园实践活动的进程，掌握学生在学习和生活中的各种动态和心理诉求，了解学生的所思所想、所作所为，引导学生走出因长时间脱离学习、沉迷虚拟世界而造成人际关系和情感冷漠甚至情感和心理错位的不良状况。解决学生的疑问，在弘扬社会主旋律的基础上，教会学生理性看待人工智能夹带的负面信息和披露的社会阴暗面，及时纠正学生思想认识上的偏差以及错误的观点，引导他们学会辨别人工智能平台上信息的真伪与社会的真实性，让他们学会利用人工智能技术发展自己，学会如何做人，如何善待他人和社会，树立与现代社会相适应的是非观和价值观。

例如，构建思想政治虚拟仿真实践平台，整个平台采用实践任务导向模式开展活动，以活动任务目标为导向，以知、情、信、意、行的实践理念为核心，借助互联网、大数据、云服务、VR 虚拟仿真等前沿技术将思政实践活动的四种主流形式——研读、参观、观影、访谈，灵活地、有针对性地嵌入每一项实践任务中。不但能实现在线上开展全流程的思政实践活动，实现活动的全程科学化、数字化管理跟踪，还可实现实践活动所需相关资源的虚拟仿真体验，给师生营造身临其境的现场感，从而实现实践目标、实践过程、实践内容、实践形式以及实践考核的高度融合统一。最主要的是通过互联网、APP 可支持全院学生同时开展在线思政实践活动，不但解决了目前思政实践教学的组织难、管理难、统计难、考核难、风险大等问题，而且在最大限度激发学生实践兴趣的同时，提高效率、提升质量、支持考核统计，更好地促进思政实践教育目标的实现。

4. 人工智能技术实践育人保障机制和内容支撑机制

虽然人工智能技术应用于思政课的实践育人模式中具有独特的优势，但同时也具有不可避免的缺陷。比如，人工智能技术缺乏可控性，各种信息纷繁复杂、良莠不齐，很容易引起当前大学生价值观念的多元化，给高校思政教育带来一定的干扰；人工智能技术还会带来一定的无序性，导致一些大学生的学习行为失范。

人工智能目前到底发展到了什么程度，是否已经可以放心地将其投入有限的教学活动中去。答案是模棱两可的。不可否认，当前人工智能已经在一些领域取得了丰硕的成果，印度人工智能机器人 MoglA 成功预测美国总统大选；微软智能语音机器人 Tay 的语言理解能力首次超过人类。但目前这些成就还并不足以说明人工智能已经达到强智能阶段，这些机器人本质上还都只是数据、代码、算法和公式的结合而已，它们的应用范围相对较窄，也不能泛化，甚至很多人工智能机器人只能按照特定的程序回答有限的问题。举个很简单的例子，在隐喻、暗讽、抽象知识的理解和分析方面，人工智能还很不擅长。但是，这些方面却是思政实践教育经常会涉及的。思政实践教育归根结底是人与人情感的沟通，意识形态教育需要从根本上改变一个人的世界观、人生观和价值观。优质的教育一定是感性与理性的双重结合，但是尚处于弱智能发展阶段的人工智能技术在感性教育方面从来就不具备优势，因此人工智能终端本身的技术发展水平就从根本上限制了它在思想政治教育领域的应用。

从制度层面来看，目前教育行政管理部门尚未出台相应的人工智能思政课课程实施标准，国家也尚未制定相关法律法规。新事物的出现必然伴随着一系列问题，这些问题需要配套的上层建筑加以预防和解决，相关制度法规的不健全必然会阻碍人工智能技术在高校思政课实践教学中的应用与发展。因此，构建以新媒体为依托的思政课实践育人模式，一方面，要建立保障机制，相关部门要加强人工智能管理职能，运用先进的技术手段，严格监控进入人工智能平台内的信息，最大限度地防止负面信息进入人工智能平台，最大限度地保障大学生所处环境的健康纯净。另一方面，要建立内容支撑机制。实践活动主题和内容是实践育人模式中的重要组成部分。虽然在新媒体时代，高校思政课的实践内容资源愈加丰富，但是其核心内容应该是符合时代发展、体现文化自信、符合大学生发展需求的内容。因此，要建立实践育人模式的内容支撑机制，通过对庞杂的新媒体信息进行识别、过滤和筛选，将符合思政课教学需求的新媒体信息有效转化为实践活动主题和活动内容，从而确保实践育人模式能够紧跟时代步伐，同时又能满足大学生成长成才的需要。

（四）人工智能环境下高校思政课实践教学的基本原则

在人工智能环境下，开展高校思政课新媒体实践教学有以下三个原则。

第一，在政治方向上，把握正确导向。高校思政课是对大学生进行思政理论教学的重要载体和平台，也是对大学生进行思政教育的主渠道和主阵地，在培育社会主义合格建设者和可靠接班人方面承担着思想引导的重要任务。人工智能技术具有传播速度快、影响范围广、信息量庞杂等特点，会对大学生产生一定的负面影响。在这种环境下开展高校思政课实践教学必须把握正确的政治方向，以确保教育教学内容与社会主义核心价值观相契合，在教学设计中不能盲目添加一些带有腐朽思想和消极因素的社会思潮等，而是要通过真实案例和数据使学生在情感上接受马克思主义。

第二，在出发点上，立足学生实际。大学生是接触和使用人工智能工具的主要人群，受社会和各种思潮的影响较大，自身呈现出鲜明的时代特征。当前大学生思想主流是积极向上的，同时具有较强的反叛思维和质疑精神。在开展高校思政课实践教学的时候，必须考虑到这些现实情况，在教学内容设计、实践活动开展等方面立足于学生的实际情况，从他们的角度、情感和思维方式出发，通过他们喜闻乐见的形式和活动，满足他们的合理诉求，吸引他们的注意力，提升他们的接受度和喜爱度，最终实现思政课的教学目标。

第三，在具体实施上，线上线下融合。在人工智能环境下，高校思政课实践教学是进行思政教育的一种形式，需要注意的是，传统的实践教学方法仍然占据重要位置，并发挥着重要作用。在实际教学过程中，单纯依靠新技术开展实践教学并不能完全实现教学目的，不能撇开课堂、撇开传统实践教学。在具体实施上，要注重线上线下的互动融合，各自发挥其特色优势。只有做到两者结合，线上线下互动，才能发挥最大合力。

（五）人工智能环境下高校思政课实践教学的对策

应用人工智能技术在思政课教学实践中已成为不可阻挡的发展趋势，教学效果显著。对于人工智能环境下高校思政课实践教学的发展，有以下几个对策。

1. 人工智能实践教学平台构建要科学

人工智能实践教学平台是有效推进高校思政课实践教学的重要载体，要想实现思政课实践教学的与时俱进，各高校必须结合本校实际，设计、开发、建立一个集教学与管理为一体，功能完备、内容丰富、学生覆盖面全，可实现运行的可持续发展性并具备推广价值的思政课人工智能实践教学平台。人工智能实践教学平台的模块设计应体现以学生为本的教学理念，功能上合理、科学、完备，使用便捷易学，内容充分满足教学需要，形式力求受学生欢迎和喜爱。人工智能实践教学平台至少要包括两部分：模拟仿真实践区和交流互动区。模拟仿真实践区主要是给大学生提供一个逼真的、模拟真实社会的场所。模拟仿真实践就是根据实践任务，利用人工智能技术设计各种模拟场景，组织学生在虚拟仿真中进行参观和体验。教师根据大纲教学要求，模拟各种真实的场景，让大学生在参与的过程中有身临其境的感觉，使大学生成为虚拟环境的参与者和虚拟事件的角色扮演者，以达到与社会实践同样的教学效果。这样，原本在现实时空条件下才能实现的对外部对象的认知，现在在虚拟实践中就能完成了。

交流互动区可以包括实践教学资源平台、互动交流平台、学生作品展示平台。教师与学生可以利用人工智能技术进行全方位互动，学生既可以从平台获取自己需要的资源，也可以上传信息，丰富平台教学资源。教师与学生利用人工智能平台进行交流，对学生的学习行为进行更加便利的指导。学生可以成立讨论组在网上交流，教师可以在平台上给学生布置作业，学生也可以提交电子版本的作业。为实现人工智能实践教学平台教学管理的功能，平台至少应包括自主学习模块、师生互动模块、考核评价模块等。自主学习模块应体现学生学习的多样性和自主性；师生互动模块应体现教师的主导性，引导学生建立正确的价值观，为学生答疑解惑；考核评价模块既具备网上实现考核教学过程和教学结果的功能，同时又具备实现考核学生学习时间和学习效果的功能，即该模块既可以让学生实现课程的网上考核评价，还可以实时跟踪学生的网上学习情况。

2. 实践教学内容要正确且动态化

现代人工智能技术的迅猛发展为高校思政课实践教学实现智能化提供了机遇和空间，也带来了挑战和不可避免的缺陷。首先，要确保人工智能实践教学平台上教学内容的准确性和科学性。各高校思政课人工智能实践中心在选择和确定实践教学内容时，不仅要重视政治性、思想性和知识性，而且要重视科学性、教育性和趣味性。同时，各高校还可以充分发挥校园网的巨大优势。目前，校园网的建设已经相当的完善，汇集了教务管理系统、图书馆、精品课教学资源等一系列教学资源平台。我们需要在此基础上，把理论课的教学资源分享到网上，为教学手段和方法的改革提供帮助。其次，要确保教学内容的及时更新。大部分高校还没有建立专门的思政课人工智能实践教学平台，即使是建立人工智能实践教学平台的高校往往也存在一个很大的不足，就是实践教学内容更新不及时，负责人员交替频繁，队伍不够稳定，影响了实践教学的效果。各高校必须安排专人负责，及时更新实践教学内容，与时俱进，不断完善和丰富实践教学形式，不断增强实践教学的实效性和吸引力。

3. 实践教学指导教师培训要强化

人工智能实践教学平台资源非常丰富，是非难辨，如果指导教师没有足够的知识储备和一定的解决问题的能力，很难满足学生的学习需求。同时还应看到，大多数思政课专职教师都是文科专业出身，从指导、管理的层面来看，还有相当一部分教师对人工智能实践教学平台的使用并不是很熟练，各高校有必要采取措施，加强指导教师对人工智能实践教学平台使用的培训，使他们能熟练掌握人工智能实践教学平台的使用，真正发挥指导教师的领路人角色。各高校要组织专门力量集中编制思政课实践教学专用教材和人工智能实践教学平台使用指导手册，使指导教师和大学生能够全面了解思政课实践教学课程的设置情况。各高校还要经常组织课程建设培训会，对实践教学课程指导教师进行集中培训，使教师全面了解人工智能实践教学平台的功能和使用等。

4. 科学的学习诊断支持

了解实践教学真实的教学效果，必须对学生的实践过程进行跟踪、诊断。对于应当采取什么样的具体方法，国内研究者尚未形成统一的论断。学生实践过程中的情绪状态已被证明是成功学习的一个关键因素。情绪会影响学生的认知学习过程，深入理解学习过程中的情绪状态和变化情况，能够为更具人性化和针对性的学习干预提供依据。多模态可应用于学习过程中的情绪识别，判断学生内隐的情绪状态，并及时提供积极的反馈，促进学生的参与和及时调节。多模态数据是指通过两种及以上的方法获取的同一对象的相关数据，如语言、文本、视频、眼动、触点、日志等。其研究经历了人类行为多模态研究、多模态计算机处理机制、多模态互动研究、多模态深度学习研究四个阶段。

以斯·扎乌亚（Ez-Zaouia）等人的研究中，使用异构 API 来测量来自不同数据源（音频、视频、自我报告和交互跟踪）的学生情绪，并提出了一种结合不同线索来推断学生情绪状态信息的方法。结果表明，多模态、情境化的可视化分析仪表板可以让教师监控学生的情绪，更好地理解他们在同步学习活动中的演变。郭杰等人的研究中提到：首先，通过时间注意滤波器获得整个视频段的时间跨度特征，以便对视频和音频数据进行对齐；其次，利用双分支网络结构，将匹配的视觉和听觉特征集成到公共空间中；最后，将融合的视听特征用于子任务的回归和分类，以唤醒值、效价值和恐惧程度来测量用户的情绪反应。结果表明，多模态数据融合的算法不仅能够准确预测视频片段的效价和唤起值，而且能够准确预测视频片段中引起恐惧的片段。该研究说明，多模态应用于情绪识别中，能够准确预测学生的主观感受，为学习者根据自己的需求预测自身偏好提供了一种方法。

参考文献

［1］毕红梅．全球化视野中的思想政治教育［M］．北京：中国社会科学出版社，2006.

［2］陈丽萍，新时代高校思想政治理论课教学改革研究［M］．湘潭：湘潭大学出版社，2021.

［3］陈志勇．新媒体时代的大学生思想政治教育［M］．北京：中国文史出版社，2014.

［4］程样国，闵桂林．新时代大学生德育问题新探索［M］．南昌：江西高校出版社，2018.

［5］樊富珉，王建中．当代大学生心理健康教育教程［M］．武汉：武汉大学出版社，2006.

［6］江小源．以崇高的理想信念创新大学生德育［M］．北京：中国文史出版社，2015.

［7］姜瑞林，王红向，李志伟．虚拟仿真技术与高校思政课教学改革的深度融合研究［M］．长春：吉林大学出版社，2022.

［8］李刁．"互联网+"时代高校德育实践创新研究［M］．武汉：华中师范大学出版社，2019.

［9］李鸿雁，张雪．高校思政课教学改革与创新研究［M］．延吉：延边大学出版社，2022.

［10］刘丽波．新时期高校德育教育创新发展研究［M］．石家庄：河北人民出版社，2018.

［11］徐菁忆，人工智能时代提升思想政治理论课教学质量的研究［M］．天津：天津大学出版社，2021.

［12］杨新莹．融媒体环境下高校思政课改革创新研究［M］．北京：经济日报出版社，2021．

［13］袁世斌．育人为本　才人德用——大学生思想政治教育探索与实践［M］．成都：电子科技大学出版社，2012．

［14］张艳青．新时代高校思政课教学改革的研究与实践［M］．长春：吉林大学出版社，2023．

［15］张龙，于洪娜．高校美育德育的当代发展研究［M］．北京：中国纺织出版社有限公司，2021．

［16］朱琳．新时期思政理论课教学改革探究［M］．长春：吉林大学出版社，2022．

［17］邹娟．多元文化视角下大学生德育的创新发展［M］．长春：吉林大学出版社，2021．

［18］谭培文，邝文聪．高校思想政治教育数字化发展的机制、矛盾及其化解［J］．黑龙江高教研究，2025，43（02）：88-94．

［19］李苏婷．全媒体时代高校思想政治教育创新的公共理性考量［J］．教育评论，2024，（12）：21-25．

［20］谢桂袖．高校思想政治教育铸魂育人的生态观研究［J］．齐齐哈尔大学学报（哲学社会科学版），2024，（12）：147-149．

［21］何磊，李舟．主体性视域下高校思想政治教育数智化转型探赜［J］．学校党建与思想教育，2024，（24）：72-75．

［22］张艳秋，史馨月．高校思想政治教育对铸牢中华民族共同体意识的价值探究［J］．延边党校学报，2024，40（06）：69-74．

［23］高媛，孙巍，孙云龙．高校思想政治教育数字化转型的现实困境与实践路径［J］．高教论坛，2024，（12）：1-5+24．

［24］令小雄，陈潇杰．习近平文化思想涵育高校大思政课文化育人大格局［J］．马克思主义理论研究，2024，（02）：194-214．

［25］焦健．人工智能时代高校思想政治教育话语权研究［D］．中共黑龙江省委党校，2024．

［26］王雪梅．新时代高校思想政治教育合力育人机制研究［D］．延安大学，2024.

［27］饶鑫．微时代高校思想政治教育话语方式创新研究［D］．景德镇陶瓷大学，2024.

［28］夏婧婧．高校思想政治教育仪式的育人功能及其实现路径研究［D］．牡丹江师范学院，2024.

［29］刘爱丽．习近平语言艺术对高校思想政治教育话语优化的启示研究［D］．牡丹江师范学院，2024.